李书福

中国汽车人的梦想

李洪文◎著

台海出版社

图书在版编目（CIP）数据

李书福：中国汽车人的梦想／李洪文著 . —北京：台海
出版社，2016.5

ISBN 978 - 7 - 5168 - 0989 - 1

Ⅰ. ①李… Ⅱ. ①李… Ⅲ. ①李书福 – 传记 Ⅳ. ①K825.38

中国版本图书馆 CIP 数据核字（2016）第 090822 号

李书福：中国汽车人的梦想

著　者：李洪文

责任编辑：侯　玢

装帧设计：张子墨　　　　　　版式设计：红　英

责任校对：刘　操　　　　　　责任印制：蔡　旭

出版发行：台海出版社

地　址：北京市朝阳区劲松南路 1 号　　邮政编码：100021

电　话：010 - 64041652（发行，邮购）

传　真：010 - 84045799（总编室）

网　址：http://www.taimeng.org.cn/thcbs/default.htm

E - mail：thcbs@126.com

经　销：全国各地新华书店

印　刷：河北信德印刷有限公司

本书如有破损、缺页、装订错误，请与本社联系调换

开　本：710 mm×1000 mm　1/16

字　数：200 千字　　　　　　印　张：18

版　次：2016 年 7 月第 1 版　　印　次：2024 年 1 月第 2 次印刷

书　号：ISBN 978 - 7 - 5168 - 0989 - 1

定　价：58.00 元

引　子

疯狂李书福，吉利汽车缔造者

　　荆棘的丛林中本没有路，只有偏执的"勇敢者"第一个走过，也就被"闯"出了路。在国内的通衢大道上，一款名叫吉利的自主品牌的国产轿车，正在矫若游龙、风驰电掣地行驶。不管是西面的荒漠丘陵，还是东边的渔场海岛；不论南方发达城市的霓虹之下，亦或是北地城市的冰天雪地，处处留下了它流畅俊朗的时尚魅影。

　　吉利的掌门人——就是那个尝了"中国的民营企业造不出物美价廉的'国产轿车'"的禁果；那个曾经说出惊世的豪言壮语："做汽车有什么了不起，不就是四个轮子，两个沙发，再加一个铁壳子"的"汽车疯子"李书福。

没有先天的优势，更没有显赫的背景，李书福只有一个荷锄种稻的务农的父亲。但他却不想当只知道吃素的"兔子"。当时李书福的心中只有一个梦想，那就是要赚钱，要发财，要创业，要让自己的家人过上好日子。

1986 年，23 岁的李书福从冰箱的蒸发器起步，组建了属于自己的北极花冰箱厂，他还没等到将辛苦"培育"出来的"北极花"开遍神州各地，一纸政府定点厂家的批文，就将李书福的冰箱梦击成了粉碎的泡沫。

往往成功人士都坚信：人生的成功不在于拿到一副好牌，而是怎样将到手的坏牌打好。

李书福顾不得包扎失败的伤口，也无暇回味打击的苦痛，他"疯狂"的举措一个接一个：他开设吉利装潢材料厂，随即国内的第一张镁铝材料板在台州问世；他接着成立摩托车厂，又造出了国内第一台豪华踏板摩托。这些"看得见，摸得着"的实业，都为李书福带来了不菲的利润，可是 1992 年前后海南房地产"热"，也曾经让李书福的数千万元，在海南岛化为乌有。

人生最重要的不是我们置身何处，而是我们将前往何处。李书福没有倒下，他就像塞万提斯笔下的唐吉诃德一样，暂时的失败只会让他屡跌屡起，并激起他更大的斗志，他高举着技术的长矛，面向世人，郑重地宣示了自己下一步的行动目标，那就是造汽车！

李书福，你生产出中国第一块的镁铝曲板，你造出中国第一台豪华版踏板摩托，可是造"烧钱不眨眼的"汽车，你成吗？

汽车梦，是"中国梦"里很重要的组成部分。这个梦实在太高太远，就好像海市蜃楼一样，让国人觉得有距离、不真实。汽车的发烧友们不禁会问，李书福即使造出了"山寨版"的汽车，可是有谁会买？作为民企的吉利集团，虽然心存高远，但他们手里没有国内生产汽车的资格许可证，李书福因为缺少这张造汽车的"入场券"，遭遇到了人生的又一次"滑铁卢"。

1999年，主管工业的一位国务院副总理曾到吉利视察。为了拿到生产汽车的资格许可证，李书福对这位副总理慷慨激昂地说："请国家给我们一次机会吧！"此时的李书福，为了实现自己心底的"梦"，他已经豁出一切了。

如果说唐吉诃德是个悲壮的人物，可是他还有跟班儿桑丘，站在他身旁，为他鼓掌助威；布鲁诺曾经在鲜花广场上，面对宗教裁判所的教士，高呼：火不能征服我，未来的世界将会知道我的价值。李书福的寻梦之路，却处处充满了讥讽、嘲笑和责难的声音。

李书福在参加一家地方卫视的访谈节目时，节目主持人曾经在那档关于汽车的节目里，面对大谈造车就像搭积木一样"简单"的李书福，发出这样的嘲笑：原来前面看着像宝马，后面看着像奔驰的吉利，是这样造出来的……台下的观众，哄堂大笑。

临海中学的一位老师，曾经以吉利为例，告诫他的学生："这车他敢造，我们也不敢开啊，你说要是万一在高速公路上跑着跑着，一个轮胎飞了怎么办？"

李书福没有去搭理流言蜚语，他更没有时间去网络和媒体上反唇相讥。他像《圣经》里的圣徒提摩太一样，对于汽车事业，投入了万般的"虔诚"。为了这个理想，他可以卧薪尝胆，希冀着三千越甲可吞吴；他可以十年磨剑，盼望着金戈铁马铸成功。

吉利要发展，吉利要壮大，只有铁的事实才是回答质疑的最佳武器。2010 年 3 月 28 日 21 点，吉利汽车正式收购了世界排名第三的瑞典汽车品牌沃尔沃；2013 年，国内汽车销售市场出现了普遍下滑的不利局面，但吉利汽车却凭借着自己的技术和营销逆势而起，最终将销量目标锁定在 56 万辆……

果然，精诚所至，金石为开。

2010 年 9 月 16 日，李书福获得首届华德奖最受尊敬企业家称号。

2011 年 10 月 24 日，李书福获得了比利时皇室最高荣誉——利奥波德骑士勋章。

2012 年，李书福被评为 20 世纪影响中国的 25 位企业家之一。在同年的福布斯中国富豪榜单，李书福以 88.2 亿元排在第 60 位。

2011 年 3 月 9 日，2011 福布斯全球富豪排行榜在纽约发布，中国富豪李书福以其 19 亿美元净资产登上福布斯中国汽车行业首富宝座。

李书福从不掩饰让吉利赶超世界一流名车的理想，凭着他的坚韧、进取和不懈努力，他终于闯过了自己人生的"卡夫丁大峡谷"。吉利梦，伴随着"汽车梦""中国梦"而给国人带来更多的惊喜与期待。

那个曾经讥笑过李书福的电视台主持人，在几年之后，曾经说过这样一段话：未来不见得李书福一定能成功，但我当年肯定是错了，如果有一天再见到他，我希望说一声："对不起，我很惭愧。我所得到的人生收获是，在任何时候都不能讥讽别人的梦想。"

目 录

第一章
初生牛犊：灵动少年心

三军可夺帅也，匹夫不可夺志也。

——孔子《论语·子罕》

少年智则国智，少年富则国富，少年强则国强。这是梁启超先生醒世的金玉良言。1963年6月25日，李书福出生在浙江省台州路桥区南街道李家村。他的父亲是个忙时种田，农闲时做些小生意养家的地道农民。在李父给儿子制订的人生计划中，考上大学，然后变户口，吃公粮，这才是"农村娃"李书福直接的、正确的、也是唯一的出路。

李书福性格倔强，近乎偏执，他受台州浓厚的商贾气息的影响，高中毕业后便毅然和复读说了"拜拜"。李书福从父亲手里接过120元的创业资金，然后买了台相机，开始了"野照相"的人生体验。

野照相并不能算李书福开始创业的起点，只能算他从校园走向社会，并适应社会的第一步。李书福靠着自己的勤奋奔波了一年，在千百句"同志，照个相吧?"的殷勤招呼中，终于赚来了一千块钱。这笔钱，在 1980 年左右的台州农村，也算是一笔可观的"巨款"。

李书福拿着这笔"巨款"，在台州开设了一家照相馆，为了招揽生意，他在自家照相馆的背景墙上，请当地的画匠，描上了一幅幅世界名车的图案，用世界名车为背景的照相馆，生意自然红火，前来照相的顾客让李书福应接不暇。

少年辛苦终身事，莫向光阴惰寸功。李书福不甘心将青春蹉跎于照相的生涯中，他在一个偶然的机会里，发现废弃的显影液可以提取出白银。这门生意比照相来钱要快，而且在台州绝对是独家的生意……李书福毅然关闭了照相馆，四处收购显影液，他的鞋底接连被跑断了好几次。这天，他去修理皮鞋的时候发现那几位鞋店的工人在为工厂加工一种简单的零件赚取外快，李书福从这个并不神秘的零件上，看到了一个令他振奋的商机!

童年，踌躇读书路

含泪播种的人一定能含笑收获。

——屠格涅夫

在《上海教育》2011 年 12A 期，刊登了这样一篇文章：我们调查了恢复高考以来的 3300 名高考状元，没有一位成为行业领袖……他们还调查了全国 100 位科学家、100 位社会活动家、

100 位企业家和 100 位艺术家，发现除了科学家的成就与学校教育有一定关系外，其他人所获的成就和学校教育根本没有太大关系。

李书福在学校读书的时候，"三好学生"的头衔难于"戴"在他的头上，经过休学和复读，李书福终于念完了高中，他终于可以放下书本，走向社会，他在社会这所大学，能否有另外一番作为呢？

台州地处浙江省中部沿海，是一个四季分明，风景如画的城市。它东濒东海，南邻温州市，西与金华和丽水市毗邻，并居山面海，平原丘陵相间，形成"七山二水一分田"的格局。

台州历史上名人辈出。在明代中叶，抗倭名将戚继光，曾在这里驻防 3 年，创鸳鸯阵，并九战九捷，荡平倭寇；被民间广为传颂的济公"活佛"李修缘，就生在台州北部的天台县；唐代大诗人杜甫于公元 758 年（至德三年），路过台州，他在《题郑十八著作虔》一诗中，曾经这样写道：台州地阔海冥冥，云水长和岛屿青……

台州风景叠胜，人文殊佳，自古以来，这里兼得山海之利，成为对外交往的重要口岸。但在改革开放前，台州路桥区南街道的李家村，只是一个贫困的小村子，这里的老百姓除了种植水稻，农闲时悄悄做一些地下的小生意，赚些小钱补贴家用。毕竟在那时候，做生意是不被允许的，一旦被抓，经营的商品就会被当作资本主义的"尾巴"，咔嚓一声，无情地割掉。

清朝的闽浙总督满保，曾经用他充满同情的笔锋，写下了这样一首诗：山花开处不知名，野水浇田细有声。经岁谁怜农父老，辛勤一半代牛耕。农民纵然不辞辛劳，可是面对"七山二水一分田"的严苛环境，生计还是非常艰难。是生活的推动，也是生存的逼迫，台州大量农民早已悄悄地"下海"，过着半农半商的生活。他们在农余时间以"鸡毛换糖""豆腐大军""贩卖纽扣"等形式，偷偷地从事着地下商业活动。

李书福的父亲和兄弟姐妹们也曾偷偷摸摸地做一些贩卖布匹、木材之类的小买卖。李书福耳濡目染，他那颗精明的头脑中，很早就埋下了商业和经营的种子。可是那种地下小商业活动，因没有国家政策的庇护，故此变得很危险。还在上学的李书福，就不止一次看到摊位连货带车被没收后，家人一脸愁苦神情。

1978年，党的十一届三中全会做出了改革开放的重大决策。1982年6月，浙江台州路桥小商品批发市场建立，商人也就从地下转入了地上，并见到了些许"阳光"。可是"投机倒把"等"紧箍咒"并没有从《刑法》中撤销。那时的经商行为，几乎等同于朦胧的黎明，在崎岖的山路上行走，也许一个不小心，就会失足掉进一个意想不到的"深坑"里。

李书福的童年，和同村其他小朋友一样，也玩过吹肥皂泡、放过风筝、上树掏过鸟蛋，也弹过圆溜溜的玻璃球。但李书福唯一和他们不同的是，他天生就对汽车感兴趣。他看到路上有汽车驶来，便会凝神注视，行一阵注目礼。汽车驶过去后，他心犹未甘，还会找来黄泥，凑齐小伙伴，大家一起动手，你捏制车轱辘，我制作车身子，黄泥汽车很快便制成了。潮湿的泥汽车晾干后，李书福就会找根绳子，拉着他亲手制作的黄泥汽车飞跑。

黄泥汽车随着人在跑，李书福的心兴奋得"忽悠悠"地飞了起来。这就是李书福童年时代"幸福无比"的制作汽车之梦……

莎士比亚就曾经说过：游戏是小孩子的"工作"。黄泥汽车在李书福的牵动下，很快就解体了，可是新的黄泥汽车又很快被制作出来。李书福所有的童年游戏加起来，都没有制作黄泥汽车开心。牵着黄泥汽车飞跑的李书福，也在一路对汽车梦的憧憬中长大。

6岁时李书福在家乡上了小学之后，慢慢有了爱美之心，他觉得自己的土布衣衫不漂亮，便找来树叶和蔬菜汁，想把自认为"不漂亮"的土布衣服，染成军装绿，可是因为染料"不合格"，衣服被弄得"一塌糊涂"，因为李书福冒失的行为，家里的大人将他结实地"收拾"了一顿。

李书福在家族中，是"胥"字辈。他父亲给他起的名字叫"李胥福"。胥字入名，一般有两个解释，一种是代表官运，比如胥吏；另外一种是"齐全"的意思，比如万事胥备。

李父之所以给他取这个名字，也是希望将来儿子能有个一官半职，多多幸福。李书福上小学时，他嫌这个"胥"字生僻难写，便将其改为了"书"。

在李家村的家乡话中，"胥"字和"书"字的读音相同。好好读书，就能得到幸福，这并没有违背李父给儿子起名的原意。而且"书福"这两个字读起来，还有"舒服"的意思，谁都想一辈子舒舒服服，可是很多人都没有想到，李书福后来选择造汽车，却走上了一条充满艰难困苦、泥泞坎坷的创业之路。

农村的小学不仅教学环境堪忧，师资力量也颇差。李书福曾经这样形容他读书时的情景："我是6岁上学，9岁辍学。在农村不讲普通话，老师教我们拼音也不讲干什么用，就让我们念，我就不念，搞得不高兴我就不上学了。回家以后我爸教我种地，种了2年。不行，种地太辛苦了。我11岁又开始上学，还是3年级，比同龄的孩子大一点，所以糊里糊涂地就学好了。"

从李书福辍学又复读这一点来看，李父当年虽然担任过农村的生产队长，也是农村的"领导干部"，但他对李书福的读书教育"政策"，却是异常宽松的。用现在流行的话说，就是用"市场经济调节"来让李书福读书：李书福在不同时期，根据对自身价值以及社会价值规律的认识，他究竟是想念书，还是要干什么，完全由他自己说了算。李书福一旦觉得读书无用，他可以放下书本去种地或经商；一旦觉得知识有用，比干农活清闲，他随即会去复读，去深造。

李书福小时候非常顽皮，李父对他的管束异常严厉，有时候找根绳子，将犯错的李书福绑到柱子上，一绑就是一天。

蔡志忠曾经说过一句充满哲理的话：未悟之前，鱼儿想飞，鸟儿想潜水；开悟之后，云在青天，水在瓶中。从李父对待儿子的这一点来看，李父绝对是一个非常务实的人。

李书福当时是一个非常精明、有商业头脑的年轻人，这样的人注定不会去死读书。他反倒会自我诘问：读书是否有用？他关心这些在课堂上学来的知识，会不会在以后帮自己实现美好的人生目标？

故此，李书福的学习成绩一直不稳定，甚至还有严重的偏科现象。李书福读中学的时候，他在物理竞赛中，竟取得了全校第一名；初二时，他参加台州地区统考，还以第三名的好成绩跳到高一，而且是台州市很好的中学；但是，刚上高一，他又自我休学了。老师找上门，语重心长地告诉他，只有好好读书，考上了大学，将来才会有出息，否则就只能当泥水匠了。

李书福虽然天生执拗，但面对老师苦口婆心的劝说，他还是同意回到高中，继续读书。毕竟在当时，一个十四五岁的孩子，除了读书，恐怕也只能跟父母下地干活，而发财创业跟他这个年龄，尚有一些距离。

李书福回到学校，读了三年高中，可是高考总成绩差了 15 分，他还是没能迈进大学的门槛。

在国内，入学读书是每一个青少年必不可少的成长历程，虽然李书福的读书经历，充满了蹉跎和反复，但他还是将高中读完了。

我们不知道，是否应该感谢饱受争议、只重分数、不重能力的高考，最终没能让李书福走进大学校园，而让他走上了一条别样的、精彩的、造汽车的道路。

社会需要大学生，但是更需要李书福这种极富冒险精神、创新意识的企业领军人物。

李书福高中毕业那年，他 19 岁。他决定不再复读，而是毅然选择离开学校。那份决然的态度，就好像凯撒大帝领兵出征罗马时的"壮烈"神情，虽然他手下没有"兵将"，但心中却怀揣着百千份坚定的信心，胸膛中荡漾着万亿种创业的豪情。

李书福走出校门去创业，他干的第一份工作又将会是什么呢？

赚钱，野照相生涯

对于年轻人来说，未来是一个仙境。

——塞拉

1978 年 12 月 18 日，中国共产党第十一届中央委员会第三次全体会议在北京举行，中国改革开放的总设计师邓小平，在会上做了《解放思想，实事求是，团结一致向前看》的重要讲话。

这次会议的召开，就好像一场及时的春雨，融化了政策的坚冰，并确定了国民经济发展新的指导方针：即走共同富裕道路。李书福在这个大环境的指引下，开始了他的"野照相"生涯。

李书福的创业，最早始于 1982 年，这一年他高中毕业，就毅然地和学校说了拜拜。

当时，路桥的小商品市场上人来人往，买卖双方争相议价的声音不绝于耳。随着汹涌的人流，你甚至可以听到钱潮"哗啦啦"涌动的迷人声响。当时李家村的村民，在种稻的闲暇，都会去路桥市场，批发一些袜子、纽扣等小商品去四处贩卖。只要稍微有一些经营头脑，一个月便可以赚来种稻几个月的收入。

李书福却并没有重复乡亲们走过的老路，他的心中早就萌生了一个想法，那就是照相。

著名作家张一弓先生，写过一篇名叫《黑娃照相》的小说，这篇文章曾经荣获过 1981 年优秀短篇小说奖。

小说的主人公名叫黑娃，黑娃养长毛兔，靠卖兔毛积攒了八元四角钱。

黑娃怀里揣着这笔"巨款"去赶中岳的庙会，一路上忍受住了羊肉汤锅、羊肉拉面、水煎包子以及观看武把式的诱惑。可是最后，他却在一个彩色照相的广告牌面前，停住了脚步。黑娃斟酌再三，最后决定花掉三块八，穿上了一身照相师傅为顾客准备的行头——

一套蓝色的西装，照了一张彩色照片。

张一弓先生，在小说里这样形象而生动地写道——

在众目睽睽之下，焕然一新的黑娃，面不改色地登上花坛，从容不迫地在沙发上落座，身子颤了两下，对沙发的弹性表示满意，庄严的目光环顾了人群，又打量着茶几上那部作道具用的电话机，干咳着，清了嗓子，忽然抓起电话机的话筒，大声喊叫起来：

"喂喂！你是俺娘吗？俺是黑娃呀！俺在中岳庙给你说话哩！俺是问问你，晌午做的啥饭哩！啥？蒜面条？鸡蛋卤？中，中！先搁锅台上晾着，俺一会儿就坐直升飞机回去……"

当黑娃脱去西装，重新换上破袄的时候，摄影师已经把刚刚显影的彩色相片呈送到黑娃面前，呀呀！相片上的黑娃，是那样英俊、富有、容光焕发，庄重的仪态，嘲讽的眼神，动人的微笑，好象是为着某一项重大的外交使命，出现在某一个鸡尾酒会上似的。背景却是中岳庙的天中阁，红墙绿瓦、雕梁画栋、古色古香。

黑娃愣愣地望着相片，那眼神好像在问：这一位果真是俺么？但他很快便确认，这就是本来的黑娃，或者说，这就是未来的黑娃。评论家也说，相片之外的黑娃不过是黑娃的暂时的"异化"罢了。

赶会的山民们都被照片里的奇迹惊呆了。那位戴草帽的老汉，再三地将相片内外的两个黑娃作了对比，"噫嘻！"他使用着在中岳嵩山之下保留至今的一个文言叹词，发表评论说："只要有好的穿戴，人人都有福贵之相啊！"

黑娃走出庙会，不觉登上了山坡……他再次掏出彩色照片，审视良久，忽然对相片里的他说："我说你呀，你好好听着，再过两年，咱来真个的！"他又回头望着山下的庙会，望着那鳞次栉比的货棚、饭铺，大声喊叫着："你们——统统的——给俺留着！"

"留着"——"留着！"群山发出了回声。

穿过盛开着油菜花的田间小路，黑娃哼着梆子戏，飞快地回家去了。

照相，可见在 1982 年，绝对是一件很"牛"的事情。因为照相可以提高身份、留住美好，照相还能迅速实现自己理想和希望的生活。

李书福在 17 岁的时候，就曾经骑着自行车，拍下了一张青春四溢的"靓照"——照片上的李书福，被风吹动了头发，他坚定的两只手牢牢地扶住了车把，一双眼睛"笃定而犀利"，就好像一个满怀信心的士兵，在准备接受生活检阅时才有的那种"来吧，我要战胜你"的神态。

19 岁的李书福，认定照相绝对是门好生意，可以为他的生活带来幸福。于是他就从父亲手里接过了 120 块沾满了父亲汗水的人民币，买来了一台海鸥 4 型照相机。可是年轻的李书福却没有想到，创业的第一个坎坷就在眼前等着他。

李书福的第一台海鸥相机，还没等为他创造财富，便被可恨的小偷给顺手牵羊了，李书福拿回家的只是一个空空的牛皮相机包。不服输的李书福怎么能甘心，他再次从父亲那里借来 80 多元钱，用 70 多元买了一台虎丘牌照相机，剩下的十多元买了胶卷和相纸。李书福性格就是这样，在哪里跌倒，就要在哪里站起来。

失败，从来跟李书福无缘。

性格太执着的人，甚至命运都会为之让路。

可是想吃照相这碗饭，光有相机是不够的，因为想去街上照相，必须在公安机关备案，并取得相关的手续。

可是李书福这一切都没有，他有的是勤快、机灵和改变自己生活的决心。李书福手持照相机，骑着自行车，在台州街上四处"乱"逛。开始了"野照相"生涯。

"野照相"最重要的是找到目标客户。看好了有照相需求的游客，两条腿跟紧一些，嘴巴殷勤一下，态度和蔼一点，随着"咔嚓"一声快门按下去的响声，就会有人愉快地递过拍照的费用。

世界首富比尔·盖茨都说：这个世界并不在乎你的自尊，只在乎你做出来的成绩，然后再去强调你的感受。

少年时的李书福就是比尔·盖茨这句名言的忠实践行者，他用手中的虎丘相机，经过一年不间断的拍摄，终于为自己赚来了1000块钱，这1000块钱是李书福用聪明的头脑和辛勤的汗水换来的。

李书福没舍得用这笔钱为自己买件新潮的衣服，潇洒一把；或者是去路边的饭店，海撮一顿；他要开一个照相馆，他要像照相机上的虎丘山一样，屹立雄视，伟岸不群，干出一番"彪炳"的事业。

眼光不同，做事情的过程必不同，付出的努力多少必然决定着结局的迥异。

李书福拿着虎丘的相机，坚定地拍出了自己的一方天地，他手里只有区区的一千块钱，哪够开一个照相馆的费用？李书福想要向雄鹰一样起飞，无奈风雨太大，浪头太猛！路在何方？在他的心中，有着坚定的方向……

提银，废液含财矿

知识是重要的，但道路的重要性不亚于知识本身。

——李四光

废液提银虽然是个让人很爽的"来钱买卖"，但不懂技术却只能"端着金饭碗要饭吃"。李书福在高中的时候，学过化学，他来到书店，找来了复杂的提取显影废液中白银的公式，经过几次摸索，李书福发现只要往显影废液中添加一种神秘的"结晶粉末"，便可以将废液中的白银提取出来……

李书福来到上海专卖摄影器材的"冠龙"商店，真有一种刘姥姥进大观园的感觉。他在这里才知道，开一家照相馆可绝对不是一件容易的事儿。

因为80元可以搞定一台虎丘照相机，可是想买回一台照相馆专用的座式照相机，却需要3000元。

李书福"野照相"用的相机与照相馆专用相机有什么不同？这个问题有两个答案，一个是没有什么不同，另外一个是有很大的不同。

胶片照相机的构造很简单，都是由透镜、快门、透镜组以及底片组成。胶片相机成像的原理是：景物或者人物经过镜头聚焦在胶片上，胶片上的感光剂随光发生变化，胶片受光后，再经显影液显影和定影，就会形成和人物、景物相同的影像。

照相机的原理就是这些，简单到自己弄一个纸盒子，前面挖一个小洞，后面装上胶卷，就可以弄出相机效果的图像来。但普通照相机和照相馆专用相机还是有区别的，这个区别可以做一个简单的比喻：玩具望远镜和军用望远镜的区别。

虽然这两种望远镜原理相同，但显示被观察物体的距离和清晰度绝对不同。而不同档次的照相机，其快门的感光速度，成像的清晰度，也会有很大的差别。

李书福手里捏着衣袋里薄薄的一叠人民币，他左看右看，不由暗自摇头：一个专业的闪光灯的灯罩，就需要一千多元，这也太贵了。"冠龙"摄影器材商店售货员，为了将李书福兜里的钱掏出来，不厌其烦地向他介绍这种灯罩的好处："照相是光的艺术，没有好的相机，没有好的灯罩，就拍不出好的相片来！"

李书福问完了照相机和灯罩的价钱，他连声说："贵，太贵了！"

售货员毫不客气："没有我们这些专业的设备，你就没法开店给人照相！"

李书福继续问灯泡、镜头的价格，那名售货员有些不耐烦了。李书福瞧着"冠龙"摄影器材商店售货员看不起自己的眼神，他的倔脾气不由得又一次爆发："什么座式照相机，不就是一个镜头，几个齿轮，外加一个胶片盒吗？"

李书福一身的硬脾气，让他做出了一个惊人的决定：买不起，我自己做！

鲁迅先生笔下现代"台州式硬气"的代表人物就是柔石，鲁迅在《为了忘却的记念》一文中这样写道：这只要一看那台州式的硬气就知道，而且颇有的近迂（即耿直单纯，非贬义），有时会令我忽而想到方孝孺……

台州人方孝孺，刚直不阿、孤忠赴难，成为中国历史唯一一个即使是被"诛十族"，也绝对不屈服的人。"台州人，性本硬，想要干，定能成"，这种渗透在当地人骨子里的"台州式的硬气"，使台州人天生便有敢冒险、有胆气、善创造、不张扬等特点，而李书福的犟脾气，就是台州人这股硬气的集中体现。

李书福只是花钱买了一组镜头，因为照相机的镜头他没有高精度的研磨机，绝对无法做出来。还有一样东西李书福无法自己制作，那就是闪光灯的灯泡。这两样东西买完后，李书福转身就离开了"冠龙"摄影器材商店，那名一个劲儿想把价格不菲的摄影器材卖给李书福的售货员，满脸都是嘲讽和不屑的神情。

让这名"高傲"的售货员没想到的是，李书福回去后，他只花了两块钱，就请一个钣金匠"叮叮当当"地敲出了闪光灯的灯罩，安上闪光灯后好使好用，而且并不比专业的差。

而制作那个坐式相机，就更具戏剧性了，李书福弄了一个铁盒子，先在里面装上了自制的齿轮、快门和暗箱室，接着再装上皮老虎和镜头组，一个看着怪怪的相机就"诞生"了。

这个不靠谱的相机，几经修改和调试，最后竟能照出很不错的相片。只可惜在80年代初期，照相机还是奢侈品，它和老百姓的生活还有一定的距离，不然的话，李书福要是在制作相机的路上走下去，恐怕中国的照相史都会被改写，世界相机界的格局也将是另外一番情景了。

李书福的照相馆开业之时，为了显得专业，李书福找了一块黑色的金丝绒，蒙到了那个谁看到谁都发"憷"的照相机上。

行不行全仗毯子蒙——这是民国街头"戏法"师经常挂在嘴边的一句话，很显然，李书福深得这句话的精髓。李书福的资金不够，技术不足，但这都阻挡不住他开照相馆的脚步。

买不来昂贵的摄影设备，李书福用他聪明的头脑和灵活的双手自己做；技术不足，可以一边照相，一边学习嘛。更何况，李书福在野照相中，锻炼出来的笑脸迎人、薄利多销、技术高超这些营销的软件，都可以弥补他在硬件上的不足。

李书福的照相馆开业一段时间后，渐渐地有了口碑，李书福还在照相馆的墙壁上，请画匠画上了世界名车的背景图。

台州的市民苦日子过得久了，故此对富裕生活的渴望特别强烈。顾客到李书福的照相馆中照相，可以一步到位地拥有可望不可及的名车，这确实是一个非常有吸引力的噱头。

李书福的照相馆每日门庭若市，现在他再也不用骑着自行车满街去兜揽生意，见面就问人家您照个相吧？

李书福现在坐在照相馆中，风吹不到，日晒不着地给顾客照相。晚上的时候，他数着"咔咔"作响的钞票，一开始的时候确实有一种满足感，可是随着时间的推移，这种满足感却越来越淡薄了。

要知道在 1982 年的时候，浙江省省内平均工资一年才 740 元，李书福开照相馆的收入，一年可以顶十几个工人，而且他的一间小门面已经变成了三层楼，他应该满足才是。然而真正让李书福感到不满足的不是照相馆赚钱少，也不是照相馆没有前途，而是他骨子里就有一种不停尝试、不停创业的冲动。

原新浪首席执行官王志东曾经有个很好的比喻：财富是猫的尾巴，只要勇往直前，财富就会悄悄跟在后面。

李书福属兔，他天生就是一个好动的人，因为头脑灵活，他更是个有创造力的人。这种人如果当了厨子，他会创造出很多新菜式，在食客的赞扬声中，获得极大的满足；如果他当了工程师，他会设计出很多的新产品，在自己不断的创造中，得到很大的陶醉。照相只是一种谋生的手段，可以赚来生活费，却无法满足李书福心中巨大的"创造"欲望。

李书福之所以在自己照相馆的背景布上，雇人绘上好几台世界名车，用李书福的话讲，是因为能和小汽车合影是了不得的事儿。这也代表了他心中的一个梦想——他想拥有一台这样的名车。在他的潜意识中，开名车兜风的感觉，一定会比他骑自行车的感觉"爽"得多！

李书福用世界名车当背景，可以说是在给顾客"画饼充饥"，但让人没有想到的是，多年以后，李书福真的造出了"让老百姓买得起的好车"，并至少提前几年，圆了老百姓的汽车梦！

小时候，汽车对李书福来说，就是一个梦中的情人，用他的话讲童年时用手摸（真汽车）一下都不敢，怕它开起来不得了。但人生有梦想，就有目标，想要实现目标，就得抓住一个个的机会，果然不久之后，一个新的赚钱机会就"精灵"似的出现在了李书福的眼前。

这天，李书福晚上在收拾照相馆卫生的时候，他发现了一张客人丢弃的油印小报，小报上有一条"废水提银，快速致富"的广告，引起了他的注意。

这条广告这样夸张地写道：你想快速致富吗？你想抢先一步成为百万富翁吗？废弃定影液提银技术，圆您发财梦！

李书福读过高中，他知道定影液是由卤化银组成，胶卷在定影液中反应定影后，废弃的定影液中确实含有一定量未参加反应的卤化银。这条广告并非骗人，可是李书福打电话一问购买该项技术的价格，对方却给出了一个让他不能接受的高价。

李书福在电话里和对方探讨了半天，可是对方仍然强调台州废液取银的巨大市场，却根本不肯降价。李书福虽然为废液提银的利润心动，但大把地往外掏"冤枉钱"，李书福又岂能接受。

李书福失落地挂了电话，他晚上吃麦虾面的时候，也觉得没什么味道。李书福在思考，如果不去购买秘方，他难道就不能将废液里的银子提取出来吗？李书福在床上辗转到半夜，这才囫囵地入睡，在梦里李书福梦到了以前教自己化学的老师，化学老师毫不客气，对着李书福一顿批评，批评他化学学得不牢，李书福被训得满头是汗，"嗖"地一声，从床上坐了起来。

他想起来高中化学老师，如果没记错，他读高中的时候，老师确实教过他如何还原卤化银中的纯银。只可惜李书福走上社会后，高中的课本都进了废品收购站，他想找到有用的化学反应公式，只能明天一早去新华书店了。

第二天一早，李书福早早地来到了新华书店，他在高中课本中找到了那个反应公式，原来需要在定影液的废液中加入硝酸（HNO_3），再将卤化银和硝酸的溶液（用碱 $NaOH$）调成中性，再放入较活泼金属（锌等）就可以将银置换出来。当然这种方法弄出的银是粉末状，将粉末状的银收集到一起，再加热熔化成银块，这才算大功告成。

废液提银的工艺并不简单，李书福通过亲身实践，懂得了一个道理，那就是——知识就是力量，它确实可以改变一个人的命运。

李书福说干就干，因为他的照相馆生意兴隆。一个月后，他就积攒了一百多公斤定影液废液，经过一番"折腾"，他从这些废液中，竟提取了 500 多克白银。

李书福从书上找来的方法，确实可以从废液中提取白银，可是这种方法却太复杂。聪明的李书福几经试验，最后，他惊喜地发现，可以通过加氯化钠的方式，将里面的银提炼出来，而且纯度相当高。

氯化钠就是食盐。

废液提银的技术，简直就是一层窗户纸。

一斤盐，两毛钱，不懂化学真的会害惨人。

80 年代的国际白银价格，约在一盎司 10 美元左右，一盎司是 28.35 克，也就是说，李书福的这 500 克白银，价值 150 美元，折合成人民币是 1200 元。

去掉成本，减去购买废液和用工的价格，再考虑白银在国内地下市场价位较低的因素，李书福在 100 公斤定影液废液中提取的白银，至少也能赚好几百元。

台州像李书福这样的大小照相馆，至少也有几十家，再加上医院放射科、印刷厂、电镀厂、制镜厂等企业，李书福一天绝对能收来一百公斤定影液的废液，换句话说，李书福一天能赚三四百元钱，这差不多等于一个工人半年赚的工资了。

一年赚 15 万，在改革开放的今天，根本就不能算回事儿，可是在一个工人年收入 740 元的年代，李书福一年赚的钱就相当可观了。

不要瞧不起这种小生意，一旦集腋成裘，利益还是很可观的。要知道曾经的中国首富刘永好，就是做猪饲料起家的。李书福手握致富的"秘密武器"，他毅然停了自己的照相馆，为了筹集大量购买定影液的资金，李书福将自制的坐式照相机拿到了当铺，可是当铺的老板只给了他五张皱皱巴巴的十元钞票。

李书福自制相机的一组镜头，就是好几百元，面对老板的盘剥，李书福真想一个耳光甩过去，可是想想废液提银的收益，李书福还是忍住了。他拿着当铺老板给他的 50 元钱，便开始了四处收购废定影液的工作……李书福提炼出的白银，因为纯度够高，价格也够便宜，故此在台州当地的开关厂等需要白银的地方，十分畅销。只是当时国家不准私人做黄金和白银的生意，故此，李书福提取和贩卖白银，都是在地下秘密进行的。

当废液提银成了公开的秘密，台州废液提银的小作坊逐渐增多，废液价格翻番猛涨，环保部门对污染环境的废液提银小作坊，开始严厉打击的时候，赚得钵满盆盈的李书福，也适时退出了废液提银的行当。

第二章
绝不停歇：曲折创业路

胜而不骄，败而不怨。

——《商君书·战法》

李书福从制作冰箱零件起步，接着开厂生产"北极花"冰箱。可是天有不测风云，蒸蒸日上的北极花冰箱，因为没有被列入轻工业部定点厂的名录，而被禁止生产了。

当时有媒体这样评价北极花被禁对李书福造成的打击：发改委三拳，拳拳打在（李书福）腰眼。

海明威曾说：我们必须习惯站在人生的交叉路口，却没有红绿灯的事实。李书福创业伊始，虽然备受打击感到迷茫，但他为了继续整装前行，为了积蓄能量，毅然到深圳去学习"充电"。这时，李书福发现了一个生产建材的好生意……随着中国房地产的大热，装修必备的镁铝曲板，一定能成为市场的抢手货。

李书福随后开设了一家镁铝曲板厂。镁铝曲板厂产销两旺，李书福又萌发了进军房地产的念头，可是坐上了房地产的"过山车"，却让李书福赔得血本无归。

严苛的现实让李书福懂得了：以后要干，一定要做"实业"。李书福接着又想干一桩大生意，那就是生产摩托车。可是摩托车这东西的质量关乎驾驶者的生命安全，李书福能"搞定"这个行业吗？

创富，冰箱蒸发器

什么叫不简单？能够把简单的事情天天做好，就是不简单。

——张瑞敏

李书福以"野照相"练手，以开照相馆为起点，利用废水提银的技术，为自己的人生掘得了第一桶金。

李书福在废水提银生意走下坡路的时候，毅然退出了这个利润变薄、竞争加大的提银市场，他其实已经看好了另外一个好生意。那就是生产冰箱的零件。

生产冰箱零件的门槛不高，随着竞争的激烈，李书福又瞄准了一般人"鼓捣"不出来的冰箱重要部件"蒸发器"。可是这东西可不是那么好对付的，想将其制作出来，一个字"难"，两个字"挺难"。

人生在勤。李书福在四处收废旧定影液的时候，因为每天走的路过多，他脚下的皮鞋磨得开线，眼看掉底了。于是他走进了一家小鞋厂，想修一下自己的皮鞋，使它能重新焕发"小快靴"般的活力。

李书福走进了鞋厂，鞋厂中并没有其他顾客，可是制鞋的四名师傅却一个个挥动着铁锤，正在各自的铁砧子上敲敲打打，好像很忙碌的样子。

李书福招呼了好几声，一个师傅才抬起头，然后不耐烦地走过来，开始给李书福修鞋。修鞋的时候，好奇的李书福问："师傅，你在做什么？"

那个制鞋师傅三下五除二地将李书福的旧皮鞋缝好，然后警惕地说："我们啥也没干！"

制鞋师傅接过李书福递过来的 2 元手工费，转身急匆匆地又回到了自己的铁砧子前，继续敲打那块奇形怪状的小铁片。李书福凭着敏锐的感觉，意识到这里有财路。但是一个异型的小铁片里，能含多大的商机？这事儿搁一般人身上，询问遭拒一定悻悻地离去，可是李书福偏有一股韧劲，不明白异型小铁片的秘密，他绝不会善罢甘休。

李书福将收购来的定影液送回去后，便换了一身干净的衣服，接着又来到了那家鞋店前。

下午五点，修鞋店打烊关门，四位制鞋师傅各自回家，李书福锲而不舍地跟在那位为自己修鞋的师傅身后，走了一会儿，便来到了一条僻街之上。李书福先殷勤地招呼了一声师傅，然后一伸手，就握住了他的一条胳臂。

制鞋师傅看着满脸堆笑的李书福，诧异地问："你，你有事？"

李书福用手一指街旁的大排档，满怀诚意地说："我想请你喝两杯！"

"我们又不认识。"制鞋师傅不放心地说："干啥要喝你的酒？"

李书福急忙讲出了自己的名字，然后说："我没有别的意思，只是想跟您谈谈！"

在李书福的一再请求下，制鞋师傅这才走进了路边的大排档。这日这家大排档中，正好有新进的三门青蟹，李书福挑肥蟹要了四五只，然后又点了两荤一素三个菜。

制鞋师傅看着倒在杯子里的黄酒，警惕地问："你想跟我谈啥？"

对酒当歌，人生几何，中国的酒文化确实深远。李书福先不说自己的目的，只是一个劲儿地为对方斟酒夹菜，三杯酒下肚，制鞋师傅的话就多了起来，李书福一见时机成熟，说："我想问一下，你白天加工的异型铁片是做啥用的？"

制鞋师傅一听李书福的问题，便警惕地闭上了嘴巴，李书福伸手从钱包里摸出了一叠钞票，塞到了制鞋师傅的衣兜中，制鞋师傅脸上这才堆起满意的笑容，然后低声在李书福耳边说："那是为台州电冰箱厂加工的异型件！"

在20世纪70年代，小两口结婚，必备的四大件是手表、自行车、半导体收音机和缝纫机；到了80年代，"四大件"则变成了冰箱、电视机、石英手表和洗衣机。

1978年1月，国务院决定将轻工业部同纺织工业部分开。为了发展家用电器工业，在组织机构设置上成立了五金电器工业局。同年，国家计划委员会决定，由轻工业部统一归口管理全国各系统、各地区家用电器工业，并将洗衣机、冰箱、电风扇、房间空调器、吸尘器、电熨斗等6个产品列入国家和部管计划，同时对国内尚不能生产的家用电器零配件和原材料（如冰箱压缩机、洗衣机定时器、ABS 工程塑料等），由国家列入进口计划，轻工业部统一分配。

国内第一台冰箱是 1956 年北京雪花冰箱厂研制的。雪花集团的前身是北京医疗器械厂。借着 80 年代结婚四大件的春风，台州电冰箱厂应运而生，别看当时冰箱价格高达 2000—3000 元一台，可是依然供不应求。

1978 年，中国冰箱产量仅 2.8 万台，到 1985 年产量为 144.8 万台，可是零售量的总需是 220 万台，也就是需大于供，不管什么样的冰箱，只要价钱合适都不愁卖。供需紧张状况使中国家用冰箱生产发展很快，各地争先上马，重复引进，1984 年全国冰箱生产厂便有 116 家，即使这样也无法解决各地频频出现的冰箱排队抢购之风。

冰箱按照制冷方式分压缩式电冰箱、吸收式电冰箱、半导体电冰箱等十来种类型，其中应用最广泛的就是压缩式电冰箱。这类电冰箱的核心元件就是压缩机，通过压缩机对制冷系统作功，制冷系统中充满低沸点的制冷剂氟利昂，氟利昂被压缩蒸发汽化时会吸收冰箱中的热量，冰箱厂的工程师们就是根据这个原理制成的冰箱。

国内一开始制作冰箱的时候，其核心配件压缩机完全依靠进口，从 1983 年起，我国开始引进冰箱压缩机的生产技术和设备。1986 年底，第一批采用引进技术设备生产的压缩机投放市场。

一台冰箱可分为三个部分：1. 机械部分；2. 电路部分；3. 管路部分。机械部分是指压缩机系统；电路部分有温控器，门开关，门灯，温度补偿开关；管路有冷凝器，蒸发器，门放露管等等。

当时，台州电冰箱厂为了赶进度，冰箱上很多非关键的部件都是委托他厂生产，而一些小的异型零件，因为利润低，工艺麻烦，这些部件没有加工厂肯接产，故此，这些异型部件就被冰箱厂委托一些私人代为加工，台州冰箱厂主要负责组装。

李书福问明白了这个异型件的价格，再一算工时和成本，他觉得有利可图。要知道，在台州有句话叫作：要想富，办厂子是条路。做台州冰箱厂的零件加工商，这个生意应该不错。李书福去了一趟台州冰箱厂，他一说要代加工这种异型零件，没想到冰箱厂生产科的科长，竟握着他的双手连说鼓励的话。

李书福从冰箱厂要来异型零件的尺寸，开始了尝试。在没有定影液需要加工提银的时候，他便很仔细地举着锤子，在铁砧子上敲敲打打。很快一个异型零件便做了出来。

李书福做出来一批异型零件后，他将其装进帆布包中，坐着公共汽车，然后将零件送到了台州冰箱厂。冰箱厂的质检员检验合格后，非常痛快地全额付款，还说："你做的异型零件质量好，你做多少我们收多少！"

冰箱上的异型零件收得快，说明台州冰箱厂的冰箱卖得就好，李书福找到该厂主管配件的副厂长，和他谈到自己要建厂为台州冰箱厂生产各型配件，那位副厂长拉着李书福的手，兴奋地说："你这个想法太好了，我们冰箱厂一不是冰箱愁卖，二不是生产能力不够，但有些小配件就是供应不上，如果你能帮我们厂扭转小配件供应短缺的瓶颈，那就是大功臣了！"

李书福的废液提银生意一直不错，但逐渐废液提银的生意竞争开始激烈，废液涨价，货源不足。李书福毅然离开了这个"偏门"的行当，他随后买来了开厂子所需的冲床、钻床等设备，然后雇佣了十几名工人，这些工人经过简单的培训，就开始上岗制作冰箱的异型零件了。

李书福的小厂子生产的冰箱配件，因为做工精细，非常受欢迎，他试水成功后，1984 年，李书福找来他的三个兄弟，他先勾勒出一幅"创富"的雄伟蓝图，然后"孔明游说东吴"一样地说服大家，准备合办一个冰箱配件厂。

自 1978 年十一届三中全会起，国内才开始实行对内改革、对外开放的政策。可是几年前，割资本主义尾巴的阴影始终在李书福的兄弟们心头萦绕。李书福的大哥李书芳、二哥李胥兵、还有四弟李书通三人还是顾虑重重，真要是政策有变，他们的厂子辛辛苦苦干起来，结果却被人当"资本主义尾巴"给割掉，那可就惨了。

李书福经过鼓动，他的三个兄弟终于同意合股开厂。为了更保险，李书福找到了黄岩县石曲乡乡工业办的主任张桂明，经过咨询得知，改革开放后不仅国家，市县乡等各级政府也都非常支持乡镇企业的发展。

私人企业的地位尚不明确，但乡镇企业确实是一顶保险的"红帽子"，只要戴上了这顶"利国利民"的红帽子，那么不管李书福怎么"折腾"，在政策上都不会有问题了。

李书福听罢政策，真好像吃下了一颗定心丸，他随后就拜托张桂明为他们兄弟办了一张台州石曲冰箱配件厂的执照。执照办下来后，李氏兄弟开始合股，他们手里有了足够的资金，台州石曲冰箱配件厂建厂、购买设备等等的工作也都走上了快车道。

男儿不展风云志，空负天生八尺躯。李书福决定要抓住这个创业的好机会，不久之后，台州石曲冰箱配件厂建成开工。李书芳任厂长，李书福不管生产只管销售，李胥兵和李书通也是各司其职，这个厂子的领导层除了李氏兄弟四人，还有李书福的姐夫王施梅，以及李书芳的小舅子陈有发、李顺清等人。

很显然，这是一个典型的家族企业，家族企业有优点，也有缺点，有长处更有弊端。

家族企业的优点如下：1. 彼此信任，跳槽不易发生。2. 因为利益共享、风险共担，即使面对困境，大家也会不离不弃。3. 在创业初期，精诚团结，努力的程度超越一般。

但弊病归纳起来，也有三点：1. 家族企业不好管理，管理制度往往止于亲情。2. 家族企业排斥外来人才，一般人才难于进入管理高层。3. 家族企业排斥民主。家族企业一开始的发展和壮大，与家族企业管理者的英明决断有关，可是随着家族企业的壮大，需要民主来平衡和限制管理者的权力，以期降低管理者决策失误而带来的商业风险，这道理虽简单，但在家族企业却难以做到。

家族企业还有一个无法逃脱的魔咒，那就是企业在建立之初，因为大家"有难同当"，故此家族企业经常会处在"满血"的市场竞争状态。可是随着家族企业的不断扩大，最后在利益面前，大家却无法做到"有福同享"，那时候等待家族企业命运的多半是分道扬镳，各奔前程。

美国国际农机商用公司董事长西洛斯·梅考克，留给后世一句名言：管理是一种严肃的爱。有时候，为了企业的发展，暂时将亲情和友情放到一边，这也是一种爱。只不过这种爱，不容易被人理解。

台州石曲冰箱配件厂一开始做得是异型配件，接着做保温套、电线、地脚螺丝、架子、膨胀螺丝、水管、万能电路板、变压器、电容，最后连冷凝器等配件都能生产了。

李书福灵活掌握冰箱市场的供求信息，市场上缺什么冰箱配件，他就将消息及时反馈到厂里，李书芳就组织工人，赶快生产。当时李书福的冰箱配件，不仅供应台州冰箱厂，而且远在杭州的几家冰箱厂也用他的产品。

但台州石曲冰箱配件厂生产的冰箱配件产品，技术附加值都不高，通俗地讲，李书福能做出的配件，其他配件厂也照样能生产。

同样的产品看质量，同样的质量看价格，同样的质量和价格，就得看关系。一番竞争下来，产品价格便会一路走低，面对利润越来越薄的不利局面，李书福将目光锁定在了冰箱的蒸发器上。

台州石曲冰箱配件厂有两样冰箱上的配件不能生产，一个是蒸发器，一个是压缩机。压缩机在当时都得从国外进口，这个东西李书福搞不明白，但是倔强的李书福就不信弄不明白冰箱的蒸发器。由于蒸发器生产"技术复杂"，故此国内生产厂家报价很高，李书福觉得生产蒸发器利润丰厚，至于技术，那就工匠进了玉石作坊——琢磨呗，哪项技术不是一点一滴摸索出来的？

想要制造冰箱蒸发器，就得研究冰箱蒸发器。李书福一手拿着蒸发器的图纸，另外一只手拿着黑乎乎、沉甸甸，上面穿满铜管子的冰箱蒸发器回到家里，他的家人瞧着"怪模怪样"的蒸发器，问："你想干什么？"

李书福信心十足地说："我要弄明白它的原理，然后生产蒸发器，让它为咱们的冰箱配件厂赚钱！"

李书福经常有超越常规的想法，家里的人都熟悉他的"套路"，但让人怀疑的是，李书福要是能弄明白蒸发器的原理，还要那么多工程师干什么？

李书福当时只是个高中毕业生，他在课本上学的那些知识，恐怕随着野照相和废液提银的生意早就被忘得差不多了，他成吗？他能将蒸发器的原理研究明白吗？

李书福根本就不信邪，不管是多么硬的"硬骨头"，他也要啃下来。李书福将蒸发器放到了床头柜上，外科医生似的，一边对照图纸，一边拿起了螺丝刀，开始拆卸冰箱蒸发器，他连续拆装了几遍，可是蒸发器是如何工作的，如何制作这种"技术复杂"的蒸发器，他心里还是一点谱儿都没有。

直到这时候，李书福才知道知识的分量，他决定到上海请教专家去……上海的制冷专家绝对有两把刷子，三下五除二就让李书福弄明白了蒸发器的工作原理。由于李书福会来事儿，那名专家觉得李书福是个有为青年，他便将冰箱蒸发器的制作难点以及如何克服，全都告诉了李书福。

李书福信心十足地回到了台州，找到了一个在化工厂工作的同学，这名同学在李书福的指导下，三弄两弄竟把冰箱蒸发器给造成了。可是经过高温高压的实验，这台蒸发器因为粘结剂不达标，引起了氟利昂泄漏，成了不合格的产品。

蒸发器是铜管和铝片组成的冰箱配件，中间是空的，中空的地方就是氟利昂经过的通道，很多厂家制作蒸发器都是因为粘结剂不合格而最终败北。什么样的胶水既耐低温，又抗高温，并能将铜管和铝片粘牢，让氟利昂不至于泄漏，这确实难住了很多人，但却难不住李书福。

科学技术是第一生产力。李书福再一次来到上海，他就不信，在这座现代工业最发达的城市中买不到合适的胶水！

李书福见化工用品店就进，逢人就问，果然功夫不负有心人，这天他来到上海南京西路 2489 号上海化工轻工供应部，这家店的柜台里，摆着几十种的胶水，李书福一说要粘接冰箱的蒸发器，那个店员二话不说，从柜台中拿出一瓶国产的粘接剂。

这瓶粘接剂，就是李书福的同学已经用过并已被证明不合格的粘接剂，李书福将这瓶粘接剂推到一边，说："我要耐高温超过 180℃，抗低温超过 50℃ 的粘接剂！"

那个售货员从柜台的最底部拿出了一瓶粘接剂，说："你就用这个吧，保证合乎你的要求，不过价格就是贵点儿！"

李书福痛快地交钱，他拿着高价买来的粘接剂，直接回到台州，果然经过实验，这瓶粘接剂好用，很快第二个冰箱蒸发器就造出来了。

虽然李书福造出的第二个冰箱蒸发器，模样有些七扭八歪，但试验品的模样并不重要，关键是功能，只要蒸发器的功能不差，那么它的形状很好搞定。

经过实验，李书福制作出的第二个冰箱蒸发器性能完全合格，不仅高温工作正常，低温干活也不差。

李书福将这台蒸发器定型后，拿着它来到了和自己关系最好的一家冰箱厂，这家冰箱厂的厂长正为配件商的蒸发器供货不及时，价格居高不下而犯愁，他看到了李书福送来的蒸发器，竟被吓了一跳，他诧异地问道："这真的是你们厂子自己研制出来的?"

李书福将胸脯一挺说："绝对错不了，如果你们觉得成，我们一定能按时、足量地供应！"

李书福的蒸发器是一款在市面流行的蒸发器的基础上，进行了升级改造的新蒸发器，不仅用料省、质量优而且价格相对也低廉。该冰箱厂的质检部门经过实验，认为李书福带来的蒸发器是目前市场上主流蒸发器中，同等质量而又价格最低的一款。

那位冰箱厂的厂长，一把握住了李书福的手，一个劲儿地说他是制造和化工业的天才，并和李书福痛快地签了合同。李书福的蒸发器一炮打响，似大江东去一发不可收。

金杯银杯不如老百姓的口碑，口碑实在太重要了。李书福制作的蒸发器，不仅质优而且价廉，随后台州、杭州、上海和山东一些生产冰箱的厂家，也都用上了李书福的蒸发器。

叶心源在《台州日报》2014年2月8日周末版上，以《传奇人物李书福》为题，回忆了李书福兄弟们当年合股办冰箱配件厂的这段不平常的历程：

> 1986年9月的一天，我陪同浙江日报李丹同志去采访李书福。
>
> 当我们提问今后的发展和打算时，他不愿多说，也不希望我们宣传张扬。他说得最多的一席话：希望党的改革开放政策不要变。
>
> 我要拍照片，请他到车间去，他不太乐意，请他站到中心位置，他执意不肯。
>
> 那年代，民营经济尚未形成发展气候，企业稍有名气，就时有"检查"、"考核"来说东道西，有些还将被当作"资本主义尾巴"割掉。因而使这些创业者疑虑重重，小打小闹，不敢投资。从这两幅老照片看出，那年代，李书福这家生产冰箱配

件厂，车间的房顶是简易棚搭架的，四周墙壁斑驳粗糙，地面还没浇上水泥，坑坑洼洼。

我印象最深刻的是，那天正好下着大雨，拍照片所站位置还"滴滴嗒嗒"漏着雨水，李书福请工人为我撑着雨伞。

不久前，我带着老照片画册，送给黄岩西部山乡茅畲下横村，几个农民围过来看李书福当年所办的厂。有人看到当时厂房简陋、设备老旧的场景，不由惊讶地叫道："如今的李书福是中国汽车大王，还买下了外国一家很有名气的汽车大厂，真是大变样了，这些照片太珍贵了！"李书福创业的传奇故事，今天在台州乃至全国被越来越多的人知晓，他大胆的改革精神也被广为传颂。

台州，盛开北极花

人无我有，人有我优，人优我奇。

——张瑞敏

随着党中央"思想要解放一点，胆子要大一点，步子要快一点"的讲话迅速传遍大江南北，台州的工商业也随之发展成一个百花齐放的局面。

眼光决定成败，李书福做了一个令人震惊的决定，那就是生产电冰箱。可是北极花电冰箱的命运多舛，刚刚在市场上卖得火爆，便因为国家政策的调整而怅然"夭折"。

面对社会环境为创业者奏响的紧锣密鼓，李书福再也坐不住了。生产冰箱配件确实可以赚钱，现在台州石曲冰箱配件厂除了压缩机不能生产，其他的零配件都可以制造，为什么不能建一个冰箱厂，然后将散件组装到一起，生产利润更大的冰箱呢？

李书福的想法确实是一个赚钱的好主意，但这个好主意却得不到他两个兄长的支持。因为温州"八大王事件"的影响，至今还让他们心有余悸：

1981 年 1 月，国务院先后两次发出紧急文件"打击投机倒把"。很快，浙江省委根据中央的要求，组成"打击投机倒把工作组"，这次全国性打击严重经济犯罪的斗争，浙江省将温州作为突破口，而温州将乐清作为重点，而乐清在柳市镇重点打击的对象就是柳市镇的"八大王"。这就是后来流传甚广的"八大王事件"。

"八大王"分别指的是："目录大王"（信息专业户）叶建华；"旧货大王"（旧货购销）王迈仟；"五金大王"胡金林；"翻砂大王"吴师濂；"线圈大王"郑祥青；"胶木大王"陈银松；"螺丝大王"刘大源；"矿灯大王"程步青。

"八大王"受到处理和打击后，虽然对大规模"打击经济犯罪活动"起到了一些效果，但柳市刚蓬勃兴起的家庭工业一下子被打了下去，致使当年柳市的工业产值下降了 53%，对整个温州市的经济活力都造成了破坏性的影响。

枪打出头鸟。李书福绝非"莽汉"，他更不会"蛮干"。真正给他胆子开冰箱厂的，是当时黄岩县的县长王德虎。1984 年初，王德虎被推上了黄岩县领导岗位。王德虎为了了解本县的工商业，曾经三次到李书福兄弟合开的台州石曲冰箱配件厂去做考察和调研。

作家冯翔在《拓荒王德虎传记》中，曾经这样记录了王德虎和李书福等股东在台州石曲冰箱配件厂接触时的情景：

王德虎第一次去的时候，那是在他走马上任，刚当上黄岩县长"父母官"不久，李书福等人对王德虎的脾气、秉性和工作作风并不了解，当时他们的态度是合股制在邻县已受到批判，只能胆颤心惊地等着挨批判或者被取缔。

王德虎满脸笑容，态度和蔼，让李书福等人的心里不那么紧张了。经过李书福对王德虎"保守"的介绍，王德虎对有八名农民股东，近百名职工的台州石曲冰箱配件厂有了一些了解。

当时，县委的孙书记这样问李书福："你们喜欢这种既像股份制又像合作制的经济形式的原因是什么？"

虽然王德虎在一旁大胆鼓励李书福等股东畅所欲言，但李书福真的不知道该怎样回答。更确切地说，他是怕回答错误，惹祸临头。

最后，李书福这样搪塞道："我们现在还说不清，我们琢磨琢磨后，下次告诉您好吗？"

王德虎第二次和县委孙书记来到台州石曲冰箱配件厂，他见股东们还是像上次那样紧张，说："我们不是来整你们，别紧张。想说什么，就敞开说。说错了，记在我的账上，是我王德虎教唆的……"

李书福一见王县长如此有担当，他就讲出了股份制可以将零散的资金凑成一个拳头，然后打出一片市场的好处。王德虎和孙书记第三次去台州石曲冰箱配件厂，便明确地表示了支持股份制的态度。

要知道在当时，临县正在批判股份制，县委的领导这种表态无疑是给李书福打了一剂"强心针"，他当即表示："今年产值保证达到五百多万元，利润可以达到六十多万元！"

正是县委给的政策才坚定了李书福要建一个冰箱厂的决心。可是李书福却无法让自己的大哥和四弟支持自己的主张。

在当时，电冰箱绝非一般产品，它由国家统一管控，统一生产，这样的商品谁碰就等于是在触"雷"。李书福如果"头脑一热"真的生产出了电冰箱，如果国家不给他生产许可证，他投进去的钱，岂不是要"打水漂"？更何况，台州地处山区，交通闭塞，生产冰箱需要的高精尖人才，这些李家兄弟并不具备，李书福要生产冰箱的决策，不是一般的不靠谱，而是特别的不靠谱。

李书福的胆量还是赢得了二哥李胥兵的支持。李书福野照相，废液提银还有开设冰箱配件厂，一开始的时候这些事儿都被人认为"不靠谱"，李胥兵决定和自己的三弟"疯"一把，反正李书福已经豁出去了，大不了赔光了老本，从头再来！

缺乏人才，李书福边做边学，竟成了制作冰箱的专门人才；没有厂地，李书福就租来了五间旧瓦房；经过一段时间的筹备，李书福的第一台"北极花"冰箱诞生了。

"北极花"冰箱经过测试，不仅制冷迅速，而且质量可靠，完全有"杀"出台州，并与国内的名牌冰箱一争长短的实力。

幸运的是，由于当时冰箱市场有很大的缺口，再加上当时国家政策执行到地方，也有通融的余地。李书福经过努力，办下了北极花冰箱的许可证。

李书福随后让人做了一个"北极花冰箱厂"的厂牌，厂牌做好之日，他让工人买来了一挂鞭炮，就在鞭炮声声中，李书福郑重地将厂牌挂在了五间旧瓦房，也就是北极花冰箱厂的门口。

李书福挂正冰箱厂的牌子后，对着车间里的工人们，用兴奋的声调大吼一声："开工!"

从李书福坚定的命令声中，工人们也仿佛得到了鼓舞，他们手中的工具飞舞，北极花冰箱厂霎时忙成了一团。李书福已经走在了通往胜利的道路上，那胜利的目标还会很遥远吗？

好卖就是硬道理。北极花冰箱厂一开始生产便出现了产销两旺的好局面，到1989年，它的产值已经超过几千万元。工人们一天要做600—1000台电冰箱和冰柜，商场拉货的车子排着长长的队伍，停在北极花冰箱厂的门外。接下来，李书福为了扩大生产，又开展了与青岛红星厂合作，为红星厂生产贴牌的冰箱和冰柜。

面对产销两旺的好局面，每到开资，工人们手里捏着厚厚的一叠钞票，都会问李书福：冰箱厂还扩大吗，厂子还招人吗，这样的好局面还能维持多久？

李书福总是告诉他们，北极花冰箱厂一定会做强，一定会做大。可是强到国内第一？还是大到冰箱能出口到世界各地？这只是李书福的一厢情愿，真实的情况是：他的理想很丰满，但现实却很骨感。

1989年，随着国家的政策调整，李书福真正尝到了"冰火两重天"的失败滋味。

中国冰箱市场从1984年到1988年，进入到迅速扩张时期。全国冰箱市场销售量从25.0万台迅速扩大到了733.5万台，年均扩张率高达96.6%，几乎每年翻一番。可是到了1989年，冰箱的销售下降到了604.4万台；到了1990年，冰箱的销售量更是跌至436万台。

1989年，冰箱市场因为达到了一个饱和点，冰箱的销售就好像到达顶峰的过山车，突然头下尾上，开始直落低谷。

冰箱市场的严重萎靡，促使了国家整顿冰箱市场，凡是不在国家生产名录里的企业，尽皆逃不过被消减的命运。城门失火，殃及池鱼，大环境生成的寒流，直接将李书福从冰箱业炎炎的夏日，抛到了凛冽的寒冬。

那一年李书福26岁，虽然那时候年纪轻轻的他已经是台州当地有名的千万富翁，但他毕竟年轻，面对严厉的定点生产的政策，李书福还是缺少了一点变通。

科龙冰箱的前身珠江冰箱厂创立于1984年，总部位于中国广东顺德，在1989年的定点生产中，也没有拿到政府的"准生证"，可是科龙冰箱却走上了另外一条"曲线救国"之路。他们找到广东省机械厅，并以挂靠的形势，挤进了国家首批42家冰箱定点生产企业，成为中国最早的冰箱生产厂家之一。

而当时李书福正在为青岛红星冰箱厂贴牌生产红星冰箱，青岛红星冰箱厂是国营大厂，李书福如果挂靠在青岛红星冰箱厂，应该不是什么难事儿。可是事实就是事实，李书福还是选择了退出，年纪轻轻的李书福因为缺少社会经验，他收拾"武器"当了一次冰箱业的"逃兵"。

积蓄，建材蕴商机

科学的灵感，决不是坐等可以等来的。如果说，科学上的发现有什么偶然的机遇的话，那么这种"偶然的机遇"只能给那些学有素养的人，给那些善于独立思考的人，给那些具有锲而不舍的精神的人，而不会给懒汉。

——华罗庚

李书福远赴深圳读书充电，为了上学方便，他决定买一辆车代步。第一部代步的中华牌轿车，开始让李书福造汽车的梦想悸动，然而造车不比造冰箱，李书福知道自己仍需要积蓄力量，因此他将造汽车的梦想扎根在了脑海，暂时隐藏了起来。

进入大学后，李书福与几名同学合租住处，几人想将未来四年生活的家简单装饰一下，于是共赴建材市场。正是此时，李书福无意中发现镁铝曲板的利润非常丰厚，这是一个商机，他毅然决然地办了退学手续，回家办了装修材料厂。经过千辛万苦的实验，失败的产品将要把李书福手里的钱都"败光"的那一刻，合格的产品终于被研制成了，可是他的镁铝曲板能卖得动吗？

试想，李书福如果当时没把厂房、土地、库存和厂里的存折，总共上千万的资产，以几百万的低价卖给乡政府，他会不会和现在的张瑞敏一样，创出一个世界级的冰箱品牌，成为一代国际级白色电器的掌门人？这个不得而知，而能让我们知道的是，李书福不情愿地交出了"北极花冰箱"厂门的钥匙后，他离开了家乡，独自到了深圳，做出了一个让世人瞠目结舌的决定：他要上大学，他要将欠缺的知识全都补回来！

深圳别称鹏城，是广东省辖市，地处广东省南部珠江口东岸，与香港一水之隔。深圳是中国改革开放以来所设立的第一个经济特区，被称为中国改革开放的"小窗口"。

深圳大学简称深大，位于广东省深圳市南山区南海大道3688号，1983年经国务院批准创办，是一所具有一定影响力的综合性大学。深圳大学位于改革开放的最前沿，其招生制度也比内地大学也要灵活许多。李书福为了获得更多的知识，他暂时离开了企业家的位置，变成了深圳大学的一名在校生。

李书福在商海中鏖战七年，虽然衣兜里揣着厚厚的钞票，可创业的经历还是让他感到知识的匮乏。制作卧式照相机的工作，他尚能应付，可是废液提银的方法，他就得到书店去查化学公式。而制作技术并不"复杂"的蒸发器，李书福就只能到上海去请教专家了。

德雷克斯曾经说过：知识是心灵的眼睛。李书福想要擦亮自己企业心灵的眼睛，只有学习被他"蹉跎"了的知识。李书福这一段时间，可以被比喻成蛰伏，或者是修炼。其实他心中的创业的火苗，一直并未熄灭，他在心中的某一个隐蔽的地方，保留了一团带有温度的火种，相信一旦遇到了合适的项目，那团火种一定会"腾"的一声，烧起熊熊的创业烈焰。

为了上学方便，李书福决定买一辆车代步。其实凭着李书福当时的经济实力，他完全可以买一款高档的进口车，可是让人没想到的是，他买的竟是一款国产的中华牌轿车。

中华牌轿车是唐锦生的杰作。唐锦生出生在军人家庭，他参军入伍后，迷上了发明创造，后因发明坦克发动机油压报警装置，而获得了全军科技奖。唐锦生有一个心愿，那就是全部用复合材料制造车身，为了将这个梦想变成现实，唐锦生经过多年的摸索和实验，最后在复合材料制造上，取得了突破性的进展。

1987 年，美国通用汽车公司邀请唐锦生到美国，他在汽车城底特律，向全世界 1000 多名科学家宣讲他的汽车研究成果。他以令人信服的物理公式，首先提出了复合材料"淬火"理论，美国科学家们被他的发明创造震惊了，中华牌轿车复合材料"画龙点睛"的应用，一时间扬名底特律。

1986 年，唐锦生担任了中华汽车制造公司的总经理。同年，他荣获中国第一届全国十杰青年称号。国家有关的负责人和领导也多次到该公司视察工作，唐锦生一时间被众多的荣誉包围。

1997 年 10 月，美国通用汽车公司购买中华子弹头汽车。中国轿车首次出口汽车大国美国，这绝对是史无前例的一件大事儿！

虽然后来唐锦生因为资金、市场和技术等原因，退出了国产轿车生产的行列，可是他在中华小汽车的发展史上，还是留下了浓彩重书的一笔。

也许是唐锦生造汽车复合材料轿车的勇气，让李书福心生佩服；也许是唐锦生获得的巨大荣誉，让他心生羡慕，故此，李书福的第一辆车，便毫不犹豫地花 6 万块钱买了中华牌轿车。

李书福趁着周末放假，开着中华牌轿车回了一趟台州。当他的亲朋好友都啧啧称赞这辆新车漂亮时，李书福心情激动，造汽车的冲动在他脑海里一时间汹涌澎湃。

可是造汽车不比造冰箱，至少要有一定的资金、技术才可以向那个目标前进。李书福现在资金欠缺、技术为零，造汽车的想法只能在他的头脑中，以梦想的形式存在。

孟子曾经说过：居移气，养移体。李书福为了在深圳大学生活得舒服一点，他和几个同学在校外租了一座楼房。四年的大学生活是漫长的，李书福和几名同学一合计，决定购买装修材料，将住所简单装修一下。

李书福来到装修材料市场，他一眼就相中了国外进口的高级镁铝曲板。可是一问价格，220元一张，这价格实在贵得有些离谱。李书福虽然不懂建材，可是他却会分析。经查资料得知镁铝曲板的制造工艺是：先在复合纸基上贴合化学铝箔，再将铝箔和纸基一并开槽，使之能沿纵向卷曲。该板材能用裁纸刀分条切割，并可粘贴在弧面装修物体上。镁铝曲板的特点是平直光亮，有金属的光泽还有立体感，可锯、可钻、可钉。可用于墙面、柱面、门面等不同地方的装饰。

深圳处在改革开放的最前端，故此，城市的居民也比其他城市富裕和前卫得多，市场中装饰材料不少，但就属这种价格昂贵的高级镁铝曲板卖得快。李书福一算这种镁铝曲板的制作成本，根本就用不了多少钱，低成本高售价，一定有丰厚的利润在里面。

改革开放后，城乡居民已经逐步富裕了起来，高级镁铝曲板卖得火爆，就预示着装修材料市场的旺季即将来临。今天没有在深圳大学读完的书，明天可以接着读，可是今天发现的商机，如果不牢牢抓住，明天就会彻底失去。

李书福本想为自己充充电，可是他在"摸鱼"的时候，一不小心摸到了"螃蟹"。镁铝曲板这个大商机，他绝对要抓住。

李书福当即在深圳大学办了退学手续，他携带着一块镁铝曲板回到台州。昔日的冰箱厂的老板要改行生产建材，真不知道"胜利女神"还会不会垂青李书福。

李书福找到二哥李胥兵，李胥兵听完弟弟绘声绘色的描述，以及对将来装修市场的展望，他当即拍板同意和李书福一起办一个高级装修材料厂。

1990年，投资两千万的黄岩市吉利装修材料厂正式成立。随后，李书福从国外进口的设备也到货了。可是万事俱备后，如何生产镁铝曲板的"东风"却不知道在哪里跟大家"躲猫猫"。

国外镁铝曲板的厂家实行的是严密的技术封锁，李书福根本无法得知生产镁铝曲板的具体工艺。

李书福和李胥兵曾经在一起鼓捣出电冰箱，难道镁铝曲板就能难住他们吗？镁铝曲板技术再复杂，也没有生产电冰箱技术复杂吧？当时李书福对生产镁铝曲板自信满满，可是他却忽略了一件事情，电冰箱有一件核心零件——压缩机，他们并不能生产。

当时国内随着电冰箱需求的猛增，从 1983 年起，我国开始引进冰箱压缩机的生产技术和设备。1986 年底，第一批采用引进技术设备生产的压缩机投放市场。四年的时间，压缩机才在我国问世。可见生产冰箱的核心设备，绝非一蹴而就那么容易。

李胥兵为了早日攻克镁铝曲板的制作难关，他领着技术人员，每天在设备前忘我地工作。根据参加攻克难关的技术人员回忆，他们几个人坐在流水线上，用沾满油污的手吃夜宵，这都是常有的事儿，大家工作到深夜累了，找个地方蜷一会，等醒来接着再干……这一点都不稀奇。

经过一遍又一遍的实验，技术攻关人员发扬屡败屡战的精神，他们决不放弃镁铝曲板的研究，可是经过一年半的"苦战"，被制废了的镁铝曲板堆成了小山，却没有得到一块成品。

李书福和李胥兵投在厂子里的实验经费已经全被花光了，失败的气氛像铅锭一样压在技术人员的心头。镁铝曲板瞧着似乎没有技术难点，其实不然，这种板材的硬度、亮度和弯曲的程度，都包含着很高的技术含量，绝非一般厂家能够生产。举两个具体的例子：比如镁铝曲板的表面，不仅要光洁漂亮，而且在阳光下暴晒又不能褪色；还有如此宽的镁铝曲板，可以轻易地弯成圆角，这些都是必须克服的极限技术，需要李书福厂内的技术人员一点一滴地研究消化。

李书福来到了实验车间，他并没有因为技术人员的接连失败而发出任何的责难，因为李书福坚定地相信，一块小小的镁铝曲板，在他面前根本就不算什么，一千次的实验没有成功，那就是来一千零一次的努力。李书福充满憧憬地跟研制人员讲，生产这种高档装修材料，将来会给职工带来可观的利润，会给企业带来美好的前途。

海明威在他的小说《老人与海》中，曾经这样写道：生活总是让我们遍体鳞伤，但到后来，那些受伤的地方一定会变成我们最强壮的地方。年轻不怕失败，没有经历过失败就不知道如何规避失败，那就成为不了一个合格的企业家。

技工们在李书福描绘的美好前景鼓励下，又开始了一次次的攻关。他们以"胜利在向我们招手，曙光在前头"的心态，改变配方，改变工艺。果然皇天不负苦心人，困难的"巨石"终不敌李书福用信心打造的"撬棍"而被迅速克服了。能和国外相媲美的第一块国产镁铝曲板，终于在黄岩市吉利装修材料厂正式诞生了。

李书福瞧着这块光洁、挺括，用手一敲"咚咚"直响，用掌一摸"唰唰"光滑的高级镁铝曲板，笑着说："搞定它也不是很难嘛！"

四五百个日日夜夜的攻关奋战没有白费，那一笔笔昂贵的实验花费终有结果。但李书福今天只是高兴，而没有兴奋。镁铝曲板的制作成功，他在深圳打定研制这款产品的时候，就已经预见到了。镁铝曲板不管卖得多好，李书福都不会拿他当成自己的主业，因为他心中一直有个更高的追求，这个追求是不是造汽车，李书福目前还不明确，但那个目标就好像是云遮雾罩下的庐山，一定是有着无边的美好……

李书福的镁铝曲板，绝非国外同类产品的仿照与复制，这里面有很多自己的独门秘籍，李书福当时只是矢志不渝地造出高级镁铝曲板，他没有想到，自己的所作所为是在打破国外的技术垄断，为国内同类产品的自主创新做了一次实质性的尝试实验。

同样的质量，李书福的高级镁铝曲板的价格却比国外的同类产品低了一大块。一张三平方米的镁铝曲板，李书福只卖120元，经销高级装潢材料的商人们得到了消息后，蜂拥来到吉利装修材料厂订货。

经销商们排队等候北极花冰箱出厂的场面，又一次出现在李书福的吉利装修材料厂门口。高级镁铝曲板这一项目，不仅成功地填补了国内空白，而且给吉利带来了丰厚的利润。1992年，吉利装修材料厂的年销售收入达到7000万元；1993年，销售收入突破了1.5亿元；2001年，年销售额更是高达3.4亿人民币！

跳板，入驻摩托业

光看别人脸色行事，把自己束缚起来的人，就不能突飞猛进，尤其是不可能在科学技术日新月异的年代里生存下去，就会掉队。

——本田宗一郎

为了迅速聚敛资本，李书福去海南炒房地产，一不小心赔得差点没钱买车票。没有办法，他只得回到老家，继续干自己的实业。李书福这次将目光瞄上了摩托车，可是这"风驰电掣"的东西，却不是谁想生产就能生产的，他不仅要政府的审批，而且还要有安全和技术的双重保障，李书福这次在摩托车生产上，能打一个大胜仗吗？

李书福的建材厂稳步发展着，然而造汽车的梦想毕竟过于遥远，为了更快实现自己人生的理想，随着1992年海南大开发的到来，进军房地产一夜暴富的神话让李书福再也坐不住了。李书福拿着大笔的资金，来到了房地产市场异常火爆的海南岛。

1978年之前的20多年中，我国几乎没有房地产市场。1992年春，小平同志发表了视察南方的重要谈话，同年11月，国务院发出《关于发展房地产业若干问题的通知》，首次勾画出了房地产市场的体系和框架，并提出了一系列推动房地产业发展的政策措施，包括进一步深化土地使用制度改革、继续深化城镇住房制度改革、建立完善的房地产市场体系等。

1992年下半年至1993年上半年，国内房地产开发公司急剧增加，以炒地皮、炒项目为主的房地产市场异常活跃，在部分地区，主要是海南等地区，形成了较严重的房地产泡沫。

根据不完全统计，1992年底，全国共有房地产开发公司12000多家，是1991年底的3倍。特别是海南岛地区，因为借助着海南大开发的春风，划红线、炒地皮、炒楼花，这一场房地产暴热，使海南岛热钱滚滚，楼房就好像雨后的春笋般，以三天一层楼的速度在平地迅速崛起。

要挣钱，到海南。海南岛房地产大热之时，造就了数不清的百万、千万富翁，李书福也被冲昏了头脑。别说是年轻的李书福，任何一个头脑清醒的人，只要来到了海南岛，处在房地产大热后产生的滚滚炒楼大潮中，都会迷失自己前进的方向。

1988 年，海南房地产平均价格为 1350 元/平方米，到了 1993 年上半年房地产价格达到顶峰，为 7500 元/平方米。海南楼市的泡沫，终于无法再托起楼市虚高的价格，1993 年年底，海南的房地产终于崩盘，当时遍地烂尾楼，一大批房企和投资客被套。当时知名财经评论家叶檀称：海南楼市具称海南库存量过亿，消化需要 10 年。

海南楼市崩盘，频现老板"跑路和自杀"。开发商无奈地悲叹：出来混，迟早是要还的。

李书福当时也成了买到"泰坦尼克号"船票的乘客，他本来还想着能够搭乘"海南号"的航船，来展开自己的横跨"大西洋"之旅，可是随着航船触到冰山，他的海南淘金之梦也被击得支离破碎。

李书福这次海南炒楼亏了 5000 万，甚至回去的路费都成了问题。

李书福痛定思痛，他回到台州后，做出了一个决定——那就是要做实业。只有做实业才是自己唯一的出路。

李书福的黄岩吉利装修材料厂（后来更名为国美装潢材料公司，主业也从镁铝曲板转向了铝塑板的生产）效益一直不错，他在海南被困炒楼危局的时候，曾经接到了兄弟们给他打来的一个电话。

这个电话向他说了一惊一喜两个消息。惊的消息是：李书福装修材料厂的一名业务员，要出门为厂子办事，因为对方催得急，他就借了一台价值 16000 元的进口摩托车，不想因拐弯过急"咣"的一声，与一辆大货车撞了一个脸贴脸。

按照厂方规定，业务员出门办事，必须骑自行车，这名业务员违规骑摩托车，而且摩托车上还带着两个人，幸而双方刹车及时，人员没有伤亡，可是那辆价值高昂的摩托车，却被大卡车撞成了一地的零件。

李书福嘘出了一口气，他在电话里说："只要人没事就好，摩托车的损失由厂子负责赔偿！"

李书福的兄长在电话里接着告诉他第二个喜讯：他们将撞碎的进口摩托车捡回厂子，经过逐一检查，发现摩托车的构造并不复杂，如果有生产许可证，李家兄弟建一个厂子，完全可以大量生产！

摩托车是自行车的替代工具，又是将来升级到轿车的过渡工具。随着改革开放，国内城乡市民对摩托车这种省油、省钱、轻巧灵便的交通工具的需求正在日益加大。

台州机械制造业基础很不错，很多乡镇厂家生产的摩托车零配件，已经卖到国内大型摩托车生产厂。李书福觉得生产摩托车不仅是一个朝阳的事业，而且在生产摩托车的过程中，还可以培养自己的技术力量，为将来创建制造业的"王国"做准备工作。

李书福当时虽然远在海南，但他还是给原石曲乡工办主任张桂明打了一个电话，拜托他到工商局去为自己注册一家摩托车生产厂。摩托车既然没有什么高难的技术，那就搞一搞。李书福相信自己一定能搞成。

根据张桂明回忆，当时批摩托车厂是非常困难的，他先后去了市工商局、体改办等部门，终于在4月21日批准同意办黄岩市华田摩托车总厂。直到次年2月22日，浙江华田摩托车总厂执照领出，从属于黄岩吉利（集团）公司，法人代表就是李书福。

李书福在海南炒房地产折戟沉沙之后回到了台州，张桂明虽然已经为李书福注册了一家摩托车生产厂，但他还是郑重提醒李书福，摩托车生产可不比镁铝曲板的生产。

一块镁铝曲板出了问题，顶破天再换一块也就罢了，可是摩托车作为交通工具，它和驾驶者的生命安全紧密联系在一起。国家为了防止摩托车生产厂家恶性竞争导致摩托车的安全系数降低，特意对摩托车生产实行准入制度。未经国家经贸委批准，任何企业和个人不得擅自从事摩托车生产。

当一个人敢于用自己来冒险，敢于体验新的生活方式时，他就有可能变化和发展。李书福为了取得摩托车生产许可证，他凭着一身天不怕，地不怕的硬气，直接来到了北京的机械部，他对主管许可证发放的官员问："您能给我办一张摩托车生产许可证吗？"

主管的官员看着这个"愣头愣脑"的青年，反问他，"你知道国家产业政策不？"

李书福回答："在报纸上看过。"

主管的官员说："看见了不就行了嘛，你还来干什么？"

李书福忠厚的外表之下，包藏着一颗精明的商业之心。但他明知道不可以，为什么还要去吃这个"闭门羹"？李书福并非偏执狂，他哪能不知进退，不过为了自己的理想，反正他是豁出去了。

曼德拉曾经用他的人生经历，告诫我们说：生命中最值得荣耀的，不是没有失败，而是在每次失败后都能勇敢地站起来。

李书福想干的事情，从来没有干不成的。从来没有干不成的。即使干不好，比如去海南岛投资房地产，最后让兜里的钱打水漂了，李书福也会打落牙齿和血吞，然后收拾残局，振奋精神，从头再来。

按照国家当时关于制造摩托车的规定，机械部的官员并没有歧视李书福，因为李书福确实没有造摩托车的资格。即使几年后，即 2002 年 11 月 30 日，国家经济贸易委员会对摩托车生产做了《生产准入条件和程序》的统一规定，仍对生产摩托车的硬性条件有所要求，比如：企业生产的摩托车必须符合国家有关技术要求；生产的产品必须有一致性保证能力；生产厂家具备摩托车设计和开发能力等等。这些条款李书福几乎一条都不具备，更何况这些条款的最后还要求申报摩托车的企业必须有实物摩托车，主管部门以报检的摩托车为载体，对申请企业进行生产准入考核，考核合格后，才会统一发给摩托车生产许可证。

李书福的手里只有一个空壳工厂，生产设备、技术工人、实物摩托车等软硬件全没有着落，但是条条大路通罗马，即使那些大路李书福走不通，他还可以绕小路。北极花冰箱退市的教训，让李书福知道了什么叫灵活转变，市场就是最好的老师，现在李书福坚持的同时，他已经学会了应势变通，既然得不到得摩托车生产许可证，那就走协作生产的路子。

自 1885 年德国戴姆勒发明世界上第一辆以汽油发动机为动力的摩托车，到我国改革开放前期已然经历了 100 多年的发展。当时国内的摩托车市场刚刚兴起，高档的摩托市场被国外的大品牌所垄断，本田、雅马哈、铃木等摩托在国内一直大行其道，成为高中档摩托的主力军。比如雅马哈摩托，一台就是四五万元，而国产的摩托，因为质量和品牌的问题，在国外大品牌摩托面前，很长时间都像个"瘪三"模样，只能垂着头在低端市场徘徊。

功夫不负有心人，李书福经过寻找，终于在临海发现了一家具有摩托车生产资格的邮政摩托车厂。这家摩托车厂因为经营不善，已经到了倒闭的边缘，厂长正愁工人发不出工资，他看着找上门的李书福，真好像看到"财神爷"一样。

李书福在机械部受到了冷遇，他在邮政摩托车厂却得到了"上帝"般的欢迎，双方经过洽谈，很快就签署了合作协议。李书福用这家厂子的摩托车生产许可证做贴牌摩托，李书福每做一台摩托，代价是给这家厂子几百元的提成。

李书福当然不会用这家国有摩托车生产厂家的工艺和流程，如果那样势必会和这家厂子一样，因车型不新质量不佳而被市场逐渐淘汰。李书福只是借用了一下该厂的生产许可证。由此可见，一纸摩托车生产许可证险些成为李书福等民营企业无法越过的"铁门坎"。

李书福生产的摩托车，总得有个响亮的名字。他去工商局给摩托车厂办执照，办照的业务员问他摩托车厂厂名的时候，李书福考虑都没有考虑，直接回答："我们的摩托车就叫华田吧！"

日本的丰田摩托曾经是国内高档机车市场的宠儿，李书福的意思很明显，用华田一路追赶丰田。

不管李书福的心愿有多么美好，也不管李书福华田摩托的名字有多少寓意，有多么响亮，李书福生产摩托车之初，社会上的非议之声一直喧嚣如沸，没有一刻停歇。

李书福生产冰箱尚可，生产镁铝曲板还成，生产安全第一、技术至上的摩托车绝对不成……

李书福"半路出家"，他要是生产摩托车，一定故障多多，一定会创下"车祸"第一的纪录……李书福的步子迈得太大了，这次不一定会成功，有可能会栽一个大跟头……

但他们没有想到，李书福天生一身硬气，有一副勇于担当的铁肩膀。既然选择了摩托车，那就一定要做好，这才是李书福的性格。

1994 年 4 月 21 日，黄岩华田摩托车厂的执照终于办了下来，接下来，李书福和他的三个兄弟，开始了生产华田摩托车之路。李家四兄弟当时的分工是这样的：李书芳主管重中之重的发动机生产；李胥兵主抓摩托车的新技术开发；李书通负责摩托车总装厂的经营；而李书福能者多劳，他担任董事长，总负责厂内的一切工作。

李家四兄弟的股份协议如下：李书芳 10%，李书通 20%，李书福和李胥兵占 70%。当时吉利的注册资本是 8800 万元，但因为是家族企业，故此也并未找人评估，他们四兄弟在分配上也有不明确的地方，曾有人向李书福善意地提出，股份不明会有后遗症。李书福忙于建厂，这个"后遗症"并没有引起他足够的重视，以至于后来兄弟之间为了分配问题产生了不少的矛盾。

李书福生产华田摩托，一开始狠抓三方面的工作：1. 组装摩托，以维持厂子的日常开销；2. 研制摩托车覆盖件的模具，提高市场竞争力；3. 研制生产摩托车发动机，以利明日发展。

生产摩托车和生产镁铝曲板不同，镁铝曲板之所以成本很低，卖价很高，就是因为有"核心"的技术在里面，这种"核心"的技术，就好像是一层窗户纸，一旦捅破也就不再是问题。

而生产摩托车和生产电冰箱却有一比，虽然电冰箱的压缩机和摩托车的发动机这些关键部件，李书福暂时做不出来，但他可以高价去买。从广州买回这些关键的部件，再买来装配摩托车的所有散件，工人们就可以在厂子里组装贴牌的摩托车了。

如果将摩托车在国外的诞生元年定于 1885 年，那么中国就是在 60 多年后，也就是 1951 年 7 月 8 日，才由北京第六汽车制配厂仿照德国迅达普 K500 型摩托车，生产出了我国第一批定名为"井冈山"牌摩托车。可以说自那时起，我国摩托车生产的历史才掀开崭新的起始页。

李书福"攒"摩托车的方式，虽然让人诟病，但是嘲笑这种方式的人需要想象一下，当时国内摩托车工业发展已经低到了沟底，60 多年近 3 代人的差距，如果不采取非常手段，那么永远也无法实现从无到有、从有到优、从优到超的摩托车发展和赶超之路。

李书福绝对是个干事的人，7 个月之后，新潮的摩托车覆盖件的磨具被研制了出来，这就表明华田摩托车厂的摩托终于有了自己独树一帜的外形，不再是与国产同类的摩托好像一个"娘"生出来的模样。

可是李书芳主管研制发动机的进展速度却有些"温吞水"，成了制约华田摩托车厂发展的大问题。李书福到李书芳那里一了解情况，果然制约摩托车发动机的瓶颈，就是他最担心的人才问题。

摩托车发动机属于高科技产品，虽然原理简单至极——通过燃油的燃烧产生的高压，带动发动装置旋转，给摩托车提供行驶动力，但是李书芳领着技术工程师组装了几套摩托车发动机，这些发动机不是打不着火，就是噪音过大，再不就是使用时间太短，很显然是技术落后导致了产品性能不过关。

李书福需要的高人在哪里？

能解决华田摩托车厂发动机难关的"诸葛亮"在哪里？

那个长有一根神奇的手指，能够点石成金，能让华田摩托车厂不再受发动机技术瓶颈限制的"神仙"在哪里？

此时的李书福手下已经有很多的追随者和智囊团。面对李书福的提问，其中一个智囊给了一个建议，那就是去请余挺。

余挺，1944 年 2 月 8 日出生在浙江，他也是地道的台州人，曾在上海交通大学学习，并在内燃机车专业毕业。他在担任黄岩八一通用机械厂厂长助理的时候，曾经和天津大学内燃机研究所合作，研制出一台当时市场稀缺的摩托车发动机。

而且，绍兴自行车厂花了 65 万元钱，从八一厂买走了余挺关于摩托车发动机的全套技术资料，还顺便把余挺也挖了过去。

李书福决定去请余挺，有了这样的专家"把关"，何愁华田摩托车发动机遇到的"技术瓶颈"？

1994 年的春天，李书福来到绍兴找到余挺，想说服他跳槽，余挺却拒绝了李书福的美意。原因很简单：余挺以前工作的八一通用机械厂、现在工作的绍兴自行车厂都是国有企业，而李书福的厂子却是一个私企。

国有企业有职务、有工资、有退休、有医疗和养老保险，再比较一下李书福的企业，除了有工资，什么也没有。李书福早就做好了被拒绝的心理准备，他锲而不舍地又请了余挺几次。

李书福从第二次开始，就不再和余挺谈工资了，而是和他谈人生，聊理想。余挺是 20 世纪 60 年代的大学生，那绝对是有信念、有追求的一代。八一通用机械厂的工程师不下几十人，为何余挺能够研制出市场稀缺的摩托车发动机？

那是因为余挺不想混日子，他要对得起自己的岗位，他要实现自己的人生价值。李书福先给余挺描绘了华田摩托车厂的光明前景，然后说："余工，你想一下，如果你研创出的发动机，安装到我厂子生产的摩托车上，当我们的摩托车卖遍全中国，你的发动机在不停地发出前进的轰鸣声，那将是一个多么令人激动的情景？"

余挺眼睛一亮，问道："你生产的摩托车一定能畅销全国吗？"

"能！"李书福给了余挺一个响亮的回答："一定能！"

李书福将他的模具制造，自制发动机以及经营策略一一说出，余挺听后连连点头：看来这个年轻人绝非在夸夸其谈，而是个实干家，他正在一步步地实现自己创业的理想。

李书福听着余挺对他的计划一个劲儿地说好，他接着又讲出了自己将来准备造汽车的终极计划。

余挺惊诧地问："你将来还要造汽车？"

李书福买的第一台车是中华车，那台车被他开回台州后，便被当成试验品，早被"大卸八块"了。李书福满怀自信地说："我把中华车拆开后，发现汽车构造并不复杂，造摩托车只是一个积累资金的台阶，将来我一定要造汽车！"

余挺何尝不想实现人生最大的价值，看着满街的外国车，他何尝不想自己设计发动机，装到国产品牌的汽车上，使它们在公路上飞驰、超越那些外国汽车，为自己争气、替国人争光。而李书福的描述也将他感动得心潮澎湃，他觉得跟着李书福一定有前途，便"嗖"地一声站起来，说："好，我就跟你干了！"

专家就是专家，普通技工搞不定的摩托车发动机，在余挺的手中，很快就鼓捣明白了。其实摩托车发动机的原理并不是什么秘密，李书福请来的技工也都懂得，可是因为加工机械的不精密，操作技术的不熟练，以至于生产出的零件多有不合格产品，零部件的不合格导致整体发动机的不合格，这就是制作出来的发动机打不着火，噪音过大，使用时间太短的真正原因。

余挺制作的第一款发动机是两冲程吉利发动机。该款发动机不仅设计合理，而且马力强劲，使用时间也不比国外同类产品差多少。

李书福生产的摩托车，只是他追逐梦想路上的一个台阶，为了稳稳地登上这个台阶，李书福竭尽全力，将价格做到更低的同时，努力让摩托车的质量变得更优。李书福的摩托车不仅没有出现严重的安全问题，而且质量也一直不错。

虽然李书福的摩托车比国外进口的摩托车，发动机声音大了一点，油费了一点，但是一辆国产摩托车比国外同类的摩托车能省下一半到三分之二的价格，所以这一瑕疵大家总能原谅，更何况李书福手下的技术人员，正在努力改进这些小缺点。

雏凤的第一声鸣叫，总是有些不入耳，可是只要允许它先"不太入耳"地叫几声，它就会发出真正"婉转清丽"的鸣叫声。李书福用实际行动，给了那些质疑他的声音以铿锵和明确的回答。

李书福以前组装摩托车，因为没有制作发动机的核心技术，他只能高价去购买发动机，忍受发动机生产商的高价"盘剥"，现在他有了属于自己的发动机，终于可以放开手脚，生产属于李书福自己的摩托车了。

李书福先做的是两冲程的摩托车，接着又做四冲程的摩托车，后来又与重庆嘉陵合作，生产出了"嘉吉"牌摩托车投放市场。这些摩托车推到市场上之后，用李书福的话来说火得不得了。

在国内的摩托车市场，李书福也是一个后来者，如何在群强环伺的局面中，真正研创出一款拳头产品，然后杀出一条血路，这确实是一个非常充满挑战性的问题。

你老虎口大，我野牛颈粗。李书福面对同行的围追堵截，面对市场的严苛挑战，自有其独门的办法，他经过比对发现，国外进口的摩托车一般都"牛高马大"，而且马力强劲，这样的摩托车非常适合国外高等级的路面，可以让驾驶者高速行驶。中国人的身材普遍比欧洲人要低一些，而且路况普遍还不好，国外又高又大的摩托其实并不适合中国的路况和国情。

当时国外摩托车在国内盛行的时候，车祸始终居高不下，这与国外的车型不适合中国的国情和路况，有一定的关系。

知不足，然后能自反也；知困，然后能自强也。李书福在解决完吉利发动机的量产问题之后，将华田摩托车厂的拳头产品聚焦到了一款流行于日本和台湾地区的踏板摩托车上。

这款踏板式摩托一改左右双腿跨骑的方式，而是双腿可以放到前面的踏板上，这种含蓄的骑行方式不仅安全，而且更适合于女性。李书福的判断果然是准确的，国内这种豪华型踏板式摩托还是空白，一经推出，立刻受到了女性骑行者的青睐。

除去少量开私家车的富人之外，大部分女性都是骑自行车上班。吉利踏板摩托一台才卖8800元，好用不贵。一时间很多女性纷纷弃用自行车，都将自己的坐骑换成了吉利豪华型的踏板摩托。

李书福的摩托车一经推出，可以用卖得很火来形容，而真正的拳头产品豪华型踏板摩托横空出世后，就只能用火爆得一塌糊涂来形容了。

吉利的豪华型踏板摩托不仅价廉，而且物美，它很快取代了我国市场上的日本和台湾地区的同类产品，并使吉利迅速成为国内踏板摩托的龙头企业。最后这款豪华踏板摩托车，还出口到美国、德国、意大利等22个国家和地区。1999年吉利摩托车产销43万辆，实现产值

15 亿元。吉利集团也因此赢得了"踏板摩托车王国"的美誉。

从国内第一块镁铝曲板，到国内第一辆豪华型踏板摩托，只是五年时间的跨度，士别三日当刮目相看，李书福只用了不到两千天的时间，便实现了这样巨大的转变。可以说，李书福的每一次华丽的转身，都能给人以耳目一新的惊喜；李书福每一次不经意的亮相，都是记者镁光灯的聚集点。可是接下来，李书福还能带给我们什么？

产品的竞争，说到底还是人才的竞争。李书福对人才的企盼，绝对是处在一种饥渴的状态，方建国加入吉利就是李书福渴求人才的最佳证明。

1995 年 5 月，吉利生产摩托车使用的是杭州"西湖"摩托车厂的名录，但是这份名录只可以使用到当年的十月份，因此李书福便做了一个决定：兼并临海鹿城一家国有摩托车厂。当时身为路南街道办事处分管工业的副主任方建国，陪同李书福参与了这次谈判，方建国在第一轮对方要价过高、谈判谈崩的情况下，最终认真分析对手，发现临海方面不愿低价出售这个摩托车厂，是怕背上让"国有资产流失"的罪名。

方建国在谈判中，如此这般向对方摆明了道理：李书福兼并这个厂子之后，是想扩大生产并盘活这个企业，而原企业的老旧设备，李书福不可能一揽子接收，如果将这些老旧设备算在出售资金中，势必会造成双方谈不拢。

最后双方达成了一个协议，即摩托车厂无效资产全部剥离出来暂时挂账，把有效资产拿出来合作，双方组成一个合资公司，挂起来的资产根据新合资公司的经营效益再逐年处置。

李书福和杭州这家摩托车厂合作，说得好听叫合作，说得不好听一些就是花钱向他们买"路条"，李书福生产一台摩托车，就要从利润中，拿出几百元钱给杭州厂家。李书福虽然不甘心忍受"婆婆"的"盘削"，但他没有摩托车生产许可证，不得不维持了近 10 年"小媳妇"般的"受气"状态。

直到 1998 年，在李书福兼并了台州一家负债 6000 万的国企之后，国家机械部才正式批准了吉利摩托车的生产权。

通过这次谈判，李书福发现方建国是个人才，于是说服方建国辞职，让他成为浙江台州鹿城摩托车有限公司的总经理，方建国为吉利踏板摩托的行销全国，开始了自己兢兢业业的工作。

方建国在自己的博客中，曾经这样写下了他辞去国家干部，然后直接去吉利集团报到后的情景：办公室张主任接待了我，一见面就说："欢迎欢迎，欢迎方主任加入吉利集团，李总交代了，要我在办公室等您，一切都准备好了。"张主任指着办公桌上放着的三大捆现金说："这 30 万元现金李总交代给您的，由您自己去买一辆普配桑塔纳（当时的普桑裸车价格是 17 万元），一部大哥大（机配号一万两千多元），一个 BB 机（三千多元），汽车你自己去买比较合适，挑自己喜欢的颜色，大哥大、BB 机到临海电信局去买，免得跨市区。"我的手也曾经不知签批过多少的支付单据和工资表，但是手里拿这么多现金还是第一次，心里不禁有点激动，激动的是吉利集团办事效率这么高，李总是这么一个痛快的人。

走进吉利摩托车厂的组装车间，流水线上的摩托车，排着整齐的队伍，正在有条不紊地前进，而气动工具的"哒哒"声就好像正在奏响着一首"生产进行曲"的欢快鼓点。

劳动是美丽的，吉利摩托车厂的技工们通过劳动，让一辆辆在日光灯下闪着亮光的摩托车走下生产线。看着那漂亮动感的车身，听着发动机欢快的轰鸣，想着它们即将在全国各地公路上飞驰，每个参观者都会被这里的忙碌而渲染：劳动是幸福的，劳动可以创造明天。

当时也有人管踏板摩托叫女装车。当有记者问及李书福对踏板摩托车的看法，以及生产这种摩托是否承受压力的时候，李书福这样回答：一开始很多摩托车厂都说我们不会成功，多少领导都劝我说，"李书福你就别搞了，你搞建材呢，这东西不死人的，没关系，大不了好看一点，难看一点。搞这个摩托车，这是要死人的，这可不得了，千年砍柴一夜烧，你信不信？"跟我这样讲。我当然不信，所以我还是继续做。全国第一辆踏板摩托车终于在吉利诞生了，造福了多少摩托车用户，那时踏板可都是进口的。现在哪一个厂不是学我们的，摩托车厂都是学我们的。

美国经济学家托宾曾经有过这样的告诫：不要把所有的鸡蛋放在同一个篮子里。李书福即使在以后专心造汽车的时候，他也始终没放弃摩托车和建材的生产。

第三章
乘风破浪：初涉汽车业

　　人生的道路都是由心来描绘的。所以，无论自己处于多么严酷的境遇之中，心头都不应为悲观的思想所萦绕。

　　　　　　　　　　　　　　　　　　——稻盛和夫

　　汽车是男人的翅膀。李书福从小便喜欢汽车，为了造车，他不惜将自己价值100多万的奔驰车，一一进行分拆解体，当作了实验器材。

　　李书福经过千难万险，终于用"榔头"敲出了第一台吉利车，可是这台用玻璃钢做外壳的吉利车，却无法获得"准生证"。李书福为了这张"准生证"四处奔走，努力了七年。当他拿到汽车生产许可证的一刻，他和手下的员工们兴奋得都喝高了。

　　1998年8月8日，第一台吉利豪情下线了，虽然李书福发出了

700 多张请柬，但来宾却是寥寥，只有浙江省的一位副省长，来给他捧场助威！

汽车，爱你不容易

如果你刹车就不会赢。

——齐波尼尼（意大利职业车手）

　　我国轿车的发展，相对国外明显滞后，如何能迎头赶上，献身我国汽车事业的先驱确实做了很多的努力。

　　红旗和上海牌轿车，是我国最早的两款公务用车。可是在合资风潮的冲击下，这两款国产车的日子就好像秋天枝头的黄叶，最终也难逃凋零的命运。

　　谁能收拾这旧河山，扛起民族的汽车品牌，李书福本想挺身而出，可是却被他的兄弟们拦住了，汽车业吃钱不眨眼，作为一个民企，他们毕竟能赚不能赔！

　　汽车在国外的制造和发展历史，最早应该从 1769 年开始，英国人古诺研制出第一辆蒸汽三轮汽车。而真正的用汽油作为动力的车辆，则是 1886 年在德国诞生的。1885 年德国工程师卡尔·本茨在曼海姆，研制成一辆装有 0.85 马力汽油机的三轮车。

　　1886 年 1 月 29 日，卡尔·本茨获得专利，这一天被公认为世界上第一辆汽车的诞生日。但也有研究汽车发展史的学者将卡尔·本茨在 1885 年制成第一辆三轮汽车的时间，视为汽车诞生元年，并将本茨和他的合作者戴姆勒尊为汽车工业的鼻祖。

国外汽车经过一百多年的发展，随着技术成熟、流水装配线得到应用，汽车价格走低，它不再仅仅是贵族和有钱人的豪华奢侈品了，它开始逐渐成为大众化的商品。

进入 21 世纪，汽车工业已按地区形成了三大系：欧洲车系、美洲车系和亚洲车系，并有十大汽车公司分布全球，即通用、福特、戴姆勒—克莱斯勒、大众、丰田、本田、沃尔沃、宝马、标致—雪铁龙、菲亚特。

中国汽车发展之路，最早可以追溯到 1901 年（清光绪二十七年），匈牙利人李恩时（Leine）将两辆汽车带到上海。一辆是凉篷式汽车，另一辆是折叠式软篷，这两辆车在上海招摇过市，曾经引起了极大的轰动。

我国的第一辆汽车于 1929 年 5 月在沈阳问世，由张学良将军掌管的辽宁迫击炮厂制造。新中国成立后，1953 年 7 月吉林省长春市第一汽车制造厂动工兴建，并于 1957 年 7 月 13 日生产出我国第一辆载货的解放牌汽车。1958 年 5 月，我国第一汽车制造厂自行研制设计生产了第一辆红旗牌轿车，被誉为"东方神韵"，彻底结束了我国不能制造小汽车的历史。

时间的车轮滚滚向前。进入六七十年代后，除了红旗外，中国唯一大批量生产的轿车就是上海牌轿车。到 1979 年，上海牌轿车共生产了一万七千多辆，成为我国公务用车和出租车的主要车型。

改革开放后，随着我国经济迅速发展，政府和国民对轿车的需求越来越强，据统计，1984 年至 1987 年，我国进口轿车 64 万辆，耗资 266 亿元。为了迅速提高中国轿车生产能力和技术水平，我国汽车工业开始走上与国外汽车企业合作、引进消化外国先进技术的发展道路。

1984 年 1 月，中国汽车的第一个中外合资企业——北京吉普诞生。1985 年 3 月，中德合资轿车生产企业——上海大众汽车有限公司成立，上海大众的成立意味着我国真正意义上的现代汽车工业的开启。同年，南京汽车引入意大利菲亚特的依维柯汽车，广州和法国标志合资项目也成立了，1986 年天津汽车工业公司与日本大发公司和丰田公司合作，以许可证方式引进产品技术，由天津微型汽车厂生产夏利轿车。到 1994 年，我国合资公司的轿车产量已经超过 25 万辆，上海大众这个单一轿车成为中国轿车企业的领头羊。

合资造车在当时风风火火，而国产车却受到了不公正的待遇。1981 年 5 月 14 日，《人民日报》刊发对红旗轿车的停产令：红旗高级小轿车因油耗较高，从今年 6 月起停止生产。寥寥数字，却让人心中涌起了异样的滋味……

1991 年 11 月 25 日下午 2 点 30 分，上海牌轿车也完成了它在国内汽车市场的谢幕演出，正式走下了历史舞台。为了给上海大众桑塔纳轿车第二期项目让路，为了配合"用市场换技术"的大政方针，"上海牌"轿车被迫停产，许多闻讯赶来的工人眼含泪花，纷纷不舍地与上海牌轿车合影。

红旗和上海牌轿车两个本土的品牌，就这样消失在合资的大潮中。当时有人将这两个本土品牌的停产，说成是破釜沉舟、壮士断腕，这个比喻在当时确实有非常深刻的意义。

汽车是一个国家工业化的标志。当时国内想要发展轿车工业，一没有资金，二没有技术，如果不走国际合作的道路吸引外商来华投资，那将无法在很短的时间内消除我国汽车制造业落后的局面。

上海牌轿车，我国国内唯一量产的小汽车，1958 年生产之初，为了取得经验，一辆奔驰 220S 被运到了上海汽车制造厂，当时几十个上海最有实力的企业，都参与了这辆"样本车"的"活体解剖"，解剖下来的零件，被这些企业拿回去一一仿照，最后拼装一起，随着三年自然灾害的到来，上海牌轿车之路也变得漫长起来，直到 1963 年，第一辆上海牌轿车终于诞生。

生产这些汽车零件的企业，当时没有大型的气压机、锻造机，更没有与之配套的模具，上海的工人师傅们只能用榔头、铁锤进行敲打，并依靠自己灵巧的双手进行复制生产。往往一个大的覆盖件要经过几万次的敲打才能最终成型。当时采访的记者，还没走进上海牌轿车的生产车间，远远地就能听到一片铁锤和零件奏响的"打击乐"声，这就是最原始的"锤子、绳子加板凳"的生产方式。上海的工人们用手工作坊似的敲敲打打，最终完成了首辆上海牌轿车的制造工作。

当时，中国制作小汽车的钢材质量达不到标准，与之配套的发动机、变速箱、玻璃、橡胶、油漆、粘合剂等材料，也都无法满足汽车生产的要求。可是上海的工人师傅们发扬自力更生的精神，硬是啃下了轿车制造这块硬骨头。

上海牌轿车 33 年来共计生产 79525 辆，它和红旗轿车作为我国的"争气"车，历史地位不容贬低，而且很长一段时间内，上海牌轿车支撑着国内对轿车的需求。但若说质量，却只能用差强人意来形容。

如果将合资比喻成治疗我国汽车落后的"灵药"，那这副灵药的

"副"作用也是相当大的。这副药"喝"下去，轿车是生产出来了，可是我国国产的本土品牌轿车却相继夭折了。

当时经过艰苦的谈判，德国大众汽车首先在中国上海建立了合资汽车企业，大众汽车进入中国，与之一起引进的还有德国现代企业管理模式和经营模式。合资车企为国内培养了大批汽车业人才，并促进了中国汽车零部件工业体系的建立。

1984年，第一批下线的桑塔纳国产化率只有2%，除了收音机、天线和轮胎，其余几乎全部都是进口的。通过桑塔纳的引进，几百家和德国大众合作的高质量的零部件企业也纷纷到国内来建厂，这些零部件企业，改变了我国汽车零部件供应落后的局面，为中国汽车工业发展，奠定了较为坚实的基础。

"以市场换技术"有其积极的一方面，可是要想建立真正属于本民族的汽车工业，这种模式终究是不可取的。据不完全统计，改革开放20多年，我国汽车行业与国际上各大汽车及零部件制造商，建立了600多家中外合资汽车企业，如此众多的合资企业雨后春笋般出现，然而因为盲目迷信国外技术，从而造成了国内自主研发、自主品牌的建设相对滞后，国内众多的汽车企业，已经沦为国外汽车巨头的组装工厂！

李书福偏偏不信邪，他就不信国内的汽车工业不能摆脱依赖国外汽车技术的命运；他就不信通过艰苦创业努力研发，无法做成属于中国人自己的品牌汽车。

"我要造汽车，我要造只属于民族品牌的汽车。"

中国汽车制造企业，不是洋人的打工仔！李书福发出这样的疾呼。可是他的豪言壮语一出，立刻便被嘲笑、蔑视和攻讦声包围。

其实，中国众多的企业家岂能没有爱国之心，他们看着处于劣势的国内汽车制造业，岂能不心急如焚？但是国内的汽车发展之路，真的是太艰难、太曲折……

让我们先看汽车的核心部件发动机。发动机是汽车的心脏，在汽车的高速行驶中，它要为汽车提供源源不断的动力。汽车发动机的优劣，关系着汽车的动力性、经济性、环保性和安全性。汽车用发动机技术难度非常之高，不仅涉及流体力学、燃烧学、振动学等尖端学科，而且投入资金大、技术复杂、研究周期漫长。

制约我国发动机制造发展的不仅仅是机械加工问题、装配工艺问题、发动机的密闭等问题，一个最基本的金属问题就让研发者连连皱眉，头痛不已。制作汽车发动机缸体的高品质浇铸原材料——铸铁或者是铸铝，国内就处理不好。想要得到高品质铸铁或者是铸铝，有着相当高的技术难度，铸造厂在浇铸发动机气缸主体的时候，需要在金属降温凝固过程中完美地解决残余应力、排气、脱模剂喷淋等技术难点。这些技术难点一旦处理不好，就会导致产品缺陷的发生，严重影响机体的寿命，当时国内汽车企业用的铸铁或者铸铝的发动机外壳，都需从国外进口。

在汽车工业 100 多年的发展史中，动力传动技术一直处于一个举足轻重的地位。车辆行驶性能的好坏，不仅取决于发动机的动力，很大程度上还依赖于变速器与发动机的匹配精密程度。早在 20 世纪 60 年代，汽车的自动变速器就被列为国家科研项目，直到 1975 年，我国才研制出了具有 3 个前进档的 CA774 液力自动变速器，但是由于动力传送比低、噪音大等原因，不具备使用价值，很快这款自动变速器便被市场淘汰了。

接下来，我国的上汽和天汽等部门也都对自动变速器做过研究，当时几百名专家花了 8 个亿的研究资金，可是最后仍以失败而告终。

一个瓶颈连着一个瓶颈，一个关隘后面还是一个关隘。韩寒的博客里说：中国造不出像样儿的汽车发动机，甚至造不出一个耐用的轴承和液压件，这绝不是空穴来风，而是有感而发。

集举国之力尚且难以完成的任务，李书福一个农村出身的青年，他能扛起制造国产汽车这只千钧"巨鼎"吗？可是李书福明知山有虎，偏向虎山行。

不仅企业界的同行不看好李书福的造车之举，他的兄弟们也对李书福近乎"疯狂"的举动心存疑虑。吉利的摩托车卖得风生水起，何苦去趟制造汽车这个吉凶未卜的浑水？

生行勿入，熟行勿出，这本是做企业的金科铁律，可是李书福偏偏就要打破这个禁忌：他开照相馆、废液提银、做冰箱厂、生产镁铝曲板、造摩托车……李书福一路艰辛地走来，已经连续换了三四个不熟悉的行业，而且每一个陌生的行业，都被他做得有声有色。

造汽车在李书福的心中是否是个终极目标，这没人能够确定。但汽车这颗工业王冠上最璀璨的钻石，李书福一定要将其摘到手里。

可当时的情形是，合资的企业开遍了国内，满街跑的都是外国车，李书福一个台州出来的乡镇企业家，让他和国外那些有百年技术积累，有多于他几十倍上百倍财富的汽车大鳄 PK，结果可想而知。可是李书福造车的念头，别说九头牛，即使是九十九头牛也拉不回来。兄弟们经过激烈的争论，便为"飞蛾扑火"般的李书福定出了一个底线，那就是最多投资一个亿。如果李书福赔的钱超过了这个数，那就回来老老实实地做摩托、卖摩托，永远跟造汽车说

"拜拜"!

后来，有记者这样问李书福：（你是不是觉得）生产摩托车不过瘾，你是什么时候又产生了想造汽车的冲动？

李书福这样回答：怎么讲呢，当我意识到造汽车并不复杂的时候，突然就有了造汽车的冲动，特别是了解到中国在汽车行业还没有自主品牌时，就想到我必须生产汽车，让中国人坐上自己的汽车。虽然当时国家还不允许私企造汽车，我毅然决绝地开始偷偷摸摸地干了。我相信是对的事，干了绝没有错。

可是国营的汽车企业生产汽车还得借助国外的力量，以合资为招牌，以合作为手段，用以积累生产本国汽车的技术和经验。

李书福一没有大笔的资金做后盾，国家贷款更没有他的份儿；二没有造汽车的专业人员，更缺乏造汽车必备的技术。可以说他缺这缺那，唯一不缺的就只有创业的豪情和壮志。

单凭着创业的豪情和壮志，李书福造汽车，真的就能成功吗？

这个问题真的让人无法回答，但事实是李书福真的"山寨"出了自己的第一台"吉利一号"轿车！

组装，造吉利一号

先投入战斗，然后再去想解决的办法。

——拿破仑

李书福拆了奔驰和红旗，然后凭着铅笔、画图板和铁榔头，硬是敲出了一辆"吉利一号"。

这辆前面看着像奔驰，后前瞧着像宝马的"独一无二的汽车"虽然被造了出来，但李书福因为没有汽车生产许可证无法量产，他怀揣着自己的汽车梦，觉得自己是在干利国利民的好事，便做了一个"明修栈道，暗渡陈仓"的无奈选择。

米格尔·德·塞万提斯生于1547年9月29日，他不仅是剧作家、诗人，还是西班牙著名的小说家，他的不朽名著《堂吉诃德》给世界文学历史，留下了堂吉诃德这样一个千古不朽的文学形象。

书中的堂吉诃德虽然已五十多岁了，但因看骑士小说入了迷，他不仅变卖了好几亩耕地去买书看，还要去做个游侠骑士，披上盔甲，拿起兵器，骑马游世界，到各处去猎奇冒险。

《堂吉诃德》这本书问世以来，关于人物定位的争论就一直不断：有人说他是滑稽可笑的疯骑士；有人说他是令人敬佩的落难英雄；还有人说他是不屈不挠为理想奋斗的勇士。

在《堂吉诃德》一书中，作者通过堂吉诃德之口，讲出了这样一句充满悲怆的话：天叫我生在这铁的时代，是要我去恢复那金子的时代……堂吉诃德为了自己的理想，主动用剑去维护真理和正义，扫荡一切罪恶，期盼使人间重归公正与和谐，可往往事与愿违……

李书福就是个手中握剑的"工业骑士"，他像堂吉诃德一样，永远忠于心中的理想。在别人看来，国内与国外的汽车巨头合资造汽车，以市场换技术，这是天经地义的事情，可是在李书福的眼中，中国汽车产业因此势必陷入"引进—落后—再引进—再落后"的恶性循环。

李书福用他超前的工业思维提出，只有"自主创新"才能真正地让国内汽车制造业，屹立于世界汽车强国之林。

在塞万提斯的眼中，理发师的铜盆就是曼布利诺头盔。在李书福的眼中，只有挥舞起"自主创新"之剑，才能在列强环视的汽车市场，杀出一条属于自己属于民族的汽车之路。

李书福从自己的第一份职业"野照相"一路走来，几乎每一次尝试一种新职业的时候，都会迎来一大片的质疑、责难甚至蔑视的声音，但无论造相机、造冰箱、制作镁铝曲板或者是生产摩托车，都没有这次造汽车所引起的反对、质疑和断定他一定会"折戟沉沙"的喧嚣声大。

李书福是一个实干家，他没有时间和质疑的人打嘴仗。想要造车，必须要懂得造车里面的道道儿，求人不如求己，李书福首先找来公司人力资源部的经理，然后给他分派了一个任务，那就是让他放下手边的一切工作，然后调来公司全部员工的档案，将以前有过造车经历的工程师全给找出来。

吉利的人力资源部果然很有效率，几个小时后之后，三份档案被放在了李书福的案头。

李书福的公司中，真的有三位以前制造过汽车的工程师，他们都很年轻，以前在湖南汽车制造厂工作，后来加盟吉利，主要从事吉利摩托车的研发和制造工作。

李书福认识其中的一位工程师，就是罗兴，他将罗兴叫到自己的办公室，然后一说造汽车的事情，罗兴就惊诧地说："我虽然在湖南汽车制造厂干过，可是没造过汽车！"

湖南汽车制造厂主要生产大型车辆，还承接客车和大货车的改装业务，罗兴等人并没有生产轿车的工作经验，这对李书福根本没有借鉴作用。

李书福虽然浑身上下充满硬气，以至于很多人都认为他是钢筋铁骨，但在当时他手里握着的只有区区一亿元资金，这点钱在汽车领域又能干成什么事？换句话说，即便他浑身是铁又能打多少颗钉？

"干吧！"李书福信心十足地对罗兴说："你们三个身后，还有一位经验丰富的总工在支持着你们！"

李书福说得总工确实存在，不过这位总工的名字说出来，罗兴等人的心里就会更没底，因为这个总工就是李书福。

李书福要造车，他要造世界一流的好车，他认为世界上最值得他学习和超越的就是德国的奔驰车。

梅赛德斯—奔驰（Mercedes-Benz）是世界著名的德国汽车品牌。被认为是世界上最高档汽车品牌之一，其完美的技术水平、过硬的质量标准、推陈出新的创新能力，一直被人津津乐道。

1909 年 6 月，戴姆勒汽车公司申请登记了"三叉星"作为轿车的标志，其标志象征着陆上、水上和空中的机械化。1916 年，该公司在它的四周加上了一个圆圈，圆的上方镶嵌了四个小星，下面有 Mercedes（梅赛德斯）字样。到了 1933 年，梅赛德斯—奔驰设计出了一款"简化版"标志，这款标志上没有任何文字，只是简单保留了三叉星外加一个圆圈，而这个标志中的三叉星明显比之前的要修长很多。1989 年，该标志又经过了一次立体化处理，样式不变，从那之后该标志就一直沿用至今。"精美、可靠、耐用"是奔驰汽车标榜的宗旨，为了保持高质量和开发新技术，奔驰公司每年投入的科研开发费用高达 4 亿美元。

李书福在成都演讲《未来的汽车生活》时，回忆起他造汽车时的情形：为了开展第一步的工作，从事汽车产品的技术和研究，像小偷一样把房子和仓库用布蒙起来，在里边进行研究汽车方面的技术，怕人家举报，一举报就违反了中国汽车产业政策。

李书福当时只有偷偷摸摸地干，没有现成的图纸，他就领着罗兴等工程师用铅笔、直尺和圆规画出了吉利车的雏形。

纸上谈兵，这事儿换个小学生也会干，可是要想将吉利车从图纸上变成实物，这才是李书福所要面对的真正挑战。

1994 年，李书福将自己的一辆花 100 多万买来没多久的奔驰车E（W210）开到了生产车间，并让技师们将其拆得七零八落，把它当成了实验和学习的对象。

一辆高档的奔驰车，车零件一般会有一万个以上，为了进一步向世界名车学习，接下来李书福买来的宝马、丰田等几辆世界名车，当然也没有逃脱被拆解的命运，这些瞧着就让人眼晕的零件被摊在地上，李书福等人经过逐一拆卸、仔细研究和认真消化，一些简单零件对整车的作用很快便被李书福等人弄通了，可是一些异型或者疑难零件的工作原理，他们在短时间里还搞不明白。

要迎着晨光实干，不要面对晚霞幻想。这是托卡莱尔描绘实干家的名言。李书福这些天为了弄懂那些零件的工作原理，每天早晨都对着晨曦凝思，对着晚霞苦想，接着在车间对着月亮琢磨到后半夜，实在弄不懂他就回去睡一觉，往往在睡梦中，李书福觉得弄通了这些零件的工作原理，他就急忙跑回车间，继续对某个零件进行更深入的研究，李书福通过蚂蚁啃骨头的精神，终于将奔驰车的工作原理完全弄通，接下来第一辆吉利车的组装和建造工作就开始了。

既然弄通了原理，组装和建造就不是什么太大的难事。李书福首先来到长春一汽，买回来红旗的底盘、发动机和变速箱等一些关键配件，因为红旗和奔驰的车型非常相近，李书福用100多万的奔驰和他送给下属顾伟明的价值36万的红旗车，再加上已购得的关键散件，组装成了第一台吉利轿车。

关于吉利车的名字由来，吉利控股集团副总裁王自亮曾经给予这样的解释：吉利是李书福董事长自己取的名字，我们行业的一个基本解释，也可以说是我们的一个梦想，就是"让世界充满吉利"。"吉利"是来源于我们的董事长做的一个梦。他说，"有一个晚上梦到天上都是星星，有很多人在祈求，有很多歌声，有很多音符在飘荡。"他说，"千百年来多少人在祈求，祈求一个梦想。"最终，他梦见音符都在跳，最后下到人间，下到人间来化为人间吉利。所以最后他梦醒了以后，他想到"吉利"两个字。其实我觉得"吉利"更多的是"吉祥如意"的意思。"吉利"这两个字，很能概括中国人奔向小康的梦想。

李书福生产的第一款吉利汽车，因为用了大量奔驰的零件，故此，为了规避版权上的麻烦，李书福决定为自己的汽车制作一个崭新的外壳。

李书福受中华子弹头的启发，喜欢不走寻常路的他便从重庆聘请来了一位玻璃钢制造专家熊学斌。熊学斌当年五十多岁，对玻璃钢制造有着独到的研究。

玻璃钢制作车身的工艺是：先在车身模具上贴上一层玻璃纤维布，再将环氧树脂刷在这层布上，接着对这项工作进行一遍遍贴涂的重复，随着一层层的玻璃纤维布叠加达到一定的厚度，足够制作轿车的外壳了，第一道工序才算结束。待这个车壳的坯料干燥后，还要进行磨光，修理，喷漆，最后一个光亮平整的玻璃钢车壳便被制作完成了。

玻璃钢车身整体无焊接，可以在短时间内大批量生产，而且价格低廉，维修简单，但玻璃钢虽然叫做钢，里面却不含金属成分，只有无机材料玻璃纤维布和有机材料树脂。

这个漂亮的玻璃钢外壳被安装到了李书福的"吉利一号"上，李书福兴奋地上了汽车，他将这辆汽车发动后，沿着台州街道无比幸福地转了一大圈。

这辆前面瞧着像奔驰，后面瞧着像红旗，但仔细看又和那两辆车有区别的"吉利一号"，让台州市民大开了眼界，李书福为了营造更大的声势，他还在台州电视台上做了广告。

李书福每次提起自己的"吉利一号"就非常激动，他曾经这样说："用红旗底盘和发动机，上面壳是玻璃钢复合材料，做出来以后跟奔驰320一模一样，非常漂亮。"李书福在电视台打过广告后，结果还真的有不少人前来问价。

为了庆祝"吉利一号"研制成功，李书福还特意召开了"吉利一号"汽车试验成功座谈会。在这个座谈会上，大家畅所欲言地肯定了"吉利一号"的成绩，但说得更多的则是它的缺点：比如玻璃钢外壳虽然漂亮、省钱，但却没有金属材料结实。四个重重的车门挂上去后，很快便发生了铰链松动导致四个车门下坠的问题，长时间驾驶后，玻璃钢的稳定性不及金属，不是这里变了形，就是那边翘了起来。

"吉利一号"不是有细疵，而是有大毛病，比如说：用玻璃钢虽然可以快速地制作车身，但玻璃钢却不堪大用，而且车内的零件因为是组装，也有许多衔接和配套的问题。例如，方向转过去自动失灵，方向盘转不回来了等等……李书福的"吉利一号"只是一件试验品，它只是解决了吉利汽车从无到有的问题。失败是通向成功的阶梯，失败过一次，就等于前进了一步，就距离成功更近一些。那辆具有里程碑意义的"吉利一号"迄今还躺在李书福临海的工厂里。从这辆意义大于实用的轿车上，应该可以看到李书福过人的胆识，以及他为了理想不惜一切的牺牲和拼搏精神。

李书福技术储备不够，厂房的面积狭小，生产设备落后，而且最"要命"的是他没有汽车生产许可证，这一切的一切都不允许他甩开膀子制作他的豪华车，李书福经过深思熟虑，觉得改走小型车路线。

在一个世纪前，大洋彼岸的福特先生造汽车时，给工程师们画了一条红线 1000 美元。即设计出的这款平民车辆不许超过这条红线。经过工程师的努力，1908 年 9 月 27 日，福特 T 型车（Ford Model T）诞生在密歇根州底特律市的皮科特（Piquette）厂，1908 年成为工业史上具有重要意义的一年：T 型车经过大规模的流水线化生产，成本极大地降低，最后竟降为 300 美元一辆，福特的宣传口号是：一天一美元，让你买汽车。T 型车以其低廉的价格走入了寻常百姓之家，美国亦自此成为了"车轮上的国度"。

当时国内一辆桑塔纳的价格要十七八万，即使最便宜的夏利和奥拓，也是十万上下。李书福想要在汽车市场上杀出一条血路，他首先要找准目标——即吉利车的购买群体是谁，这个群体可以接受的价位是多少。

在当时，汽车的定位是奢侈品，是非有钱人不能驾驭的交通工具。

当初李书福生产摩托车，便是因为找准了定位——女式踏板摩托而一炮而红，并迅速成为国内踏板摩托生产企业的领头羊。

在国内，有钱人毕竟是少数，大多数还是工薪阶层，寻常百姓尽管薪水微薄，收入不丰，但是他们对于汽车的渴望甚至比有钱人还要迫切。

浪花总是沿扬帆者的路开放的。李书福拍案而起，他做出了一个让同行、让员工、让他的兄弟们都震惊的决定，那就是不仅造车，还要造寻常百姓都能买得起的便宜车。李书福后来在自己的文章中这样慷慨激昂地写道：发达国家是一年工资能买一辆轿车，美国、日本和西方一些发达国家人均年收入能买两辆。我们国家的人均收入 3 年都买不起一辆轿车，所以吉利汽车就是要为老百姓造买得起的好车，吉利的目标就是要让中国人一年收入买得起两辆中国自己品牌的轿车！

汽车行业是吃钱的无底洞。李书福当时手里只有一个亿，为了宣传方便，他对媒体称手里握有 5 个亿的资金，缺口的四个亿李书福用信心将其填满。

因为在 1994 年的时候，国家有一个规定，那就是地方政府进入汽车产业，必须要有 15 亿的资金。换句话说，15 亿是汽车业的准入门槛。除了资金的硬性规定，国家对汽车行业也有着非常严格的管理规则，为了避免恶性竞争，造汽车的企业一开始全都是合资的国企，而私营企业全都被排除在"三大三小"轿车生产的布局之外。

三大指的是一汽、二汽和上汽三个轿车生产基地，三小指的是北京吉普、天津夏利、广州标致三个小型轿车生产定点厂。李书福不论是资金和技术，都没法和这"三大三小"国家规定的汽车定点生产厂比，但他心中的格局绝对不会比任何一家定点生产厂家的规模差。

李书福为了造汽车，开始了一步一个脚印地布局。想搞汽车，必须要修建厂房，可是打着造汽车的旗号征地，一定得不到上级主管部门的批准，李书福就来了一个"明修栈道，暗渡陈仓"。他向临海市打了一个征地850亩的报告，报告上写明他要扩大摩托车生产的规模，力争让吉利的摩托车生产跨上一个新的台阶，并努力为当地的经济发展多做贡献。

1996年，当时李书福厂内摩托车的产量，已经突破30万台，1998年产量最高时达65万台。公司的产值连续几年飙升至20亿元至30亿元之间。李书福的摩托车厂作为临海市工商企业的排头兵，想要扩大生产，对于政府来说，这也是乐观其成的事情。

可是李书福的手笔确实太大，850亩地都够建好几个摩托车生产企业了。当时就有主管领导这样问："厂房怎么这么大？"李书福将手一挥，口气中透露着无边的雄心壮志："我们要造世界上最豪华的摩托车。"

奋斗，争当双子星

骐骥一跃，不能十步；驽马十驾，功在不舍；锲而舍之，朽木不折；锲而不舍，金石可镂。

——《荀子·劝学》

李书福的第一辆像是轿车但又不是轿车的轿车，是在四川一座监狱工厂中造出来的。李书福开始造汽车的同时，奇瑞也在开足马力圆自己的汽车梦。一个绝顶剑客在没有对手的日子是落寞的，吉利和奇瑞这对天生的"冤家"，就在那个时代同时"崛起"，注定他们将来一起逐鹿中原。

李书福描绘的明日吉利摩托车跑遍全中国的美好前景，也让临海市政府信心大增，他们以 500 元一亩的价格，批了临海市城东开发区的 800 亩沼泽地给李书福，这就是后来的吉利豪情产业园。只是当时，这一片沼泽地除了开发区的两座办公楼，再有的就是遍地的水草和芦苇，谁也没有想到就在这个鸟都不落的荒凉之地，李书福的吉利轿车之梦，开始滋生孕育，并扬帆起航了。

有了厂地，还要有人才，为了网罗、储备和积累汽车制造的专业人才，李书福不惜高薪，在多家名牌大学一口气招了几十名机械制造专业的高材生。

安聪慧，1996 年毕业于湖北经济管理大学。同年 2 月进入吉利集团审计处任审计员，同年 7 月调任吉利集团基建工程部总指挥助理后任总指挥及董事长助理。2011 年 12 月 30 日担任浙江吉利控股集团有限公司 CEO 兼总裁。

安聪慧当时是湖北经济管理大学即将毕业的大学生，他在学校中，还担任着学生会主席的职务。李书福为了招揽人才，在安聪慧就读的学校中还专门设置了奖学金。安聪慧没和李书福见面的时候，就觉得肯为贫困学子设置奖学金的老板，人一定不错。李书福到湖北经济管理大学招贤纳士之日，安聪慧正在组织一次年度汇演，他作为最后一个面试者，与李书福见面，并做了十几分钟的交谈。

李书福问："你想来吉利工作吗？"

安聪慧问："我能去吉利工作吗？"

"吉利是让每个年轻人实现理想的地方！"李书福回道："吉利的舞台可是蛮大的……"

安聪慧回忆道："他特别有感染力，也很直接，希望找到自己的左膀右臂。"

就是这次交谈改变了安聪慧的就职轨迹。本来他准备留校任教，可是李书福对他非常欣赏，在吉利的录取名单之上，安聪慧高居榜首。

安聪慧决定到台州实际考察一下李书福的摩托车厂，当他先看到3000多人在工作，产销两旺的工厂时，心里便给这个厂子打了80分。安聪慧接着再去李书福的办公室，李书福的办公室只有二十多平米，没有豪华的办公桌，更没有高档的沙发，只有一张小洽谈桌和四张椅子，李书福坐在办公转椅上背靠一个大书柜，书柜里摆放着当时很难买到的一套精装版的《资治通鉴》。热火朝天的工厂，简单实用的办公室，安聪慧当时就萌生了一个念头：我要留下来。

真正让安聪慧觉得李书福是个可以追随的老板，是一个月后了。李书福办事经常开着奔驰，载着安聪慧等人到处走，可是有一天傍晚，夜遇公路塌方，李书福被阻在路上，天上飘着雨点，夜里的凉气直往人骨头里钻，李书福为了让随行的人填饱肚子，抵抗寒冷，他自己花钱到附近的百姓家里买来了几袋方便面。

这几袋方便面被李书福分了下去，可是李书福却饿着肚子。安聪慧觉得，这样肯把自己手上最后一袋方便面送人的老板一定能成大事，他也暗自庆幸自己没有跟错人。

李书福征得了850亩地，当他暗中告诉安聪慧，他将来要在这片沼泽上建一座汽车基地的时候，安聪慧这才真正明白了李书福这位老板的格局和魄力。

职场有三大错：入错行，进错公司，跟错老板！事实证明安聪慧当初选择进吉利是完全正确的。

有了人才，有了厂地，李书福觉得时机成熟后，他又一次以"奋不顾身"的精神找到了市里的主管部门，李书福一说造汽车的想法，主管部门的领导却将脑袋晃成了拨浪鼓，说："你没有生产许可证，汽车你没法造，即使你造出来，政府也不会让你卖，再说交通部门一定不会给你这样的'三无'轿车上牌照，故此谁也不会买你的汽车！"

李书福不甘心，他离开市里的主管部门，又去了浙江省的机械工业厅。李书福说道："我们要生产汽车，能不能批准？"省厅的领导熟知政策，面对李书福这样一个敢想敢干的青年企业家，虽然心里喜欢，但为了保护他，还是毫不客气地批评了李书福一通，说："你想造汽车，你知不知道国家的政策?"李书福一看自己的想法，还是无法绕过政策这一关，他急忙改口道："汽车我不造了，但是我很喜欢汽车，研究研究行不行?"省厅的领导想了很久才答道："搞研究是可以的嘛。"

李书福不会不知道国家的政策，但政策是会因时而变的。李书福这次去省市两级主管部门去询问造汽车的可行性，更多的是探听国家对私营企业造汽车的政策走向，既然国家政策暂时还不允许李书福造汽车，那李书福就只能放弃"弓弦"而走"弓背"这条弯路了。

换句更直接一点的话说：李书福打定了主意，火车头都拉不回来。汽车一定得造，但要悄悄地造、巧妙地造、而且造出来还不犯法！

其实，李书福20几岁的时候就订了《人民日报》，他白天干企业，晚上的时候就认真研究《人民日报》社论。作为一个私企，如果不揣摩透中国政策的趋势，将是一件很冒险的事情。

罗杰斯曾经这样说过：我可以保证，市场永远是错的。必须独立思考，必须抛开羊群心理。李书福很明白这个道理，他没有从众，他选择了独特的、也是艰险的汽车制造之路。

1997年的一天，李书福正在为汽车生产许可证发愁，他忽然接到了一个电话，是几个朋友约他赴一个饭局。李书福开车出门，还没走进酒店，就听酒店门口的树上"叽叽喳喳"传来了一阵阵喜鹊欢快的叫声。

李书福虽然不迷信，但他明显地感到，今天一定有什么好事要发生。果然，李书福和商界的朋友们喝了几杯酒后，李书福一说自己想造汽车，但却苦于没有生产许可证的难题，其中一个四川的朋友说："这事儿你问对人了，我还真有弄到汽车生产许可证的路子！"

当然，李书福的这位四川朋友，自然办不来国家正规轿车生产许可证，可是他却认识一个人，这个人就是四川德阳监狱监狱长。德阳监狱始建于1956年，是一座大型的监狱，可以容纳2000多名犯人服刑。

四川德阳监狱中，有一家隶属监狱的汽车厂，这家汽车厂可以生产"6"字头的轻型客车和两厢轿车。该监狱的狱长就是这个汽车厂的厂长，只不过该汽车厂已经停产了，但却保留有汽车生产的目录。

李书福一听不由得喜出望外，他立刻派专人奔赴四川，并与德阳监狱监狱长取得了联系。李书福需要汽车生产许可证，而这家监狱的汽车厂也想恢复生产，创造一定的经济利润以改善监狱的环境，并取得一定的社会效益。

双方一拍即合，李书福为这家监狱汽车制造厂投了 2400 万，占 70% 股份，双方合资成立了"四川吉利波音汽车有限公司"。

李书福最初给合资的汽车有限公司起了一个"波音"的名字，确实有"拉大旗做虎皮"的嫌疑，可是那时候一个监狱里的工厂如果不取一个响亮的名字，谁会注意到它？李书福想将汽车造好的心情确实急切。

可是四川吉利波音汽车有限公司成立一段时间后，商标保护意识非常强烈的美国波音公司，就在国内工商局公告上发现了"吉利波音"的字样，便给李书福发来了一封律师函，吉利波音汽车公司中的"波音"两个字这才被停止使用。

搭便车虽然省时省力，但人家既然不让李书福"省"下车票，李书福接下来只能靠自己了。

"6"字头的汽车厂，只能生产轻型客车和两厢轿车，而不能生产"7"字开头的真正意义的三厢轿车。李书福不满意生产一种像轿车但不是轿车的两厢轿车。他找到监狱长，建议生产模样和"奔驰"差不多的汽车。监狱长随后进京，他去机械部申请目录，结果被批了回来。

这名监狱长找到李书福，说："上面的领导说了，不许我们生产'奔驰'，如果我们想要申请到名录，得搞一个不像轿车的汽车出来，哪怕这辆汽车长得有点像拖拉机都成！"造轿车想都别想，但造一辆像拖拉机的汽车都可以申请到名录，这算什么事儿？

李书福心里充满了憋屈，但他知道跳脚呼号、怒气冲天全都解决不了问题。国家有国家的政策，李书福有李书福的想法，李书福的想法和国家政策有冲突的时候，只能给国家政策让路，至于李书福曲折迂回地最后达到目的，这就是他过人的地方了。

李书福收拾心情，找来技术人员和钣金师傅，大家一起将国产的一辆主流出租车，进行了一番巧妙的改装……李书福后来在回忆的文章中，这样写道："把（这辆车的）脸改得很难看，颜色也一塌糊涂，搞了几辆，让他们去上目录，这样果然同意了。"

就这样，李书福用客车的生产许可证打起了生产轿车的"擦边球"。李书福在监狱里办汽车厂实属无奈之举，那里除了"人工开销低"这一优势外，其他的方面真是压抑沉沉、弊端多多、掣肘重重。

首先，这是一家监狱工厂，出入都得检查，故此想到厂里上班极不方便。造汽车本来是一件光明正大的好事，可是去监狱里造汽车，却让汽车厂的职工们全都有一种"犯罪"的感觉。

李书福当时真的痛苦极了，要知道他创办的企业是一家民企，民企机制灵活，讲求实效，可是这家监狱汽车制造厂却处处保留着国营的老路子，机构臃肿，不管什么事都要请示和汇报。商机稍纵即逝，僵化的企业管理又岂能干出一番不同凡响的造车大业？

李书福最后找到监狱长提出了自己的想法，要么这个汽车厂不搞了，要么吉利买下汽车厂的全部股份，然后到浙江去搞。可是那个监狱长却提出了一个极高的价格，这个价格李书福根本就不能接受。

李书福正琢磨下一步该怎么办的时候，一个变故发生了，那个监狱长在高速公路上出车祸去世，随着新的监狱长的上任，李书福收购德阳汽车厂30%股份的提议，终于现出了希望的曙光。

新监狱长觉得德阳汽车厂在监狱里办不下去了，何苦非让它亡在自己的手中，李书福既然有这个能力，能让汽车厂发扬光大，还不如让他去浙江造自己的汽车。

李书福就这样买到了德阳汽车厂的全部股份，然后将汽车制造厂迁回了临海，他在850亩沼泽地上建起的宽大厂房终于派上了用场。

如果按照汽车目录的管理制度，四川的汽车生产许可证只能在四川本地用，李书福手握四川的生产许可证，却将汽车生产基地搬到了台州，这应该是不允许的，但中国有句古话叫：得道者天助。

合资造车对于国内企业和政府来说，实属无奈之举。四通八达的中国路上跑得都是合资车，这让很多具有爱国心的政府官员心疼不已。他们对李书福的自主造车，表现出很多默许和乐观其成的态度。

1997年7月，骄阳似火。李书福将厂内的高层召集到会议室，他正式提出了准备开发轿车的设想，说："生产摩托，只能算小打小闹，下一步我想重点开发汽车！"

李书福想要开发汽车，在吉利集团内部应该不算是秘密。但李书福在正式场合提出来，还是引发了吉利高层领导的热议和担忧。

李书福听完大家对吉利技术、设备以及未来市场的担心，他认真地给大家算了一笔账：

轿车在我国现阶段只能算是奢侈品，老百姓因为经济问题，一般买不起，但是这种局面不会维持很长的一段时间，随着老百姓手中宽裕，汽车肯定会像摩托车一样普及，据调查，我国目前每百人拥有汽车数量是 11 辆，发达国家是 30 多辆，而我国的台湾地区都达到了 20 来辆，这就说明国内发展汽车的空间很大。

再看摩托车。国内摩托车的普及只用了不到三四年的时间，虽然吉利集团生产的摩托产销两旺，可是随着摩托车市场的饱和，摩托车的销路必将会逐步萎缩，故此，加快研发轿车的步骤，不仅是为吉利将来的发展铺路，也是一个极为正确的前进方向。

李书福在这次吉利内部的高层会议上，做出了"造老百姓买得起的汽车"的决定，随后吉利造车的工作也被提上了快车道。

李书福开始厉兵秣马造汽车的时候，国内"三大三小"之外的一家汽车企业，也开始向轿车制造业进军了。这家企业就是地处安徽的奇瑞汽车制造公司。以奇瑞汽车为代表的地方国有企业和以吉利汽车为代表的民营私企，这两家企业在几年之后便被誉为中国自主汽车品牌的"双子星"。

说起奇瑞汽车公司，必谈詹夏来，詹夏来 1955 年 8 月出生在安徽怀宁，1970 年 12 月参军，成为一名光荣的中国人民解放军工程兵，他曾在 55497 部队任班长、代理技术员等职。詹夏来退伍后，曾在安徽大学中文系汉语言文学专业学习和深造。

1992 年 8 月，时任安徽省委书记秘书的詹夏来，被安徽省组织部下派到芜湖市担任市长助理，开始负责芜湖市的汽车项目。

芜湖位于安徽省东南部，处在长江南岸，青弋江与长江汇合处。芜湖素有"江东首邑"之称，近代为"江南四大米市"之一。孙中山先生曾经赞誉芜湖为：长江巨埠、皖之中坚。该市是安徽省域副中心城市，与省会合肥并称为安徽省"双核"城市。

提起芜湖的造车史，最早可以追溯到 1958 年，在这一年国庆成就展上，芜湖江南汽车修理厂向新中国交上了一台"江南牌"三轮汽车，尽管这台纯手工的三轮汽车技术并不成熟，但此辉煌的创举还是在国内引起了巨大轰动，芜湖也因此被深深打上了"汽车城"的标签和烙印。

随着改革开放的不断深入，安徽面对周围的兄弟省份经济快速发展的形势，他们为了迅速改变经济相对落后的面貌，便开始积极寻找新的支柱型产业，随后芜湖建设"汽车城"的计划，便被安徽省政府列为提速本省经济的强力引擎。

詹夏来全面负责建立芜湖汽车生产厂的工作后，他经过调研认为，安徽的基础工业相对薄弱，想要发展汽车工业，首先要解决的就是人的问题。没有人才怎么办，詹夏来决定挖人，他所挖的第一个目标就是尹同跃。

尹同跃也是安徽人，他是一汽集团的一个车间主任，尹同跃别看官儿不大，但他在合肥工业大学毕业，又是一汽的十大杰出青年，对于年纪轻轻的尹同跃来说，他如果留在一汽，发展的前途绝对是一片光明。

詹夏来并不能给尹同跃令人心动的高薪，也不能给他豪华阔气的办公室，他只能给尹同跃搭建一个舞台，一个创造中国人自己的汽车品牌的大舞台。

尹同跃最终来到了芜湖，他的办公室就是两三间茅草房，他手里只有市里特批的资金 30 万元人民币。他以这样的条件起家，开始了芜湖市打造国产品牌"奇瑞车"之梦。

当时詹夏来曾经表情严肃地问尹同跃："干不成怎么办？"尹同跃义无反顾地回答："干不成，跳长江！"

1997年，奇瑞汽车公司在芜湖开发区的土地上动工，1999年，第一台奇瑞风云郑重下线。

奇瑞的意思就是"出奇不意，带着瑞气"，奇瑞的诞生也可谓一波三折，步步惊心。虽然他们也曾为汽车许可证苦恼过，但他们毕竟是国有汽车公司，而且取得"准生证"的经过要比吉利顺畅得多。

奇瑞的注册资金为17.52亿人民币，比吉利的注册资金要雄厚许多，尹同跃在一汽干过，他扛起奇瑞的大旗后，很多一汽的专家都聚集到他的麾下。再加上奇瑞汽车公司是国有企业，可以得到政府有关政策的大力扶持，因此李书福刚刚用榔头敲打出第一辆吉利汽车的时候，奇瑞的汽车已经生产出了两千台左右。

曾经有一个记者去问奔驰的老总：你们的奔驰发展这么快有什么秘诀吗？奔驰老总说："因为宝马把我们撵得太紧了。"过后，这位记者又去问宝马的老总：你们宝马发展的秘诀是什么？宝马老总说："因为奔驰开得太快了。"

吉利和奇瑞造车成功后，国内的企业立刻掀起了一股"造车运动"。继德隆、比亚迪、格林克尔、美的、波导等之后，做电表、空调起家的奥克斯也义无反顾地投身"造车运动"。奥克斯空调下了很大的决心后，不惜砸下4000万元巨款，开始挺进汽车业，可是"折腾"了1年之后血本无归，只得黯然退出。奥克斯的惨痛教训吓退了后继者，无数幻想在汽车制造领域"分一杯羹"的发展计划半途而废。

登山耐侧路，踏雪耐危桥。这是明末思想家洪应明《菜根谭》

中的一句话。美国股票投资家彼得林奇也曾经说过：耐力胜过头脑。李书福造车，一点点积累技术，一步步取得经验，所有秘诀，只有一个字"耐"。蛰伏忍耐的李书福一直在等一个机会，一个国家对私营车企政策有变的机会。可是他期盼的"阳光和雨露"又在哪里？

随着国家对汽车发展政策的完善，以及汽车业准入门槛的不断提高，吉利和奇瑞的创业模式已经不可能再行复制。换句话说，市场有先入为主的原则，吉利和奇瑞等厂家，已经将国内中低档的汽车市场"瓜分"完毕，后继者再想加入，不仅要面对吉利和奇瑞汽车的竞争压力，而且难度系数也成倍地增加。

吉利的第一款家用轿车虽然是一款没有屁股的两厢车，但却承载了李书福的"三五"计划，即百公里用 5 升油，5 万块钱一辆，最后是能坐 5 个人。

1998 年的国内轿车市场基本没有 5 万元一辆的家用轿车，当时最便宜的夏利和奥拓等车，也都在七八万元左右。李书福一没有图纸，二没有现成的技术可以借鉴，他只得买来没有尾巴的夏利，一边拆解，一边编号，一边研究，一边制造。

天津汽车夏利股份有限公司成立于 1997 年 8 月 28 日，以"CKD（半散装件）"方式引进生产的第一辆夏利下线。它的前身是 1986 年引进的日本大发公司。"夏利"蕴涵着"华夏得利"的意思。

李书福以夏利为蓝本，生产吉利车虽然可以用夏利的内饰和底盘，但吉利车的外形却不能沿用夏利车的模样。李书福领人将轿车的前脸、车门和车身，分别都做了较大的改动，而且李书福还发挥大家的聪明才智，对吉利轿车的外形做了不少的创新设计。

为吉利车制作一个崭新的车身，这倒难不倒聪明的吉利技工，但让李书福没有想到的是，他组织人购买装车的散件时却受到了不公正的待遇，以及很多人为的刁难。

当时，有些零配件是国家控制，想买绝对不是一件容易的事情。想买件需要找熟人，没有熟人就得跟进庙烧香般去到处央告。可是最后，即使吉利人拿得出钱来，人家卖给吉利的汽车零件也贵了不少。

人不求人一般平，人若求人矮三分。李书福不会不懂这个道理，可是他为了购买装备新车所必须的配件，第一个去的就是上海大众。根据李书福回忆，该公司下边有一个慧众零部件汽车公司，他就找到负责的总工程师，说："我们想生产轿车，准备到您这个地方采购零部件。"

那个总工程师问道："你生产什么样的轿车？"

李书福回答："大致来讲我们生产的是中档轿车！"

那个总工听完以后，转身就"晃点"了，李书福也不知道他是怎么回事，他一直坐在办公室里，等了一个多小时，李书福还以为他上洗手间，可是那个总工根本就没有回来。后来该公司的秘书告诉李书福说那位总工不来了，他觉得吉利的买件人有病，李书福强忍着心里的委屈，空着两手从上海回到了临海市。

豪情，壮志满胸怀

如果哪一天你想不起来你的目标是什么，过一段时间你的敌人会告诉你，但是已经太迟了。

——余世维

豪情车终于被李书福生产了出来，可是因为质量的原因，没有经销商对这款新车青睐。李书福痛定思痛，他将手一挥，这批价值几百万的豪情车就被砸成了一堆废铁。再次生产，因为质量问题，豪情车再次被砸。直到第三次生产的时候，这批车的质量终于合格了，可是这批推到市场上的吉利豪情车，能否为李书福带来名利双收的好局面？

上海的慧众零部件汽车公司不和李书福做生意，这不代表着全国各地的零配件公司都不和李书福做生意。

李书福为尽快买齐零配件，他和吉利的业务员一样，一手握着支票，另一手拿着现金，开始了艰难的购买零配件之旅。

民营企业造汽车，这在当时可是天大的新闻。当配件公司的经理从吉利采购人员口中得到了这个"疯狂"的信息后，他们在高价卖件给吉利的业务员零配件的同时，还会"奉送"上几句冷嘲热讽。

更有甚者，他们对上门买件的吉利采购员故意刁难，然后将一些劣质的配件高价卖给这群"精神不正常"的吉利采购员。

李书福相信自己一定能造出拥有独立知识产权的汽车，而那些和李书福不离不弃的采购人员更是相信，他们在李书福的带领下一定能取得最终的胜利。

侮辱就当耳边风，嘲讽就当毛毛雨。组装吉利轿车的配件，终于从全国各地被源源不断地买了回来。

安聪慧也没有闲着，李书福派给他一个任务，那就是到全国各地的汽车公司去"参观学习"。当然学习这两个字上面，绝对得打上引号。安聪慧托关系，走后门，他来到夏利、一汽等兄弟单位后，一边用脑子记住组装汽车的过程，一边趁着没人注意，取出相机偷偷拍照，然后拿着照片回到台州，将学来的东西仔细消化，最终变为自己的技术。

很快，吉利轿车的总装工作就开始了。李书福高薪从一些国营汽车厂挖来的技术骨干，他们在吉利汽车总装车间，开始了热火朝天的组装工作。

没有模具，李书福为了赶时间，就领着技工们制作油泥模具——先到田里去挖泥，然后用泥制作成模具，再往模具里面抹油，这样方便脱模，可是这东西虽说费用低廉，但时间一久便会开裂。

汽车中一个座椅装不上，吉利的技工接连试了几百次后，终于装上了座椅；还有一个车门接合面不好，现在的吉利集团副总裁顾伟明曾经一个人开关车门几千次，最终解决了这个问题。

吉利豪情虽然最先学习夏利，但很多地方都进行了创新和改造：比如改造了发动机机舱盖，前进风栅也做成了奔驰的一体式，车顶、左右车门都做了加高处理，后背门、后保险杠也都做了效果更佳的改变，因为这台车的车身长 3.6 米，故型号定为 JL6360。

吉利的汽车经过艰苦的阵痛，终于被组装完毕。1998 年 8 月 8 日上午 8 时，吉利第一辆两厢轿车——吉利豪情终于能够按时下线了。

李书福为了庆祝吉利豪情 6360 下线，他在几天前便一口气发出了 700 多张请柬。他邀请的对象不仅有社会名流、商界同仁，还有政府官员，可是这些请柬发出去后，得到的回应寥寥，李书福是一家私企，当时国家的政策不允许私企造车，李书福不仅造了汽车，而且还要大张旗鼓地开一个下线典礼，这是干什么？分明是要和政府"对着干"嘛！那些社会名流不敢来，商界同仁不愿来，政府官员不能来。李书福急了，吉利豪情6360下线，没人替自己分享喜悦倒还罢了，明天一早，典礼会场空空如也，这让邀请来的各路新闻媒体怎么看？

李书福拿起了通信联络簿，从头到尾翻看了一遍，忽然一个名字映入了眼帘——叶荣宝。

叶荣宝是浙江省的副省长，她分管浙江全省的工业，面对浙江省小商品市场异常繁荣而汽车制造业却不甚兴旺的局面，她忧心如焚。有一次，叶副省长领着浙江十八家生产汽车配件的老总去参加上海汽车的展销会，本想借着展销会的春风弄来一些汽车配件的订单，可是因为浙江汽车配件整体的实力缺乏强大竞争力，所以汽车配件的订单一张也没有拿到。

叶副省长曾经这样感慨："浙江一定要有自己的整车厂！"

李书福虽然有叶副省长的联系方式，可是因为他和叶副省长不熟悉，又因为叶副省长官职太高，日理万机，故此他并没有给她发请柬。

既然很多人都请不到，李书福便亲手给叶副省长发了一份传真。李书福的心中始终坚持着一个信念，那就是英雄惜英雄，他就不信自己这匹有点"野"的千里马，找不到对他青睐的好伯乐。

李书福7日上午发出的传真，下午4点钟的时候，就收到了叶副省长秘书打来的电话。那位秘书告诉李书福，叶副省长明天到吉利产业园来参加吉利豪情的下线庆典。

李书福当时兴奋得差点跳起来，吉利豪情下线的喜悦终于有人和自己分享，更重要的是，官方终于肯承认自己的造车是正当之举了。

　　国家关于汽车制造的政策定得如此严厉，目的是防止汽车生产厂的无序竞争和重复建设，但随着汽车工业的不断发展，民企作为一股不可忽视的造车生力军，势必会加入到轿车制造的阵营里来。

　　国营汽车制造厂和中外合资汽车制造厂一统天下的局面，早晚都会被打破。与其到时候冷手难抓热馒头，何不趁着现在早早布局？这就是叶副省长冒着风险，顶着压力到临海参加吉利豪情下线庆典的真正原因。

　　叶副省长亲自参加庆典，这就说明李书福并没有和国家政策对着干，这"定调子"般的消息一经传出，市县区乡等的各级领导纷纷来到了李书福的吉利产业园，那些社会名流和商界同仁，也纷纷随后而至。

　　叶副省长驱车300多公里赶到了吉利产业园，当她说出"书福，我给你祝贺来了"，李书福的眼睛里，只觉得一片湿润。

　　叶副省长的到来，绝对是雪中送炭，这是对李书福、对吉利最大的肯定。在鞭炮声声，锣鼓阵阵中，前面系着大红花的吉利豪情终于下线了……

　　吉利豪情这个名字，完全代表了吉利人的心情——豪情满怀。

　　李书福此时的心情，可用这样一个成语来形容——豪情万丈。

　　李书福脸颊上的笑意并没能展现多久，随后严苛的事实便击碎了所有的兴奋，并让他的眉锋紧紧地锁在了一起。

　　吉利豪情6360下线后，想要定型生产必须要经过淋雨实验这一关，小轿车不仅要在晴朗的天气中平稳行驶，在刮风下雨的天气中，更需要刹车好用、灯光电路不受影响，最关键也是最基本的要求是：驾驶室不能漏雨。

可是吉利豪情 6360 在淋雨实验中，驾驶室变成了漏勺，不仅座椅被水浸湿，驾驶室的地板上，也积了厚厚的一层水，里面都可以养鱼了。

当时，临海街头经常流行一个方言的顺口溜，大致的意思就是："吉利车上坡要推，落雨要打伞。"说得就是这个时候吉利车的质量。

李书福认识到不足之后立刻着手改进，改进后的吉利豪情 6360 基本克服了漏雨的毛病。

李书福让手下的员工开着这辆车去接受强制性安全检查，令人欣慰的是，吉利豪情 6360 不负众望，它竟然在强制性安全检查中过关斩将，最后取得了一次性通过的好成绩。

通过国家强制性安全检查，只是吉利豪情走向市场的第一关，能否被市场接受，李书福还是心中忐忑。

李书福组织人力，精心生产了 100 多辆吉利豪情 6360。然后广发请柬，将全国的汽车销售商们都请到了吉利工业园。若说当时吉利豪情 6360 的质量，只能用"差强人意"来形容，虽然李书福报的价格低于五万，但还是很难让经销商们动心。当时请来的这些经销商们，他们用手一摸吉利豪情的钣金，众人的眉头就全都皱了起来。由于吉利豪情车是手工钣金，车门上涂抹的腻子厚薄不一，用手一抹就有一种粗糙的感觉，让人对整车的质量评价打了折扣，更让经销商失去信心的是，将这款车开到路上，尘土味道透过气道冲进驾驶室，呛得试车的经销商一个个咳嗽不止。

经销商一个个摇头叹息，面有难色。李书福也觉得这样的车即使低价投放到市场上去，也是对消费者不负责任。他送走了经销商，然后将制造汽车的技工们，全都叫到了停车场上，他先将这批车的外观、密封以及种种质量问题挨个儿讲了一遍，然后说："这种不合格的吉利豪情车绝对不能上市，我们是不合格车辆的制造者，那就由我们自己来处理掉它！"

可是技工们看着辛辛苦苦制作出的吉利豪情，谁也不肯上前砸第一锤，其中一个车间主任踌躇地说："老板，这些车虽然质量不是很好，但我们可以便宜卖掉，总不至于全部砸碎吧？"

李书福摇摇头说："吉利想顶天立地地站起来，这锤子就得落下！"李书福见技工们都不肯上前砸车，他拿起手机叫来了一辆压路机，当压路机压碎了第一辆吉利豪情车的时候，制造吉利车的员工们眼角都闪现着晶莹的泪花。

一百辆吉利豪情车，就是几百万的损失，这批车最后全都被压路机处理掉了。李书福当时并不能算一个有钱人，但为了吉利车的崛起他已经豁出去了。

熟悉李书福的员工都知道，他们的老板是个生活简朴的人，李书福领着公司的全体员工过得都是勤俭节约的日子。

李书福从吉利豪情开始攻关的一刻开始，他就没有离开过公司，他跟着员工住在宿舍，一起吃食堂，身穿普通的工作服，不知道情况的外人，不会认为李书福是公司的老板，只会当他是一个领头干活的技工班长。

吉利实行免费就餐制，李书福要求职工做到碗光、桌光、地光，残渣入盘成堆，这种"三光一堆"成为了吉利的企业精神。李书福对旁人严格要求，每到吃饭的时候他会带头在食堂就餐，端盘排队，员工都深受感动。

李书福曾经投资4000多万元建造了吉利公司的专家楼和职工宿

舍，而他自己还住在 10 年前造的房子里，这座房子因为靠近路边，一天到晚车声嘈杂，可是他却不肯去买一座环境优雅的别墅。员工们都说："我们老板赚的钱最多，个人花的钱却最少。"

爱默生说过：节俭是你一生中食之不完的美筵。李书福继承了浙商最优良的传统：节俭。但是，为了吉利的崛起，他心中的铁锤只有落下，那一百辆吉利豪情车被处理掉之后，质量这根弦立刻在吉利人心中紧紧地绷了起来。

李书福为了加强吉利车的质量，辞退了一些手艺不精的工人，重新高薪聘请了一批手艺精湛的青年技工。不久，第二批豪情车下线，这批车的质量相比第一批已经有了较大的提高。

这批车被制作出来后，李书福又将经销商请到了吉利工业园，经销商从顾客的角度出发，还是给这批车挑出了一大堆毛病，李书福二话不说又忍痛将这批车敲掉了。

吉利豪情车从 1998 年 8 月 8 号下线，直到 1999 年的 11 月份，该款车才正式投放市场。14 个月，一个漫长孕育的过程。李书福等人一直在努力研发，精心改进。面对弥漫在吉利研发和制造队伍中的焦躁情绪，李书福指挥若定，并将这个制造汽车的过程笑称为"力量在风中回荡"！

第三批质量稳定的吉利豪情车上市后果然不负众望，在很短的时间内便在销售市场立住了脚跟。

在汽车业，有一个公认的法则：年产 30 万辆的企业可以支撑车身生产，年产 50 万辆的企业可以支撑发动机研制，年产 100 万辆车的企业可以支撑整车的开发。开发一个全新的轿车平台，周期要 5—10 年，耗资十几亿美元；就连一个简单的车型改脸，周期也要 1—2

年，耗资几亿美元。当时的中国因为缺少资金，缺失技术研发队伍，缺乏专业的实验室，因此，业内一个十分盛行的谶言就是：汽车并不适合中国人玩儿。

在汽车制造业有一个所谓的韩国模式，即引进技术，消化吸收，并成功地实现自主开发。比如在1973年，现代汽车公司引进日本三菱公司发动机、传动系统和底盘技术，1975年该公司便开始自己开发生产汽车，并大量向非洲出口。

再看按我国GDP每年8%左右的速度增长，有专家预计，国内汽车在2020年将达到年产1200万辆的巨大规模，因为市场需求巨大，故此，欧美一些所谓的"成熟"观念并不适合中国。中国的汽车企业完全可以一边研发，一边销售，以售养研，最终实现汽车全部国产化。

第四章
栉风沐雨：艰辛发展期

八个坛子七个盖，盖来盖去不穿帮，就是会做生意。

——胡雪岩

　　吉利车虽然被造了出来，但是要想在市场上一炮打响确实有很长的一段路要走。

　　一场关于吉利产权之争的"叔侄诉讼案"，也就是李国顺状告李书福的案子，将吉利集团又一次推到了风口浪尖。

　　吉利车号称国内最便宜的轿车，它以"价格杀手"的姿态出现在市场上，便打起了令对手心悸的降价战。吉利豪情轿车靠着低廉的价格在市场上站住脚跟后，李书福为了提高吉利车的质量，急需招募大量专业型的人才，可是吉利汽车一开始起步艰难，市场占有率低，前景不明朗，这些被招进来的人才最后又都离开了吉利集团。

吉利的股权是典型的家族结构，这种结构有利有弊，吉利车想在市场上站住脚，必须要用现代化的管理制度，改造不合理的股权结构，但改革止于亲情的"禁咒"，李书福能否将其打破？接下来又发生了"丰田汽车"状告"吉利汽车"的事件，起因是吉利汽车在宣传上使用了"丰田8A"发动机等字样。这一场跨国官司以吉利胜诉而告终。李书福为赢得市场的主动权，决定引进发动机生产线，自己生产发动机。

李书福面临的难关一个接一个，艰苦的跋涉之路就在李书福的脚下徐徐展开。

斩棘，荡平发展路

我们都生活在阴沟里，但其中依然有人在仰望星空。

——王尔德《自深深处》

老板工程有利有弊，李书福虽然借用老板工程，为自己筹来了大量的发展资金，可是它给吉利带来的隐患也在不久之后爆发了。一场"叔侄诉讼案"让亲情受损，李书福一下子成了被告，人们不禁会问：老板工程究竟是对是错？可是为了吉利的发展，李书福只有当一回"恶人"了。

临海市吉利工业园，也就是浙江豪情汽车制造有限公司，虽然占地850亩，但对于一个汽车制造企业来说还是显得有些局促和狭窄，李书福就向市里打了一份报告，申请再征地几百亩，以利于吉利工业园的升级和改造。

临海市政府也怕李书福的步子迈得太大会栽跟斗，他们就劝说李书福一定要稳步前进，快速发展的同时切莫忘记风险就像"老虎"最喜欢跟在"好大喜功"者的后面。

可是汽车业的发展绝对是需要"超前眼光"的。今天汽车畅销不等于明天就畅销，今天即使滞销，也要看到明天汽车大卖的远景。李书福正愁到什么地方征地再建一个新的汽车工业园的时候，一个电话打到了他的办公室。

这个电话是黄兴国打来的，黄兴国曾经担任过台州的市委书记，他不仅在吉利起步的时候给予过李书福多方的照顾，两个人的私交也不错，现在黄兴国已经离开台州调任宁波，成了那里的市委书记。

新官上任三把火，虽然市委书记主管政务，市长主管宁波市的经济建设，但黄兴国为了发展宁波的经济，还是给李书福打了一个邀请电话，请他到宁波考察，仔细研究一下双方是否能达成合作意向。

李书福应邀来到宁波，他向黄兴国一说临海吉利工业园太小，想找一片宽敞之地建设另外一座吉利汽车工业园的想法，黄兴国就接口道："我们宁波真有一个地方，可以让你建工业园！"

宁波北仑大约有一千多亩地，当年一个日本的商人买下了这块地，想建一个钢结构工厂，可是这个日本商人经营不善最后破产，这块地就一直荒着成了一块开发的死角。

李书福看完这片荒地，点了点头，满意地说："这片地我要了，我要在这里建一座现代化的汽车工业园！"不久之后，吉利的宁波汽车工业园就开始了风风火火的施工，从施工到投产只用了不到 9 个月的时间。

李书福在不久之后，便推出了骏马、猎豹、雄狮三大工程。骏马工程是到 2005 年要实现产销轿车 30 万辆，其中宁波 10 万辆，临海 5 万辆，路桥 10 万辆，上海 5 万辆，销售收入 180 亿元，利润 10 亿元。

猎豹工程是 2010 年实现产销汽车 100 万辆，其中浙江省内 50 万辆，销售收入 400 亿元，利润 25 亿元。

雄狮工程是 2015 年实现产销汽车 200 万辆，其中国内 150 万辆，销售收入 800 亿元，利润 40 亿元，并力争使吉利汽车在国内的市场份额超过 10%。虽然后来这项工程因为集团转型并没有严格执行下去，但是这项计划的颁布，还是让人们看到了吉利企业的雄心。

为了配合三大工程的实施，李书福还在全国建立了吉利车的十大基地：临海基地、路桥基地、宁波北仑基地和上海华普基地。另外六个基地是湘潭、慈溪、兰州、成都、济南和桂林六大基地。

吉利是个民企，当时政府的贷款根本就没有李书福的份儿，吉利汽车如此快速地发展，究竟是哪里来的资金？这在以前，一直是个让人感到困惑不解的商业秘密，直到李国通状告李书福的"叔侄诉讼案"发生后，人们才明白李书福的资金来源，竟是得益于"老板工程"。

吉利建厂初期，曾经到上海和一汽大众去取经，面对数百亿的投资，确实让人产生了一种"绝望"的感觉。李书福贷款无望，上市时机还不成熟，他便开始对汽车实行"捆绑销售"：吉利的汽车产品由经销商事先买断，这样即可先回笼一部分资金。虽然有这部分资金，但李书福的汽车企业想要快速发展还是有很大的资金缺口。

李书福实行"捆绑销售"的同时，他还对浙江一带手中握有大量资金的私营企业的老板伸出了"橄榄枝"。吉利汽车的配件成千上万，想要造汽车，每一样配件都需要采购，李书福在国内汽车市场买配件的时候曾经受够了白眼和嘲讽。为了改变这种不利的局面，李书福决定实施"老板工程"。

即吉利汽车的配件可分给这些有生产能力的老板去做。这样一来，那些老板不仅可以替李书福减轻研发和资金分散的压力，而且还能为吉利制造质量上乘、价格低廉的配件。

李书福生产摩托车的时候，对于摩托车的配件，也是采用了老板工程，很多为吉利摩托车生产配件的老板现在都已经成了百万、千万富翁。前面已经有成功的样板，李书福为此还在临海市吉利汽车工业园中预留了汽车配件厂的场地。

李书福为吉利轿车生产配件的老板工程一经提出，便有很多追随李书福的私企老板纷纷入驻临海市吉利汽车工业园，成为了吉利对外称分厂，对内称车间的一个巨大的豪情汽车制造有限公司。

这样的生产模式确实好处多多。举个例子，每个分厂生产的产品，李书福拿过来就直接可以用，没有销售行为就不会产生税金，也没有购销中吃回扣、拿红包等等的腐败现象发生，最大限度地保证了配件的廉价、质量以及采购的速度和时间。

老板工程也有很大的弊端。李国顺是李书福的族叔，因为信任和追随李书福，成立了吉利集团台州汽车零部件联合有限公司车身一分厂，并出任厂长。

李国顺和李书福一开始的时候合作愉快，李国顺还上了《吉利汽车报》的"老板功臣谱"，李书福也称李国顺为"天下第一老好人"，可是联合企业的蜜月期很快就结束了。

1997 年，李书福的大哥李书芳离开吉利。台州的摩托车业务脱离吉利，交给了李书芳打理。

2000 年，吉利集团出现了自 1994 年来的第一次亏损，因为吉利高层对公司未来发展的意见分歧，李书福的四弟李书通提出了一个要求，他准备将自己拥有的吉利 20% 的股权让出来，并离开吉利公司。

李书福召开了全体股东会议，会议做出了两个决定，一是同意了李书通的退出，二是用浙江嘉吉摩托车有限公司 80% 的股份置换了李书通在吉利 20% 的股权，吉利集团退出了浙江嘉吉摩托车有限公司，该摩托车有限公司的股东变为李书通与丁丽花夫妇两人。

亲人帮亲人，无亲来帮愁煞人。老板工程在企业盈利的时候有很大的粘合力，可是企业一旦出现风吹草动，却极易引发撤股和退资的浪潮。吉利想要发展，势必要摆脱老板工程所带来的不利影响，故此，李书福适时提出了强调"四化"要求，即知识化、年轻化、决策科学化与管理民主化。

老板工程只是吉利在"特殊"的创业初期所形成的"独特"的发展产物，随着吉利快速成长，老板工程已经有些跟不上吉利发展的节奏了。一个现代化的企业，也是不会容忍"内部"出现掣肘和障碍，故此，李书福便对加盟的老板，都做了相应的调整，并采取派管理人员、财务人员、质量监督人员，来到各个"分厂"，首先理顺了各分厂、分公司和总厂的关系，并将其置于吉利的规范化管理之中。

李国顺却无法接受李书福的四化要求，叔侄二人因股份、管理权等事宜最后对簿公堂。不管谁对谁错，最后的判决结果如何，李书福"老板工程"的秘密，通过报纸的报道，这才被披露了出来。

任何事情都好像一把双刃剑，皆有利有弊。国有企业不仅可以享受到国家政策的照顾，还可以轻易拿到银行的贷款。可是私企却不同，虽然经营灵活，但却没有政策的支持，故此，其发展之路不用想也是充满了坎坷与艰辛。

如果李书福不在吉利建厂之初，实行老板工程，他根本无法迅速壮大自己的实力，参与汽车市场竞争，并高扛民族汽车企业的大旗，最后将吉利汽车卖遍全国。

吉利发展到一定阶段，李书福如果不铁腕消藩，将阻碍吉利发展的因素变成促进吉利发展的力量，哪有吉利今日的辉煌？企业界没有对错，凡是利于企业发展的便都是对的，凡是不利于企业发展的便都是错的。

法律虽然严肃，但有时也得将人情的元素考虑到里面。但在企业发展的诸多元素里面，人情虽很重要，但如果企业家将人情的分量无限放大，并糅合到企业发展里面，任人唯亲，山头林立，等待他的只有关门停产的命运。

当记者打通了李书福的电话，想让他就传媒之上接连曝出的"李氏兄弟分手内幕"和"叔侄诉讼案"等内容求证的时候，当时远在北京的李书福轻描淡写地说："我看到啦，没什么大不了的……作为一直遵纪守法、按法律办事的公民，我身正不怕影子斜……我现在就是集中精力发展吉利集团，为中国老百姓造好吉利汽车，不想纠缠于陈年烂账，不想把精力浪费在无谓的争论上。"

吉利集团当时有两个重点的汽车生产基地，一个是临海市的豪情汽车制造有限公司，另外一个是宁波美日汽车制造有限公司，这两处公司相距180公里左右，即使开车也需要两个多小时。

兵不在多而在精，将不在多而在勇。李书福为了摆脱困境，对两家公司进行了全面重组，并成立了浙江吉利汽车工业股份有限公司。李书福在成立大会上，讲出了一个急需改革的难点问题：豪情和美日轿车定位相同，可是两个厂子却有两套领导班子，这绝对是资源的绝大浪费。

新的浙江吉利汽车工业股份有限公司成立后，各自厂子的汽车生产、科研和质检仍由各自厂子承担，但外销、售后和新产品开发则由股份公司统一管理。李书福这一步棋下得好，两个厂子精兵简政，不仅少了一套领导班子，节约了资金，而且两个厂子的生产步骤能够一起协调，管理统一后劲儿也能往一块使了！

新的举措带来了新的气象，吉利通过现代化的管理，规范了企业的制度，不仅迅速摆脱了"老板工程"的阴影，而且也很快地扭亏为盈。

寻机，哪怕是失败

大丈夫行事，论是非，不论利害；论顺逆，不论成败；论万世，不论一生。

——（明）黄宗羲

在李书福生产吉利车之前，合资车企生产的轿车就是一个赚取高额利润的暴利工具。李书福偏偏要将豪情车卖成西瓜价，他就是要还轿车为老百姓的代步工具这一事实。随后一顶"汽车疯子"的"桂冠"便戴在了李书福的头顶上！

在一些外行的眼里，汽车构造复杂，集现代工业之大成，这样"高精尖"的运输工具，岂是一般人可以搞的？

一些世界级的汽车巨头，他们视汽车为赚取高额利润的工具，他们将汽车制造业视为禁脔，不允许后来者来分一杯羹，他们调动一切力量刻意营造汽车技术高端神秘的氛围，他们以雄厚的资金堆砌吓人的堡垒，以先入者为王的"蛮横"定律让后来者望而生畏，不敢贸然进入。

奔驰、宝马、沃尔沃和劳斯莱斯等世界名车，他们全都有一百年左右的技术储备、财富积累，李书福想要向这些世界名车挑战，目前在力量上尚嫌不够。

李书福瞄准的是低端汽车市场，吉利豪情车入市之际，其竞争对手只是夏利和奥拓等小型低端轿车。1998 年到 1999 年的时候，普通版的桑塔纳一般卖十六七万元，而夏利卖十二三万元，后来夏利为了占领市场，几经调价，卖到了十万元以下，夏利车也就成了国内很有竞争力的"国民车"。

1999 年 11 月，吉利豪情正式下线，定价 5.8 万元，正式向标价 9 万元左右的国内同款车型发起了挑战。3 万 2 千元的差价不仅让国内经销商们震惊了，也让国内的轿车用户们呆住了。难道轿车真的有那么大的利润？是某些汽车公司"太黑"了，还是李书福制作的轿车质量有问题？他只能卖这个"白菜"价？

这时，还有一些别有用心的人开始给吉利豪情车造谣，说："开吉车要有一不怕死，二不怕苦的精神"。

李书福才不理会这些流言蜚语，吉利豪情车的质量需要靠市场、销量和使用者的口碑说话，如果某些消费者妄信谣言，只能说他的消费心理不成熟。

李书福开始制作吉利车之后，他的座驾一直是自己生产的吉利品牌，若说值钱，难道李书福的命不值钱，李书福乘坐吉利车，这不仅是对自己生产的产品有信心，同时也是对那些谣言最好的回击。

李书福在造汽车之始，就曾经断言自己要造 3—5 万元的汽车，这个消息被一位国家领导人听到后，这位领导人曾经对李书福"不切实际"的"妄言"这样批评道："这是不可能的事情，汽车价格 3—5 万，这个是痴人说梦，汽车这个东西你还当成西瓜来卖吗？"

中国有句古话，叫便宜没有好货，可是李书福偏要将这句话翻过来，他要将汽车当成西瓜来卖——便宜也有好货。

当时有媒体这样问李书福："消费者都在问，5.8 万元的轿车能开吗？"

李书福听到这个问题很高兴，他反问记者："那就是说，如果能开，消费者就都肯买吗？"

经销商对 5.8 万元的吉利豪情车还处在观望的阶段，并不是太买账，李书福不等不靠，他利用吉利摩托车的销售渠道，在不到两个月的时间里，便销售出了 1600 台。

在天涯社区的汽车时代论坛中，网名"书言小隐"的朋友曾对自己购买吉利豪情，并驾驶两年的感触，写了一个帖子，帖子这样写道：我是 2002 年 9 月购买的吉利豪情，当时的价格是 3.98 万，加上费税一共下来是 4.6 万左右。

我在北京，我是在中联汽车市场购买的这辆车，当时经销商带着我和我妈妈到南三环的一个车库去取的车，我也是新手，不太会挑车，仅仅是看了看外观，听了听发动机的声音，另外看了看所有的车灯是不是能亮。最终我按照计划选了一辆银灰色的吉利豪情。经销商免费做了一些简单的车内装饰，包括中控、防盗报警器、贴膜、座套、脚垫。从此，我家拥有了一辆汽车。

总体感觉吉利车还是比较实惠的：

第一是配件便宜。我那时开车鲁莽，没多久就把排气管兜底磕裂了，只能换一个。我在一家经营夏利、吉利车配件的地方换的排气管，40块一个，拆装10分钟搞定。老板挺逗，说买夏利、吉利就是实惠，一个排气管才40块，他才赚10多块钱，而本田的要2000多，能赚很多。（也不知道是不是真的）

吉利车的车门是个老大难的问题，我的车就是非常不好关，必须要用力才能关上，尤其是前门，我和我爸爸还好些，我妈妈就很难关上前门。不过我认为吉利车的前门比后门的质量好一些，我的车后门的车门塑料壳和车门之间固定的小卡子在2003年的时候老坏，那时总是去汽配城换小卡子。小卡子很便宜，所以一般车老板也不收钱。自从2003年系统弄了一次之后，到2004年11月今天，后门的小卡子没问题了。不知道其他吉利车主有没有遇到过车门卡子的问题。

另外我的雨刷也换了一个新的，原装的用了1年多，有点开胶，换了一对，30块钱，用了一年，现在很好用。

第二是省油。我家离单位要有一个小时的车程，从周一到周日每天来回要开40公里左右的车，一个月下来，汽油钱大概是300块左右。我没有算过我的车百公里多少升油，但应该是比较省油的了。邻居的是捷达，据说一个月要花 700 块的油钱，也不知道是不是真的。

书言小隐网友在帖子中，还毫不客气地列举了吉利豪情车的三个缺点：一、开车一过 80 迈发动机噪音太大。二、底盘有点低。三、车门、雨刷这些常用的部件的质量要加强。他在帖子里还说：吉利车还有一些缺点必须改进，如果改进得好，我还是会选择吉利的。总之一句话，吉利车还不错，对于我这样的低收入者还算实惠。

在这个帖子的最后，书言小隐网友这样写道：有人看不上吉利，我也没办法。每人都有自己的喜好，你可以不选择吉利，但你要尊重民族资本。

如果您薪金丰厚，自然可以去买进口或者合资的高档轿车，如果你薪水不高，维修方便，省油快捷的吉利车倒也是不错的选择。你可以看不上吉利，因为它有这样那样的毛病，但请你给吉利一个成长和改正毛病的时间。

2014 年 4 月 4 日，"我看未来 20 年"大型公益演讲是由《成都商报》主办，下午两点半，近千名读者参加了这场活动，当演讲的嘉宾浙江吉利控股集团有限公司董事长李书福，微笑着走上了讲台的时候，场中一时间掌声雷动。

李书福做了《让每个人买得起汽车是我的梦想》的演讲：

谢谢大家，谢谢大家百忙中抽时间跟我见面。我来讲未来汽车生活，可能会给大家有一些启发，但是也可能会让大家失望。我在这个行业里干了十多年了，这十多年来有很多辛酸的泪，也有很多高兴的泪，一天到晚在四处奔波，就是为了"未来的汽车生活"。

改革开放以来，吉利这个企业伴随着我的成长，我也伴随着吉利的成长。因为有了改革，因为有了开放，我觉得我有这些梦想，我的梦想就是"如何为老百姓造买得起的好车，让吉利汽车走遍全世界"。

当这个梦想提出来的时候，由于汽车行业的严格管理，我们的这个想法要想变成现实是非常艰难的，首先就是没有生产许可权。我很清楚地记得，为了开展第一步工作，那就像小偷一样，把房子和仓库用布蒙起来，在里边进行研究汽车方面的技术，怕人家举报。

我跑到了省里面和有关领导汇报，就说我们想生产汽车。他说你胆量那么大，你搞汽车，你知道汽车是怎么回事吗？我不能告诉他知道，我也不能告诉他不知道———你说知道了，就问你是怎么知道的；你说不知道吧，他说你不知道你为什么要搞。所以我说我不是很清楚，但是我确实有这么一种追求，我今天来就是想向领导请示一下。他说你要研究也可以，你自己去研究，但生产是不可以的。

在回去的路上我就想通了，说可以研究，起码我们仓库就不用蒙起来了，我们可以大胆开展研究。后来确实研究了一些成果出来，但是研究好了，不能生产。怎么办？这就是我要感谢四川给了我一条活路。我跑到了四川的一个工厂，这个工厂虽然不能生产轿车，但是它可以生产客车，小的客车。所以我们第一辆汽车，就是用四川的一个企业的生产权来开展的……

吉利1998年、1999年的样子在宁波建立工厂，从那时候开始，才算是比较规范地进入汽车制造行业。但还是不能生产轿车，只能生产客车。这个日子是非常艰辛的，但是我们始终坚持自己的理想追求，坚持一种信念，就是中国的改革开放是势不可挡的。所以那个时候，我们就提出来"认准一个方向，坚定一个信念，凝聚一股力量，提炼一种精神，完成一个使命"。我们就是如此坚定，我们要造老百姓买得起的好车，让吉利汽车走遍全世界。

1998 年的时候，吉利一号下线，李书福为了取得吉利轿车的准生证，他让得力干将方建国准备了厚厚的一叠资料，并对着吉利一号拍了二十多张照片，李书福拿着资料坐飞机进京，国家机械工业部汽车司张小虞司长开车接机，张司长先领着李书福他们参观了一下北京的出租车——唐锦生的中华子弹头。

方建国在自己回忆的文章中，写下了李书福看罢中华子弹头，他和李书福的一段有趣对话：

张小虞司长告诉李书福："审批汽车厂是很难的。"

李书福不甘心此行无果，他递上吉利一号的资料，张司长诧异地问道："你真搞这个车呀？"

李书福反问："是啊，有问题吗？"

张司长说："书福啊，这个车是国家严格控制的，除非总理批准，否则你就别做梦。"

李书福说："这个我不管，今天来找你就是要你给我想办法，你不给我想出办法来我就不走。"

李书福和张司长因为工作的往来，非常熟稔，两个人说话并没有多少官场的套话，李书福为了取得轿车的准生证，他当时也是"豁出来"了，接着说："反正我铁定了心要搞汽车，你批准我就规规矩矩搞，你不批准我就私下搞，反正不花国家一分钱，搞成功了就算我为民族工业发展做出点贡献吧，失败了大不了回家种田。"

张司长说："书福，我看你是疯了还是怎么啦？像个疯子说话似的。汽车不像搞摩托车那么容易，我看你还是认认真真去搞摩托车，把摩托车做好就已经是非常了不起了。"张司长讲这段话时，方建国就坐在一边，根据他的回忆，我们终于知道李书福那顶桂冠——"汽车疯子"的由来了。

这世界上会造汽车的人很多，但能被称为汽车疯子的只有两个：一个是日本的丰田佐吉。丰田公司有句名言："贫穷的日本需要更为廉价的汽车。生产廉价汽车是我的责任。"

除去丰田佐吉，另外一个就是李书福。李书福说过这样一句掷地有声的话："让中国车走遍全世界，而不是让世界的车走遍全中国"。

男儿有泪不轻弹，只因未到伤心处。李书福是一个有血有肉的人，他绝不是神，面对巨大的压力，他也有近乎"崩溃"的时候，有一回，他与同事喝酒后号啕大哭："我一不偷，二不抢，每天从早晨6点半工作到晚上11点，辛辛苦苦办企业，为什么别人总嘲笑我？"

好男儿就应该这个样。第二天一早，李书福总会收拾起不好的情绪，精神抖擞地出现在吉利汽车制造基地，继续领着吉利人一点点地圆自己的汽车梦。

吉利集团生产的豪情轿车一直作为轻型客车在生产。当时李书福虽然有造轿车的能力，却拿不到轿车的准生证，吉利集团一位元老级人物回忆道："拿不到'准生证'时，书福压力很大，好几次夜里我都听到他在哭泣。但是第二天他又会镇定自若地出现在员工面前，并继续到处奔走求助。"

李书福为得到一纸生产许可证，不惜花费大量精力，不厌其烦地穿行在北京和浙江之间，他成了国家有关部委的常客。但个人的努力无法改变国家的政策，他不是被婉言拒绝，就是被当作"疯子"

请出门外。李书福虽然花掉的"公关"费用数千万，但那张"准生证"却好似天边的彩虹，让他总是可望不可及。

1999年，时任国家计委主任的曾培炎视察吉利集团，李书福就曾这样对他说："请国家允许民营企业家做轿车梦，如果失败，就请给我一次失败的机会吧。"

给我一个失败的机会，这就是一位浙江民营企业家讲出的一句足令铁人石人也要"心酸"的话。中国轿车的民族品牌红旗和上海，已经被德国大众、美国通用、法国标致、日本丰田、三菱和日产等国外车企以合资的名义"消灭"，李书福立志要向那些国际汽车巨头发起挑战，但政府总归要给他发一张入场券吧？

曾培炎听后也很感动，但是他没有表态，后来李书福又追问一下："首长您能不能给我一次失败的机会，您支持不支持我们吉利造汽车？"

曾培炎这样回答李书福："我不反对你们造车，但是不是我批的，那是国家经贸委批的。"

2006年，当时任国务院副总理的曾培炎再度视察吉利汽车，并意味深长地说了一句话，"书福，我为你这种精神所感动，我最推崇的就是你身上那种精神。"

后来，吴邦国、贾庆林、曾庆红、张德江等都先后视察过吉利，习近平当年刚刚上任浙江省委书记，他就视察了吉利。习近平参观过吉利汽车研究院之后，满怀赞许地说了一句话："像吉利这样的企业，如果我们不加以大力扶持，那我们还去扶持谁呢？"此言一出，当时一众民营车企的掌门人无不感动得泪水欲滴。

可是当时的政策，所有的资源都必须向国有汽车公司倾斜，民营企业想要获得汽车生产许可证，前途非常渺茫。直到 2001 年，吉利的汽车的生产许可证还是没有解决。李书福不甘心，他又将吉利豪情和吉利美日两款车型，报到了上级主管部门。当年 7 月份，国家经贸委公布了最新一期《车辆生产企业及产品公告》，李书福虽然不敢祈望会圆梦今朝，但他又梦想着会发生奇迹。

《中国企业家》在一篇题为《生死李书福》的封面报道中，这样描写道："对那次《公告》，李书福寄托了太多太多的期望。但是，当别人在《公告》刊出当天告诉他，吉利被排除在公告之外时，他甚至没有勇气自己拿起那张刊登《公告》的报纸，找寻吉利的踪影……9 月，一个宁静的夜晚，走在北京亚运村的街道上，李书福仰望只有半钩残月的夜空，吁叹一声。"

要知道，中国 2001 年加入世界贸易组织（WTO）。根据中国与 WTO 达成的入世协议，我国必须对外开放汽车市场，虽然双方谈判谈得很是艰苦，但经过艰苦努力还是为我国汽车工业争取到了宝贵的三年过渡期。即从 2002 年至 2004 年继续实行汽车进口的配额许可证管理，汽车及其关键件的进口配额在 2000 年 60 亿美元的基础上每年递增 15%。同时，逐年降低汽车进口关税，整车关税从 2001 年的 70%（排量 3 升以下）和 80%（排量 3 升以上）降到 2006 年 7 月 1 日的 25%。

面对关税降低，国外的汽车必将蜂拥而至的不利局面，李书福真的不知道无法取得汽车生产许可证，将来在汽车发展的擂台上如何与国外的汽车同行进行"PK"。

约翰逊告诉我们：失望经常发生，但还没有绝望那么可怕。所幸的是，李书福并没有绝望。

自立，攻核心引擎

> 只有愚者才等待机会，而智者则造就机会。
>
> ——培根

国家在加入 WTO 即入世之前，规定了汽车生产的"三大三小"格局，为的是让国内的汽车业避免竞争，稳步发展。这些规定自然有其道理，可是入世之后，随着国内的汽车市场一步步地向国外的跨国汽车"巨头"开放，原定的"三大三小"格局必然会被打破……

在李书福不懈的努力和坚持之下，吉利终于拿到了梦寐以求的"准生证"，但是面对世界汽车列强的"入侵"，李书福还能笑得出来吗？

李书福为民族汽车事业奔走，为吉利的发展壮大而呼号，这种精神，感动了社会各界人士，最终也得到了许多汽车界元老人物的无私相帮。原中汽公司总经理陈祖涛等一批老专家，他们在各种场合大声呼吁"要让民营企业跟外资享受同等的国民待遇"；要给李书福这样的私企发放"准生证"，允许他们参与到汽车制造企业的竞争中来。

纵观国内的汽车市场，如果人员和汽车公司长期固定，就缺乏活力与新鲜感，容易产生惰性。因此有必要找些私企造车公司加入竞争，只有这样才会增加所有汽车制造企业的紧迫感，才能加快汽车研发、制造和完善的步伐，不至于在加入 WTO 之后，国内的车企被国外的汽车巨头"吞噬"，只有这样国内的汽车制造企业才能保持勃勃的生机。

李书福在争取"准生证"的路上，忽然听到了一个消息：奇瑞汽车制造公司因为是国企，在有关部门的关照之下与上海汽车制造公司进行了挂靠，虽然代价是 20% 的股份，但最后还是取得了"准生证"。

既然奇瑞可以挂靠到上汽，吉利为什么不能？随后不久，北京召开了一次汽车高峰会，李书福在会上遇到了上海通用原总经理陈虹，李书福紧紧地握住陈虹的手，说："我一直在问别人谁是陈虹，我可是天天都想见你。"

可是对方和李书福只是礼貌地寒暄，想要挂靠上汽真的是不可能。接下来，李书福又找过长春一汽，又和东风汽车进行过合作的探讨，可是因为种种原因都没有合作成功。

李书福在分析原因的时候，曾经这样说："几大汽车厂的老总们对吉利不感冒。汽车厂的老总们喜欢把造汽车说得很神秘，但是我偏偏打破了这种神秘，他们认为我打扰了他们的正常秩序，破坏了他们的好梦。"

在那个汽车业近乎垄断，缺少竞争的时间段里，这些合资的汽车企业各自有各自的势力范围，他们生产的汽车不仅不愁卖，而且还可享受高额的利润。然而自从有了李书福这个"另类"的加入，这一行的规则全变了，汽车的暴利被消费者所知晓，李书福在他们的金饭碗上钻了一个眼儿，使他们无法赚取高额的利润，李书福成了搅局者，成了一个不受欢迎的人。

李书福虽然不被理解，虽然万般痛苦，可是他还是一遍遍地告诫自己，不能乱，千万不能乱，一乱吉利的阵脚就不稳，管他有没有汽车生产许可证，没有生产许可证，吉利汽车也是"宰相的女儿不愁嫁"。李书福这样安慰着自己，他的内心无比强大，他的脸上看不出一点饱受挫折和打击后的沮丧。因为李书福相信，价廉物美的汽车永远畅销。

李书福的努力，感动了上天。2001 年的 11 月 9 日，国家有关部门突然增发了一批汽车许可公告，吉利 JL6360 赫然入列，白纸黑字，这次真的没有错。吉利由"黑户"变得有"户口"，从"野路子"变成了"座上宾"！

吉利轿车登上"汽车业目录"的那天晚上，吉利人李书福和众多员工、高管彻夜狂欢，他们喝了很多酒……李书福多年修行终成正果，虽然为制造汽车而"朝圣"的路漫漫，前途也不知道有多少艰难险阻，但是，他毕竟拿到了朝圣的"车票"。

汽车的准生证就好像一个人的身份证，关乎一个汽车企业的生死，没有它你将在市场上寸步难行。李书福有了它，就等于公平竞争的舞台已经向自己开放，他终于可以站在那条汽车制造的起跑线上。究竟哪个车企能笑到最后，那就要看各人的本事了。

虽然吉利是国内第一家拿到汽车准生证的私企，但当时吉利的影响力有限，国内很多家报纸和媒体对其关注度不够，直到几年后，吉利在汽车制造领域杀出了一条血路，成为国内最大的私营造车企业，报纸上才有了关于吉利的更多报道。

好席不怕晚，晚摘的葡萄才是最甜的。《浙江日报》在 2011 年 12 月 9 日《经济版》，发表了记者陈文文采访吉利员工杨开华的一篇文章。杨开华 1996 年加入吉利，在质量处工作。杨开华记得特别清楚工作后好长一阵子只有单休，有时甚至没日没夜地干，当时民企造车还是个未知数，前景怎样谁心里都没底。

直到 2001 年 11 月 9 日，已经调去吉利宁波生产基地市场部的杨开华，从同事口中得到了一个令人兴奋的消息——吉利终于拿到了"准生证"！这一天，国家有关部门突然增发一批汽车许可公告，吉利"豪情"赫然在列，成为中国首家获得轿车生产资格的民营企业。似乎是天意巧合，第二天，中国在多哈会议上被正式批准加入世界贸易组织。

当时杨开华的感觉就是"整个人就像陀螺，上紧了发条（似的工作)"。汽车业的黄金十年，也是杨开华的黄金十年——吉利得不到贷款，政府的照顾也没有它的份儿，但吉利人从来也不缺奋斗的决心和勇气，没有汽车准生证吉利都会憋着劲儿，努力去工作，一旦有了准生证，等待吉利人的只能是：拼搏，超越，勇争第一！

《南方都市报》在 2008 年 12 月 21 日，刊出了一篇记者喻尘采写的特别报道：

李书福要拿到一张汽车生产许可证，他为此投入了数亿元资金，19 岁开始创业的所有利润都为这张证了。他的前辈告诉他，这需要上百亿的资金，可他没有。他要推开一扇沉重的门，从台州到北京，到成都，又到北京，那扇门何其难推开。

门，终于打开了，并露出了黎明的曙光。

2001 年 11 月 9 日，国家经贸委发布了第六批《车辆生产企业及产品公告》，"吉利 JL6360"赫然在列。这正是李书福绞尽脑汁想要得到的，就在两个月前，他上报的两款新车刚被否掉。

"堂吉诃德李"终于敲开了沉重的大门。他几乎要破产了，如果门不开，他只有敲碎生产车架的钢铁，从头再来。在中国加入 WTO 的前一天，李书福终于等来了这个机会，一个阻挡他前进的阀门终于打开，前面虽然是激流险滩，可是李书福毅然开始搏击中游，他知道，只要他努力，只要他肯坚持，他就可以获得"鲤鱼跃龙门"的机会。要知道，一条普通的鲤鱼，只有跃过禹凿的龙门，才会改变命运，才会化作神龙。李书福要实现吉利车矫若游龙地驶遍神州、畅通世界的梦想，他只有两个字——拼了！

心中有所牵挂，生命才会坚强。心里有了理想，奋斗才不停歇。

2008 年的一天，李书福在家中看电视，里面正在播放奥巴马当选美国总统的消息，他忽然就哭了，当记者问他为什么落泪的时候，李书福告诉记者，当时觉得奥巴马很不容易。的确，但凡有过经历的人都明白，要做成一件事情得有多么艰辛。

吉利豪情一开始出厂的时候，它的变速箱由菲亚特生产，而发动机用的是天津丰田发动机公司为夏利配置的 8A 发动机。丰田 8A 是 20 世纪 90 年代丰田公司专门为其小型车开发的一款发动机，主要用在一些低端的产品上。由于 8A 不错的动力性、较低的成本，当时曾被誉为"1.5 的动力，1.0 的油耗"的"神"机，故此在面市后就颇受欢迎。

1998 年第一批采用进口丰田 8A 发动机的金夏利在国内投产。随后 2000 年，丰田与当时的天津夏利汽车股份有限公司合资建厂，天津夏利则近水楼台先得月，将国产的 8A 发动机陆续搭载在自己的夏利 2000、威姿、夏利 N3 等车型上。

丰田 8A 发动机在技术上虽然没有太多的亮点，但皮实、耐用是该款发动机最大优势。由于早期的丰田8A发动机是对外销售的，也就是任何一家汽车制造企业只要拿出"真金白银"来都可以购买，所以当时吉利的系列车型也是通过采购8A发动机实现动力匹配。

当时夏利的价格是9万元左右，桑塔纳和捷达分别是13和14万元上下。5.8万元的吉利车横空出世，不仅让消费者惊呆了，让全国各地的经销商也"懵"了。买车的消费者盘算着价格、质量，是否该出手；经销商也处于观望状态，因为他们知道质量差不多的两款车，一旦出现较大的价格差异，势必会引发一场狼烟四起的价格大战。

果然，夏利"国民车"的地位不甘心受到来自吉利的挑战，首先降价3000元。夏利的降价之举真可谓一石激起千层浪。当时国内的媒体，甚至做出了这样一边倒的评论：夏利降价，吉利必然招架不住。可是令这些媒体和消费者意想不到的是，吉利随后跟进，也让消费者结结实实地省了3000元。

李书福一开始的降价举动，并没有引起高档和中档轿车的连锁反应，因为他们觉得低档轿车的血拼并不能影响到高中档轿车的销售。可是2001年5月21日，国家计委为了适应形势，决定开放国产汽车的定价，李书福率先出手，再一次降低了吉利系列轿车的价格，一番互打"七伤拳"的降价大战过后，国内高中低档汽车的价格终于发生了雪崩前的松动。

经过一番降价，吉利豪情一直降到了3.99万元，竟然跌破了4万元大关。吉利牢牢地坐在了中国最便宜轿车的位置上，并开始一脸"笃定"地注视着群雄。

夏利不甘示弱，到2004年的时候也降到了3.8万元，吉利应势而动，将最低的一款吉利豪情降到了 2.99 万元。至此，国内的家庭轿车终于步履轻快地迈进了"两万元"时代。

降价的风潮就好像多米诺骨牌，一块骨牌倒下，其他的骨牌全都跟着"噼里啪啦"。通用五菱降价、奥拓降价、比亚迪降价、海南马自达降价、一汽红旗降价……降价的春风让更多的消费者得到了实惠，也让国内的汽车市场出现了产销两旺的好局面。

在欧美国家，一个工人全年的工资可以买到一至两辆家庭轿车，当时中国工人的工资平均也在两万元左右，李书福终于初步实现了自己的奋斗目标：那就是让中国人用一年的收入也可以买到一辆代步的家庭轿车。

轿车中的"轿"在以前是一种交通工具，只有官商士绅才有经济实力乘坐，而普通的老百姓生计艰难，跟奢侈的"轿"无缘，只有靠着双腿辛苦奔波的份儿。李书福刚刚走进 2000 年的时候，便干了一件将轿车请下神坛的壮举，即：让汽车走进家庭，还轿车的本来面目——它只是一个普通的交通工具而已。

一个人有一个人的喜好，将自己的喜好强加于人那叫蛮不讲理，你可以不喜欢吉利，但你开着别的品牌轿车笑话吉利的时候，你是否想过，不是吉利的低价战略，你是否能花那个较低的价位买到自己心仪的爱车？你可以不去理会这个事实，但任何人都不可否认吉利对于中国老百姓，尽早实现"汽车梦"的重要贡献。

当某些"权威"大谈西方是汽车的中心，国内的汽车工业都要围着西方转的时候，李书福就偏敢说"西方中心"说是谬论；当人人都为那件被"虚化"了的轿车技术，那件穿着"看不见"的五彩新衣的"西方汽车"工业欢呼的时候，李书福偏偏做了那个"搅局者"，他高呼一声，破一些"别有用心"的人刻意为汽车编制的"神秘"童话。

李书福这个搅局者自然不被某些公司欢迎，丰田公司为了维护"独霸"小型车发动机市场的现状，制裁李书福的法律"大棒"终于向吉利"劈头盖脑"地敲了下来。

让我们首先回顾一下丰田8A发动机在中国落地生根以及发展成长的历史。1996年5月，经中国政府批准，由日本丰田汽车公司和天津汽车工业（集团）有限公司共同投资2.48亿美元，在天津市西青区成立了天津丰田汽车发动机有限公司。历经1年零8个月的建设终于完成了土建工程，并于1998年6月份开始生产TOYOTA8A型发动机，该厂具备年产7万台发动机的能力，二期工程结束后，发动机的年产量可达15万台。

严格说来，天津丰田汽车发动机有限公司的成立，应该算天津夏利的配套工程，天津夏利厂址便设在西青区，而生产汽车心脏的天津丰田汽车发动机有限公司与他毗邻而建，其目的也是以天津夏利为龙头，带动发动机公司的发展。

可是一开始的时候，天津夏利的销量并不能满足该公司发动机的产量，致使这个1476人的企业生产的发动机处于大批量积压状态，就在开不出工人工资、厂子的前途岌岌可危的时候，吉利汽车向他们伸出了温暖的友谊之手。

吉利当时的情况是，他们可以用榔头和锤子敲打出吉利豪情车，但是却无法生产1.3升的汽油发动机。天津丰田汽车发动机有限公司的情况是，他们想要存活，除了依靠夏利还需要找到一个更大的买家。吉利的出现确实让他们欣喜不已，丰田发动机和吉利汽车一开始的合作非常愉快，在"蜜月期"当中，该公司卖给吉利发动机的单价是 1.75 万元，为了合作双赢，共创未来，卖方公司还郑重承诺：吉利公司一旦发展壮大，发动机的需求增加后，他们供应的发动机的价格还会降低。

吉利汽车装配了 8A-FE 汽油发动机后，果然如虎添翼，他们在市场上用"丰田动力，价格动心"来作为自己的销售广告。丰田是世界上最大的汽车制造企业，他们生产的发动机自然有质量保证。当时国内购买微型轿车的用户，有很多都会先问：这台车的发动机是什么品牌。

丰田发动机确实是一个亮点，也为吉利车增色不少。吉利车靠低价打进市场，夏利公司只有"被动地"见招拆招，不断调低自己的汽车售价。眼看着利润被一点点压缩，夏利公司的高层便给天津丰田打了一个报告，报告的内容是：吉利的存在压缩了夏利的市场，建议天津丰田不要再卖 8A-FE 汽油发动机给吉利。

可是该发动机公司光靠一个夏利公司真的吃不饱饭，面对夏利公司的报告，他们只得给出了这样一个权宜的说法：特意为吉利公司定制和夏利公司不一样的 8A 发动机，并允许吉利在发动机上印制 TOYOTA 的商标，至于吉利在广告宣传中使用的丰田动力等字样，丰田公司为了不得罪李书福这个大客户，他们虽然没有书面上支持，但也是采用了默许的态度。

十九世纪英国首相帕麦斯顿，他在就任之初讲了一句非常经典的话：没有永远的朋友，仅有永远的利益。日本的丰田公司只是一家企业，当吉利的几款轿车畅销市场，卖得非常火爆的时候，吉利副总裁安聪慧带着李书福的指示来到了天津，他找到天津丰田汽车发动机有限公司的高层，想让他们兑现承诺：即降低发动机的价格以消减吉利车的成本，吉利车凭着更低的价格入市，势必加大发动机的订单数量，这样锦上添花的好事天津丰田应该举双手赞成。

可是该公司的高层认为，吉利车已经离不开丰田发动机，涨价的时机已经成熟，他们先是关上了降价的大门，接着毫不客气地将每一台 8A 发动机暴涨 5000 元，而且没有任何商量的余地。

安聪慧住进了天津的一家宾馆，他和丰田发动机的高管关门谈了七天，可是这七天的谈判只谈下了 500 块钱，即丰田发动机每台从 22000 元变成了 21500 元。如果按照丰田发动机现在的价格摊到吉利车的成本里，吉利现在每卖一台轿车便要赔 3800 元。

赔本赚吆喝的事情，谁也不会做，但吉利发动机技术落后，等于人为刀俎，我为鱼肉，只能是被别人任意宰割。没有合适的发动机，吉利车的生产只好暂时停了下来。

李书福在接受记者采访时，他回忆起这段屈辱的经历，不仅语气沉重，也很气愤地说：是挺难受的，你没有实力，你没有这个能力。你必须得被人宰，宰了以后你才知道要怎么好好努力，自己要怎么解决这些问题，今后不要被人宰。

李书福这时候又做出了一个让汽车界同行感觉到不一般的"疯狂"决定，那就是：没有枪、没有炮，我们自己造。吉利要造汽车最核心的发动机。他们真的能成吗？

李书福的"疯狂"是建立在前瞻的眼光和技术的自信之上，他在开始使用丰田 8A-FE 汽油发动机的时候，便已经组织厂内的工程师对这台发动机攻关，吉利的工程师有造摩托车发动机的底子，丰田 8A 的技术早已经被吉利的工程师们给吃透了。

丰田发动机提价后，李书福手下的工程师只用了半年时间，便将吉利 MR479Q 发动机研制了出来。吉利的第一台 1.3 升发动机并没有从汽车发动机最基本的单点电喷 2 气门引擎搞起，他们一开始就直接研制出了更高级的 4 气门引擎发动机。

吉利的 MR479Q 发动机的最大功率、扭矩都和丰田 8A 持平，但吉利对一些关键技术都做了升级换代的改进。这两款发动机在点火方式上也有不同，8A 采用多点同时喷射、分电器按 1—3—4—2 的顺序点火，燃烧效率高，但分电器结构复杂、成本价格高；MR479Q 的点火方式采用了多点顺序喷射、两个点火线圈按 1—4—2—3 的顺序点火，吉利的发动机除了在稳定性上比 8A 发动机稍差一些之外，其燃油定量控制的精度更高，比丰田发动机更省油。

据安聪慧介绍，吉利 MR479Q 发动机成本只有七千六百块钱，价格比丰田发动机便宜一大截。吉利车装上了自己的发动机后，虽然不能再打丰田的旗号做宣传了，但这款名叫金鹰的发动机还是经受住了市场的考验。

多钱善贾，长袖善舞。吉利轿车装上了自己的发动机后，利润空间大增，低价战打得更是游刃有余。天津丰田汽车发动机有限公司的高管万万没有想到，吉利公司早在 3 年之前就已经开始研制 MR479Q 发动机，而且在丰田 8A 提价后，吉利只用半年的时间便将金鹰发动机研制了出来。

李书福的"疯狂"该发动机有限公司的高管早有耳闻，但仅用半年的时间吉利人就造出了汽车发动机，这也让太让人觉得不可思议了吧？抄袭，一定是抄袭。吉利的汽车发动机一定是抄袭了丰田发动机，即使没抄袭，也一定是仿照。

天津丰田汽车发动机有限公司的高管觉得吉利人一定是仿照丰田8A，才能这么快地造出 MR479Q 发动机，他命手下买来了 MR479Q 发动机，经过拆卸发现，吉利新研制的发动机和丰田8A虽有相同的地方，可是却有很多独具匠心的创新和提高。当时丰田在中国并没有取得8A的机械专利，换句话说，丰田想告吉利在发动机上侵权已经不可能，这位负责人经过再三权衡，他只得放低身段来到了吉利公司，并与安聪慧取得了联系。

这位丰田的高管，就是当初安聪慧到天津去找丰田公司谈判时宁可违约，也要给安聪慧涨价的那位负责人，他说："你们的发动机虽然做出来了，但是论质量还是比我们的发动机差，而更大的不足则是品牌的差距……我们可以继续合作！"

安聪慧诧异地问道："我们怎样合作？"

这位高管说："你把 MR479Q 发动机生产线卖给我，我把丰田8A 发动机继续卖给你！"

吉利现在已经完全掌握了 MR479Q 发动机的生产技术，怎么可能卖掉生产线再去购买没有自主知识产权的丰田8A发动机，安聪慧摇头，拒绝了丰田这位高管近乎"荒唐"的建议。

合资二十多年的经验证明，几个大型国有汽车厂国产的阵地完全沦陷，工人无法掌握企业未来的命运。让丰田收购了吉利的发动机生产线，吉利当时确实可以弄到一大笔钱，可是不掌握核心技术的吉利公司是不是还得接受丰田价格的盘剥？

安聪慧将那位丰田的高管送出了厂门，他的临别赠言讲得别具韵味："非常感谢你，你让我明白了发动机、变速箱在整车里的重要性，也更让我明白了作为一个主机厂来说，一定要掌握汽车的核心技术。还有也感谢你，逼迫着我们把自己的发动机开发出来。"

对簿，丰田撕破脸

理不实则坠，事不实则坏，人不实则危。

——（南宋宰相）杜范

  吉利用丰田发动机的时候，丰田就是吉利的朋友；吉利开始自己研制发动机，丰田就将吉利告上了法庭。没有人相信李书福敢打这场"知识产权"官司，可是李书福面不改色，"兵来将挡，水来土掩"，既然站在法庭上，那就用法律来说话，让公正的法律来证明吉利是否清白！

  吉利的发动机经过几次更新换代，已经达到使用一升汽油，便可以产生57.2千瓦功率的良好效果。打个比方来说，这款发动机比丰田的同类同档发动机的升功率还要大；在全世界来讲，它跟本田思域1.8的指标基本接近。

  技术可以引进，可是谁也不会将最尖端的技术卖给别人，花钱买来的技术永远都是过时的技术。李书福的第一代1.3升排气量的金鹰发动机研制用了三年的时间，因为吃透了汽车发动机的技术，故此以后再研究1.5升和1.8升的发动机就驾轻就熟了。

  李书福有了自己的汽车发动机核心技术，吉利汽车产销两旺，迅速跻身中国汽车十强。

  吉利解决了发动机的技术瓶颈后，另外一个困扰吉利人多年的自动变速箱（自动变速器）难题，又被李书福列为下一步必须攻克的目标。总工徐滨宽临危受命，在他的带领下吉利组织最精干的工程师，成立了自动变速箱研究小组，向自动变速箱展开了一次又一次攻坚作战。

2000 年，国家曾投入 8 亿多元研发轿车的动力组成的关键部件自动变速箱。但是天汽、上汽等国有集团的几百名技术人员耗费了两年时间，还是以失败告终。吉利技术力量薄弱，李书福手里也没有更多的资金，他领人向这个难啃的阵地发起冲锋，岂不是要输得精光吗？

徐滨宽，天津齿轮厂总工程师、国务院特殊津贴获得者、国家自动变速器 ECU 组组长。他曾经参与过国家组织的那次耗费巨资，最后没有取得成果的研究工作。为了突破国外轿车变速箱一统国内市场的困境，李书福找到了徐滨宽，想请他到吉利继续做未竟的自动变速箱的研究。

当时，李书福曾经这样问道："研制自动变速箱有多大的成功把握？"

徐滨宽这样回答："只有 20% 的成功希望！"

李书福问："究竟怎么能搞成自动变速箱？"

徐滨宽却做了这样的回答："怎么搞成我不知道，但我知道怎么搞不成！"

徐滨宽曾经采用多种方法搞过自动变速箱，实验证明，这些方法都是死胡同，想要搞成自动变速箱，只有用这些方法之外的办法。

李书福听完，不由得连连点头，他告诉徐滨宽，即使有 20% 的成功希望，吉利也要做，剩下 80% 的风险由公司承担。只有走自主研发，吉利才有出路。

　　徐滨宽听罢，不由得深受感动，要知道当年他领人为国家研制自动变速器，当时有关部门曾经以 SKD 件的方式，进口了一批国外变速箱让他们拆解研究。当研究进行了一段时间还未取得成果，有关领导曾经问研究人员有多大把握搞出国产自主自动变速箱，当时研究人员根据实际情况回答说只有40%把握。有关领导觉得40%把握实在有些勉强，便下令停了自动变速箱的研究项目。李书福真的是个干事的老板，为了一个20%的渺茫希望，他不怕失败，他竟要做。

　　易卜生说：社会犹如一条船，每个人都要有掌舵的准备。徐滨宽不会放过这个难得的掌自己"人生之舵"的机会。他放弃了天津齿轮厂优厚的待遇，来到了吉利，开始了锲而不舍的研究和攻关。

　　汽车自动变速常见的有三种形式，分别是液力自动变速（简称AT）、机械无级自动变速（简称 CVT）、电控机械自动变速（简称AMT）。目前轿车普遍使用的是 AT 技术。

　　自动变速箱简称 AT，全称 Auto Transmission，它是由液力变扭器、行星齿轮和液压操纵系统组成，通过液力传递和齿轮组合的方式来达到变速变矩。自动变速的汽车不像手动变速，没有离合器踏板，汽车能根据路面状况自动变速变矩，驾驶者可以全神贯地注视路面交通而不会被换档搞得手忙脚乱。

　　自动变速箱是高科技产品，里面最重要的部件是扭矩转换器，它是一种液力耦合器（Fluid Coupling），它能让引擎和变速箱各自独立旋转。如果汽车在等红灯发动机怠速，引擎的转速很低，它输入扭矩转换器的扭力就很小。所以只要轻踩刹车就可以让汽车保持静止。如果踩下油门，引擎转速上升，这时扭矩转换器就会向轮子输出了更多的扭力，使汽车达到一个逐步提速行驶的最佳状态。

当时，国内每年进口自动变速箱所用资金高达百亿，一台普通的汽车自动变速箱从几千元到万元不等，而一台高档轿车的变速箱竟高达几万元。

徐滨宽来吉利一年后，他为了突破国外的技术封锁，率领实验小组经过大量实验，最后获得了宝贵的、关于自动变速箱的有关系统参数。

因为没有任何技术支持，徐滨宽从模具到检测设备都要自己想办法。比如制作自动变速器上的反馈阀，这个反馈阀是一个水桶状的小零件，要求阀体和活塞必须结合得非常严密，国外专业的检测仪器价格昂贵，吉利当时的条件不具备购买这种仪器的能力，徐滨宽因陋就简，运用简单的大气压原理，最后成功检测了活塞和反馈阀的密闭问题。

徐滨宽根据这些技术参数，研制出了第一台自动变速箱，这台自动变速箱被装到试验车上，可是试驾的结果却让他沮丧不已——不管徐滨宽怎么轰油门，那辆吉利轿车好像被钉子钉在地上一样，就是纹丝不动。

徐滨宽在接受记者采访的时候，面对摄像机的镜头说出了自己当时的感受：（我）坐在车上，一定有绝望的情绪。因为我不知道我能不能解决它，它连走都不走，它的问题在哪里我不知道，多长时间解决这个问题我也不知道。

徐滨宽经历了无数次的拆车装车，他动用的试验车竟多达 110 辆，追回中获取了 100 个字节的试验数据与近 3 万个特征数据，徐滨宽花了整整 3 年时间，终于研制出中国第一款具有完全知识产权的 Z 系列液空自动变速器，并顺利地实现了产业化。

吉利研制变速箱共投资 8000 多万元，吉利现在生产一台变速箱的本钱是 5600 元，几乎比进口日本的变速箱省一半钱。吉利变速箱因为质量过硬，还获得了 2006 年度中国汽车工业科技进步一等奖。

吉利研制拥有自主知识产权的发动机和变速箱，这些国产的利器装到吉利车上之后，使吉利低价的战略有了更大的灵活性。丰田公司不仅在发动机和变速箱之上再也赚不到吉利的高额利润，而且吉利汽车以其低价的战略，对夏利轿车和丰田威驰系列轿车都产生了威胁。

丰田公司再也坐不住了，他们决定趁着中国刚刚加入 WTO 的契机，对吉利挥舞起"商标侵权"的大棒。吉利集团在"美日"轿车上使用的车标酷似"丰田"轿车的注册商标，该商标对消费者构成"误导"，侵害了丰田公司的商标权。丰田公司还认为，吉利集团在对外宣传中打出"丰田动力、价格动心"，以及"本车使用丰田 8A 发动机"的广告语，均属不正当竞争行为。鉴于以上原因，丰田公司向吉利集团索赔 1407 万元。

丰田公司这次诉诸法律，他们是否要毕其功于一役，彻底"封杀"掉中国的民族汽车工业，这确实不得而知。但当时中国入市不久，需要承诺遵守与世贸组织签订的保护知识产权的协定（TRIPS），这时候丰田公司起诉吉利，中国政府顾忌国际声誉，丰田公司获胜的机会很大。

在丰田状告吉利"商标侵权案"的同时，还发生了两起日方公司状告我摩托车企业的案例，一是日本本田技研工业株式会社状告上海飞羚摩托车制造公司、浙江黄岩华日（集团）公司摩托车外观设计侵权；二是日本雅马哈发动机株式会社状告天津港田商标侵权。

日本本田技研工业株式会社状告上海飞羚摩托车制造公司，日方获小胜，飞羚摩托车向日方赔偿人民币 6 万元。日本雅马哈发动机株式会社状告天津港田商标侵权案最终日方获胜，获得赔偿金 90 万元。这两个消息传到丰田公司，丰田公司更是坚定了状告吉利的决心。

丰田公司的汽车商标是上面一个椭圆圈，圆心正中间有一个牛头标，下面写着 TOYOTA 的字母。而吉利美日的车标是在一个漂亮的椭圆中，由字母"M"和中文"日"组合而成。美日汽车当时有句流传很广的广告词叫做："美好的日子，从美日开始！"丰田和美日车标真的相似吗？

2002 年 12 月 5 日，丰田公司向北京市第二中级人民法院提出了诉讼请求，隔年 1 月 2 日，该法院开庭审理了此案。

丰田为打赢此案，确实是费了一番心机。他们不仅将李书福，还将吉利在北京的两家经销商一起告到了法院。

丰田选择中国刚刚加入 WTO，需要对外展示保护知识产权的协定的承诺状告吉利，是为了抢占天时。按照常理，丰田告吉利，应该去浙江省的某一个法院去打官司，因为吉利的总部就在那里，可是他们却远离浙江，将告状的地点选在了北京第二中级人民法院，很显然他们觉得浙江是李书福的地盘，人熟地熟，他们到北京开庭，北京的法官不会站在李书福的一面。换句话说，他们要占尽地利。

再看时间点。开庭之日，距离过 2002 年春节很近，国内有一个习惯，一到春节都需要准备年货，大家忙做一团，李书福难于准备应诉的材料，可见丰田用心之深，他们是想再占"人和"，这场官司丰田已经志在必得，心存必胜了。

此案一开审，双方的代理律师就展开了激烈的辩论。

首先辩论的焦点就是，吉利集团在对外宣传中打出"丰田动力、价格动心"，以及"本车使用丰田8A发动机"的广告语，是否属于不正当竞争行为？

辩方的律师当庭做了如下陈述：李书福购买丰田的发动机，购货款累积已经达到4亿元人民币，且双方已经合作多年，为何丰田以前不对吉利诉诸法律，而现在吉利弃用丰田发动机后，丰田公司这才迟迟地将吉利告上法庭，这是不是有报复的成分在里面。

可是原告方的律师却称：丰田是一家世界驰名的大公司，有路就有丰田车的口号，早已经妇孺皆知。该公司始终秉承"汽车第一，但知识产权也是第一"的观念，换句话说：丰田最重视知识产权，这场官司跟李书福是否购买丰田汽车发动机没有一丝一毫的关系。

原告方律师为了打赢这场官司，他们还在法庭辩论的最后做了以下的陈述：丰田公司在调查中发现，亚辰伟业中心在北京销售由吉利公司制造的带有美日图形商标和"丰田"、"TOYOTA"商标的汽车产品。吉利在其制造的汽车轮胎、方向盘、后备箱等显著位置使用的美日图形商标，构成了侵犯商标权和不正当竞争。要求认定丰田图形商标、"丰田"、"TOYOTA"注册商标为驰名商标；判令吉利及亚辰伟业中心停止侵权行为，赔偿1392万元经济损失，并支付为制止侵权而支出的15万元等合理费用，共计1407万元。

丰田公司借法庭休庭展开调查之际，他们首先找到媒体，召开了新闻发布会。他们这样做的目的自然是想借助媒体的力量，让自己首先占据道德和舆论的高地。国内的舆论在媒体的引领下，都发出了李书福是否存在侵权行为的疑问。

吉利一开始的时候，不管是从实力还是对外宣传上都处于下风，李书福面对被动的形势决定来一场绝地反击，他要像"斯巴达克斯"的勇士一样，来一场破釜沉舟似的冲锋，威慑"强敌"，夺回主动权。

核心，重知识产权

与狼共舞，必须自己成为狼，而且变成"超级狼"。

——张瑞敏

商场如战场，在商场上隆隆的炮声中，唯一能帮吉利的只有吉利。

人要自己成全自己。这是《霸王别姬》中的一句经典台词。吉利下大力气搞研发，打破国外发动机和变速箱的垄断，很显然这条路是走对了。

吉利最后赢得了这场官司，他们终于可以挺胸抬头地说：从此之后，吉利站起来了！

勇猛、大胆和坚定的决心能够抵得上武器的精良。大画家达芬奇讲这句话的时候，他一定勇敢得像个战士。李书福为了这桩官司，浑身上下已经憋足了劲儿，吉利想要立足国内，最后走出国门，这场官司就不能输。丰田是一家跨国大公司，而吉利只是一家私营的小民企，丰田告吉利本身就有以大欺小之嫌。更何况丰田汽车发动机制造公司当年因为销量不佳，已经处在倒闭的边缘，如果不是吉利连下大单，它们怎能起死回生，如今却来告吉利，这已经犯了中华民族"恩将仇报"的大忌。

吉利公司于 2003 年 2 月 24 日下午 2 点，在亚运村的名人国际大酒店，召开了名为"保护民营企业的知识产权"的新闻沟通会。会后，吉利有关部门向国内的 300 多家新闻媒体通报了"丰田发难吉利"事情的全部经过。

在这篇新闻通报中，李书福从法律的角度，阐述了双方合作的经过，更主要的是陈述了这样一个观点：日本丰田公司起诉吉利，因为后者是一家对前者构成巨大竞争力的民族企业。吉利随后还着重强调了另外两点，一是：吉利美日商标早在 1996 年 5 月 7 日便在中国商标局正式注册；二是：吉利使用丰田 8A 发动机，合同正当，来源合法。

丰田公司也觉得他们状告吉利公司"丰田动力、价格动心"以及"本车使用丰田 8A 发动机"的广告语使用不当，有些站不住脚，他们在此后的当庭应诉过程中，就将重点内容转移到了美日车标对丰田汽车车标构成侵权这一"诉点"之上。

其实丰田喜一郎，也就是丰田公司的创始人，他当年造第一款丰田发动机时，就买来了一辆美国通用的雪佛兰车，然后将其发动机拆卸后进行模仿，这才诞生了后来的丰田发动机。而丰田初期生产的第一款大轿车，也有仿照克莱斯勒 Airflow 车型的嫌疑。1966年，丰田公司推出的花冠轿车车型便与通用的欧宝 Kadett 十分相似。

中国有句古话：刑为盛世所不能废，而亦盛世所不尚。这句话的意思是：刑罚就是太平盛世也不能废除，但太平盛世也不崇尚凡事都运用刑罚来处理。在国内，企业之间一般不倾向通过打官司解决问题。

毕竟有时候打官司就是杀敌一千，自伤八百的事情。可是丰田既然要玩，那吉利就只能陪着玩到底了。

2003年3月7日，李书福到人民大会堂参加政协会议，面对社会上吉利车的商标是否对丰田汽车构成侵权的争议，吉利的新闻发言人郑重发表了以下七点声明，声明称：

一、吉利相信法律的公正与公平性；

二、吉利对媒体关注此案表示充分的理解；

三、吉利一贯反对损害他人名誉权的行为，对于恶意侵犯吉利名誉权的行为，吉利将保留追究其法律责任的权利；

四、吉利商标具有独特内涵，在1996年5月7日就已经在国家商标局注册，受到国家法律的保护；

五、吉利商标是吉利集团独立创造产生的智力成果，该商标符合我国《商标法》规定的"商标使用的文字、图形或者其组合具备显著特征，便于识别"的要求；

六、吉利集团旗下的美日汽车某些型号确实使用了天津丰田汽车发动机有限公司生产的8A型发动机，但渠道正当，来源合法；

七、吉利集团一开始进入汽车领域就投入大量的人力与财力在研发自己的发动机，几年前已经批量生产的MR479Q发动机在国内处于领先地位，具有自己的知识产权，而且已经达到年生产20万台的能力。

丰田公司雇佣的律师，向法庭提交了42份证据来表明被告侵权行为的存在。而吉利公司也拿出大量证据，寸土不让。双方律师以唇舌为戈戟，假言辞为刀枪，法庭虽然不是战场，可是紧张的程度却胜似战场。由于此案号称中国汽车知识产权第一案，故此舆论的关注度绝对是空前的。

丰田公司的律师为了打赢官司，当庭展示了两家的车标，并指出了它们在外形上的五点相似之处。即：大小一样；结构都为椭圆；车标中间都有横切一线；商标的线条粗细一样；单一的金属色泽相同。

原告还说，如果吉利美日车快速行驶，该车很容易被人误认为是丰田车。而吉利的律师当庭对原告方进行了反驳，美日商标从外表上看更像个地球，而丰田像变形的牛头。其次，双方车标在实际使用中从未使消费者发生过误认。

随后，吉利公司拿出了一份中国法学会报告。著名法学专家经过比对，普遍给出了一个这样的结论，美日图形商标有独特的含义及显著的特征，与丰田图形商标有明显的区别，不可能构成近似。

丰田公司雇用的律师打知识产权官司的经验丰富，他们为了对中国法学会的报告进行反击，随后也拿出了一份由北京勺海市场调查有限责任公司做出的《商标相似性研究报告》。这份报告显示：调查公司向调查者出示了丰田和美日的两份车标后，有28.3%的消费者不能判断两家品牌，66.6%的被调查人从美日汽车的车标联想到丰田品牌，更有70%的消费者直接将美日车标误认为是丰田车标。

可是吉利公司委托零点公司做出的《汽车品牌认知度研究报告》，却和丰田公司得出的调查结论相悖，消费者买车重要的是关注车的价钱、质量和外观，近50%的被访者看到两家的车标皆能准确判断出美日品牌，而看见美日车标会联想到丰田车标的可能性几乎为零。

北京的庭审进行得正酣的时候，2003年1月，任正非的华为公司也接到了美国思科公司的诉状，诉状中，历数华为的软件对思科的侵权行为，双方也打了一场跨国的"侵犯知识产权"的官司。

　　跨国知识产权官司是最难打的一种官司，因为认知模糊、界定困难，而且极其耗费金钱和精神。当时华为公司要发展，要壮大，要到海外去拓展自己的市场，必然要触到国外电信巨头的利益。

　　思科公司看华为"不爽"，便使出了一招厉害的"杀手锏"，那就是：我要告你。经过双方律师的唇枪舌剑，2003年10月1日，双方律师对源代码的比对工作结束。结果证明华为的源代码是'健康'的。美国的法院为了息事宁人，也给本国的企业一个台阶，做出了华为没有侵犯思科"知识产权"的判决。但同时，华为也必须停止使用思科提出的一些有争议的路由器源代码、操作界面和在线帮助等文件。

　　2003年10月2日，思科与华为达成初步和解协议。2004年7月末，双方达成最终和解协议。历时一年半的官司终于尘埃落定了。思科公司赢了面子（阻止华为路由器等产品进军美国的脚步）；华为借着官司，却赢回了里子（在大洋彼岸做了免费的广告宣传）。

　　华为的律师在法庭上义正辞严地说："作为全球电信网络设备制造企业的领先者，思科害怕与华为竞争，故此才有了这场跨国的诉讼！"

　　曾遭摩托罗拉诉讼的PCTEL创业人成建中说，知识产权是美国很普遍的商业竞争手段，当大公司看见小公司对自己的业务产生威胁，总会采取法律途径，控告小公司侵犯专利权。一旦小公司输掉官司，付出一大笔赔偿金后，也就基本上无力竞争了，即使没有输掉官司，面对缠手的官司，小公司业务被拖几年也是元气大伤。

　　中国加入WTO之际，国外的汽车市场一直不景气，很多跨国公司都将国内的汽车市场当成了救命稻草。吉利汽车已经成为汽车制造业内的一匹黑马，现已对某些跨国汽车企业构成了直接威胁。从这一点也许就可以洞见丰田起诉书下面暗藏的真正玄机。

2003 年 11 月 24 日，将近一年的丰田告吉利的官司终于落下了帷幕，北京市第二中级人民法院作出了一审宣判：丰田败诉。

法院作出如此判决，体现了法律的公正，丰田提出的两点诉讼请求，第一点，广告有"丰田动力"等字样，因为当时双方曾经签署购销合同，吉利豪情等汽车用的确实是丰田发动机，因此其广告宣传并不违法。

第二点，车标侵权。若说侵权是建立在双方商标是否混淆之上，这两种商标虽有近似的地方，但消费者在购买汽车的时候，还是能将丰田和美日车分辨开来，故此，丰田公司提出的第二点诉讼请求法院不予支持。

丰田和吉利两种车的质量在当时比较起来的话，前者占优。但是，李书福肩扛民族汽车工业的旗帜，不惧丰田公司手中挥舞的"诉讼大棒"，他们相信法律，使其成为保护自己的甲胄，他们善用法律，使其成为攻击敌人的投矛。吉利使丰田公司看似可怕的"诉讼大棒"最终无力地击在了"棉花"上。

丰田和吉利的一场官司下来，吉利品牌的社会关注度直线提高，而且那股吉利抄袭丰田的"歪腔邪调"也被丢到了爪哇国。吉利借力使力，利用官司为吉利汽车打了一次非常成功的广告。

美日汽车为吉利的发展做出了很大的贡献。第一台吉利美日轿车于 2000 年 5 月 17 日在宁波下线，该款汽车使用的是吉利自主研发的我国首款 CVVT 发动机——JL4G18，目前这台车成了吉利的功勋车，车身上签满了李小平、牛宝光、王艳等吉利一线员工的名字。

吉利省下了一大笔广告费，这还不算是最大收获，最大的收益就是通过长达一年的诉讼，让吉利人确立了品牌的意识，保护知识产权的"德玛西亚的正义之剑"如今已经高高地悬在每个企业的头顶，想要将企业发展壮大，必须时刻警惕，不越法律赋予每个企业经营者权利的同时，企业也要遵守汽车游戏的每一个规则。

换句更明白的话说：吉利想要发展，应该有自己的专利，必须要有自己的知识产权，只有这样吉利才能健康地发展壮大，并迅速长成一棵参天大树。

吉利胜丰田，看似并没有得到多少实际的利益，但这场官司的影响却极其深远。这场战斗的胜利标志着我国自主知识产权的发展向前迈进了很大的一步；这场跨国官司的获胜，不仅坚定了吉利维护以及掌握知识产权的信心，更是形成了全国上下都开始重视知识产权这一企业"核心竞争力"的终极意识。

第五章
踔厉风发：鸿鹄欲展翅

最重要的是，在关键的时刻能够坚持原则。

——林肯

李书福为了打开吉利轿车的销路，精心组织了一场全国销售商大会，即吉利摩托车—汽车广州展会。

经过各大媒体的宣传，吉利汽车成为了全国轿车行业的知名品牌。接着，李书福为了巩固成绩，又接着在北京召开了一场高规格的展销会。

由于豪情、美日的造车工艺陈旧，李书福决定与韩国大宇集团合作，进行产品的升级和改造。李书福没有资金，就把厂房、土地抵给韩国大宇。韩国大宇随后开始给吉利铸造模具，吉利自由舰生产线在宁波随后建成了。

2001 年，李书福的吉利汽车入主广州足球俱乐部，面对足球比赛中的黑哨，李书福拍案而起，并在当年年底演变成为一场惊动全国的"吉利揭黑风暴"。

为了给吉利培养人才，李书福做出了一个重大的决定，那就是办学——创办民办的吉利大学！只有人才才是吉利不断发展的源动力。

领衔，CVVT 发动机

因循观望的人，最善于惊叹他人的敏捷。

——莎士比亚

为了扩大影响，李书福和柯受良联袂合作，上演了一出飞跃布达拉宫广场的大戏。吉利车经受住了考验，随着吉利车的声名鹊起，李书福应势参加了德国的法兰克福车展。这场被称为汽车奥运会的车展让吉利车走出了国门，国外的汽车同行也记住了吉利。

吉利想在中央台做广告，可是"国际先进，中国领先"的广告词因为具有排他性，被告知不允许播出！

2000 年，为了让豪情和美日车获得经销商和消费者的认同，吉利在广州举行了吉利摩托车暨汽车展示会。当时不光有 1300 多名经销商云集广东，更有几十家新闻媒体的记者全程跟踪报道。

通过媒体积极的报道，吉利豪情和美日汽车为消费者所熟知，李书福接着又开始进军北京的汽车展销会。吉利豪情和美日汽车以实用为契机，以低价为卖点，逐渐赢得了目标消费者的肯定。

2003 年，吉利又推出了自己的第一款跑车——吉利美人豹，十多万元的"低廉"价格，让一些跑车的发烧友趋之若鹜，虽然这款跑车一年只有一千台左右的销售量，但李书福的探索精神还是让喜欢跑车的车友们过足了速度之"瘾"。

2003 年 9 月，首辆吉利"美人豹"都市跑车被中国国家博物馆永久收藏并展示。吉利美人豹作为国产的第一款跑车，其流畅的外形、精致的内饰、靓丽的颜色，都可谓超越经典的精品之作。

中国国家博物馆收藏的藏品，代表了中国博物收藏的最高层次，美人豹在中国汽车工业发展历程中具有里程碑似的意义。

中国国家博物馆副馆长王晓田发言说："中国国家博物馆收藏吉利美人豹是看重它在中国汽车工业发展史上的特殊地位，该车既把握住了国际汽车发展的潮流，也代表了中国汽车工业的研发与制造水平上了一个新的台阶。"

有位伟人说过：第二名和最后一名没什么区别，人们只记得第一名，吉利美人豹作为中国第一款跑车，其地位不容抹杀！

2004 年 6 月 19 日，第八届北京国际汽车工业展览会进行得如火如荼时，李书福应邀走进中央台的《新闻会客厅》，参加了由白岩松主持的对话节目。

李书福在对话一开始，便对车展的主办方重视洋品牌、轻视国产车的现象发表了不满。主办方对奔驰等跨国车企特殊照顾，而吉利在车展上花同等价格，却得不到好的展位。

李书福当时这样说：就是说中国企业当然讲吉利，他需要拿到现在奔驰在展览的这个位置，我们也付同样的钱，他是不会给我们的。现在这样，我看了一下这个车展，好像主要是考虑外国的汽车厂商，首先满足外国汽车厂商需求，然后再考虑国内的，当然我们也是属于国内的，我觉得我也非常感谢这次展览主办单位对我们的照顾，给我们搞了两个展馆，一个在室内，一个在室外，因为确实挺难的。

接着李书福对着全国的观众，讲出了自己的心愿：我觉得作为一个真正的国际性汽车展览，放在中国的首都北京，应该要突出中国本土的品牌和本土汽车工业，我认为这样才是真正体现出北京大都市和中国举办国际汽车展这样一个真实的用意。

李书福和白岩松就国内的汽车展厅拥挤嘈杂缺美感，以及汽车消费者迷信国外大品牌、国人扭曲的消费观等问题，进行了畅所欲言的谈话。

当白岩松讲到民族品牌的时候，他提出了这样的疑问：合资企业也是我们民族的品牌，因为很多钱都留在了国内这块土地，可是也有人认为我们必须得拥有独立知识产权的自主品牌，否则中国汽车工业的做大无从谈起，这两种观念孰对孰错呢？

李书福这样回答了白岩松的提问。

我觉得……第一种肯定是错的，不要讨论的。什么叫民族品牌，什么叫民族呢？民族比如说中华民族，这是民族，每一个品牌它都是有民族心的，不要吵，不要闹，你说奔驰它没有民族心，通用它没有民族心，丰田它没有民族心？有，它代表自己的民族和自己国家的利益……现在的观点就是说，中国自己的汽车工业到底能不能发展起来的问题，我们要讨论的是这个问题，像我们这些人参与了这样的一件事业，这是一个参与者，成功失败不知道的，可能明天倒闭的，可能后天就发生了什么，都不知道。但是要参与的人一定要多，大家前仆后继，为中国本土汽车工业的发展，真正的中国品牌走向世界，这是一件非常有意义的事情，这肯定是正确的。

当两个人谈到洋车多暴利这个问题的时候，李书福用售价很贵的宾利车举了一个例子：宾利去年一年在中国卖了50辆，是在全世界卖得最多的一个国家。如果一辆车600万的话，它的利润大概80%。也就是说：宾利真正的成本也就是一百多万。

2004年北京国际车展，一辆宾利雅致728型轿车卖出988万元的价格，因而大出风头。李书福为宾利的成本算过账后，第二天下午，宾利中国市场经理陈芯慧向媒体"诉苦"，她说宾利的成本"不可能"只有100多万元，因为该车为手工制造，而英国劳动工人的工资很高。

北京宾利市场助理赵阳甚至说：若李书福的说法对宾利在中国的销量造成"伤害"，表示不排除起诉吉利的可能。李书福只是上了一场央视的访谈节目，因为说话耿直了一点，竟差点惹出官司来。

最后，白岩松讲出了一个汽车用户的普遍想法，即不要用爱国来压着我一定要买国产车，但是如果有一天，咱们车的质量跟国外的很多车质量差不多的时候，这个时候你知道我爱国我可能会买国产车。

李书福当时满怀信心地讲：我们中国的企业应该要争气，应该要真正地把产品质量搞好……只有这样才能够得到全中国用户和全世界用户的信赖、尊重、支持。

李书福说到做到，吉利车的质量在柯受良飞跃布达拉宫的一刻，得到了最好的检验。

柯受良，男，艺名小黑。1953 年 2 月 22 日，他生于浙江省宁波市象山县渔山列岛。在 1992 年 11 月 15 日，他曾经驾驶着摩托车飞跃了长城。接着在 1997 年，香港回归前夕，柯受良驾驶跑车成功飞越长度达 55 米的黄河天堑壶口瀑布。

2002 年 10 月 1 日，柯受良准备驾驶吉利美日系列中的一款轿车飞越长 30 米的布达拉宫广场。飞跃长城、黄河，只是地形恶劣，而飞跃地处世界屋脊上的布达拉宫广场，却要经受高海拔、缺氧气、低气压等恶劣自然环境的考验。拉萨空气稀薄，对汽车的动力性能影响很大，而吉利美日轿车排放量只有 1.3 升，虽然这次飞车表演很危险，可是柯受良却拒绝为自己买保险。因为他有十足的信心——驾驶美日飞跃布达拉广场，一定能够成功！

柯受良曾经多次试驾吉利轿车，他对吉利轿车的性能很满意。在这次"飞布"之前，柯受良为了一次成功，他还提早三四日抵达西藏，让身体有足够时间适应当地恶劣的气候。

柯受良准备驾车飞跃布达拉宫广场，消息一经传出，立刻得到了众多汽车厂家的响应，他们都想为柯受良提供"座驾"，并独家赞助这次飞跃活动。柯受良之所以选择驾驶吉利轿车，得益于吉利集团 CEO 徐刚和他的一段谈话。

徐刚曾经这样说：我们都是炎黄子孙，都有超越自我、挑战极限的精神，当祖国需要我们的时候（比如战争），我们马上可以依靠自己的装备和技术，生产出国家需要的汽车，而合资企业是否能生产就不确定了。

徐刚的话让柯受良深受感动，他毕竟是浙江人，为家乡的汽车企业发展，他自然要助一臂之力。这就是柯受良准备驾驶吉利美日轿车飞跃布达拉宫广场的起因。

2002 年 10 月 1 日，4 万多观众齐聚布达拉宫广场，他们也想见证这个令人激动的时刻，柯受良刚刚出现在广场外，热情的观众就将他包围了，柯受良一路和热情的观众打着招呼，最后"突出重围"，来到了准备飞跃的布达拉宫广场前。

这次跨越布达拉宫的飞越采取的是硬地起飞，软地着陆的方式。起飞的助跑台是由钢管和木板搭建而成，这条跑道全长为 34 米，宽仅 3 米多，高 1.75 米。接车台是由 200 多个大纸箱堆积成，长 14 米，宽 4 米，面积达 56 平方米。起跳台和接车台之间的飞跃距离为 30 多米长，汽车飞行的最高悬空点，距离地面为 5 米。

上午 10 时 25 分，一身红衣的柯受良了来到了吉利美日轿车前。这辆轿车颜色为柠檬黄，柯受良红色的衣服映衬着吉利美日黄色的车身，两相辉映，分外醒目，柯受良打开车门上了吉利美日轿车，他敏捷地发动引擎，随后"轰轰"作响的马达声响彻了整个布达拉宫。

10 点 30 分，柯受良驾驶的吉利轿车沿着跑道，像是一道黄色的闪电般冲向了 30 米之外的接车台。

可是接车台周围站满了热情的群众，柯受良在驾车飞跃之前，曾多次想将这些群众劝离，可是群众为了看清飞车的壮举，根本不肯撤后。

柯受良也怕吉利轿车冲到接车台上，惯性会让接车台周围的群众受伤，原定每小时 110 公里的助跑速度，他只跑出了每小时 90 公里。又因为吉利车在车内加载的配重不够，致使吉利轿车在助跑台上飞身而起后，因为速度不足轿车在最高点忽然直落了下来，五米的距离硬性掉落，这不仅是对柯受良生命严重的考验和挑战，也是对吉利车性能的考验。

现场工作人员手持灭火器急忙冲了上去，在白色灭火粉末的烟雾里，柯受良被助手从车内拉了出来，他面带笑容，向观众举起双手表示自己安然无恙。布达拉宫的广场沸腾了，所有的围观群众，都一起为这次精彩的飞车表演鼓掌欢呼。

柯受良表演完飞车，他兴奋地表示："可以表演给佛祖看、给全中国人看，让我感到非常的高兴。"而热情围观的观众将柯受良的车队"包围"了近40分钟，柯受良才能载誉离开，他随即赶到下一项的比赛场地，参加这一次"飞布"的后续活动——越野车汽车拉力赛。

天津汽车检测研究所的李主任上前，对车辆进行了全面的检测，检测认定，吉利美日轿车虽然直接从五米的高处落到了坚硬的水泥广场之上，除了左侧目灯震坏、发动机震歪之外，车身没有丝毫变形，4个车门和保险盖可以自由开启，油箱没有泄漏，发动机照常可以运行。

很显然，这次吉利汽车与布达拉宫广场硬碰硬，吉利轿车的质量经受住了考验，吉利美日轿车成功了，它完美展现了吉利"新性价比轿车之王"的一段传奇。

前来参加这次飞越活动的吉利汽车首席执行官柏杨，她接受各大媒体记者采访时，满怀信心地说，这次成功的飞越既是柯受良先生成功挑战人类极限的又一伟大壮举，也是近几年来吉利汽车有限公司狠抓产品质量，取得丰硕成果的最好验证。这次成功的飞越又一次充分证明了吉利轿车低价不低质，今后吉利汽车将一如既往地依靠顽强拼搏的精神及优秀的管理方式，打造低成本的民族汽车精品。

吉利车不放过参加车展的机会，飞越布达拉宫更是"汽车疯子"加"亚洲飞人"的联袂精彩合作的成果。李书福通过这次飞布，清醒地意识到，在世界盛行的汽车拉力大赛是展现汽车性能的绝好舞台，而且这种全世界名牌赛车狂飙的大赛，各种媒体对其一直保持着很高的关注度，这恰好可作为吉利车很好的对外广告宣传窗口。

李书福随后开始组建吉利车队，并在 2003 年 8 月参加了全国汽车拉力锦标赛。首次参赛的吉利车队在北京站的比赛中发挥出色，他们经过拼搏勇夺 S2 组冠军，此后，吉利赛车又在分站赛中获得了惊人的两连冠佳绩。

2003 年 11 月 30 日，在杭州举办的西博会上，吉利横空出世，一辆由吉利自主开发的方程式赛车光彩夺目地出现在了会场之上。中国第一辆方程式赛车在吉利手下诞生，这不仅大涨了国人的志气，而且这款国产赛车在赛场上终于能和全世界的名牌车一决雌雄了。

吉利车通过这样全方位、立体的系列宣传，吉利轿车的品牌价值更加深入人心，品牌价值的飙升带动了吉利汽车销售量的飞跃。2004 年 2 月，吉利轿车全线产品月度终端销量达到了 11500 台，吉利用实力说话，终于开始跻身中国汽车万台俱乐部。

托尔斯泰告诉我们说：英雄主义是在于为信仰和真理而牺牲自己。李书福的信仰是什么：造汽车，李书福信仰的真理是什么：造出好汽车。只有造出好汽车，才是李书福最信奉的真理。

2005 年 9 月 12 日上午 9 点，第 61 届法兰克福国际汽车展在德国的法兰克福如期开幕。法兰克福不仅是德国，也是欧洲重要的工商业、金融服务业和交通中心，两年一度的法兰克福车展为世界五大车展之一，也是欧洲规模最大的国际性车展之一。

这次盛大的车展聚集了1000个参展商、122款新车同台竞技。作为唯一被邀请的中国品牌，吉利参加了这次盛大的车展。吉利汽车的展台设在4号馆15号，吉利参展的"自由舰"等5款新车分别是HQ、CD、CK、FC和海域303H（名称：Marindo）。

为了适应海外的市场，吉利特意将豪情203A（HQ）改装成了右舵，还将"中国第一跑"吉利美人豹的第三代产品系列"中国龙"（简称CD）的前脸和车尾都做了改动，其前脸酷似中国京剧脸谱，看上去中国味十足。

相比国内车展吉利不被重视的情况，这次法兰克福国际汽车展却让李书福感到扬眉吐气。吉利汽车的展位面积将近300平米，设计师为了突出中国元素，还将展台以中国国花——红色牡丹为主视觉设计，吉利的模特身着京戏的扮相，更是让吉利的展厅充满了浓郁的中国味道。

吉利的参展轿车不仅车型顺洁流畅，且车体美观大方，吉利掌握的具有独立知识产权的电子助力转向系统、自动变速箱技术更是让其增色不少。而且，法兰克福展览会有限公司总裁很看好吉利汽车，因为他觉得在这个全球油价飙升的时刻，以代步为目的的购车族肯定会青睐这些配置精良的经济型吉利轿车。

在2004年，吉利轿车的年销量已经突破10万辆大关，排名全国产销量第8位，占轿车市场份额的4%。李书福还将近5000辆吉利轿车整车出口到30个国家和地区，占中国2003年轿车出口总量的一半。

李书福曾经提出过这样一个雄伟的计划："把三分之二的吉利汽车卖到国外去。"这次车展不仅是中国汽车品牌第一次参加享有盛誉的国际车展，也标志着李书福的吉利汽车开始走向世界。

吉利参加法兰克福车展后，我们有理由相信，他们出口的计划能够越走越快！

2007 年 5 月 1 日晚 10 点 14 分，发生了一起震惊汽车界的吉利"广告门"事件。CCTV 一套《晚间新闻》时段，插播了吉利首款中级商务家用轿车"远景"广告片，在这段广告片中，"远景"轿车经过一阵翻山越岭的技术展示，随后广告中高调喊出了该车型的 CVVT 发动机性能达到"国际先进，中国领先"的口号。

吉利的 CVVT 发动机性能真的达到"国际先进，中国领先"的水平了吗？这条广告语一出，真不亚于神舟上天，蛟龙入海。国内汽车行业为之沸腾了，怀疑者有之，攻讦者有之，赞扬者更有之。

吉利纵然可以生产发动机，但怎么可以说是"国际先进，中国领先"？这样的口气是不是有些夜郎自大、招摇过市之嫌？

李书福的吉利"远景"轿车在中央台做广告，可谓一波三折。一开始的时候，李书福派业务经理去央视办理广告业务，但"国际先进，中国领先"这样的广告词却遭到了央视的拒绝，央视工作人员给出的拒绝理由是：吉利的广告词带有排他性、唯一性，故此不能播出。

吉利的业务经理拿出了关于吉利 CVVT 发动机的省级鉴定书，央视的工作人员说："你们的广告词中既然有'中国领先'四个字，那就需要拿出国家级鉴定证书！"

需要国家级的鉴定书，那也难不倒李书福。吉利 CVVT 发动机凭实力想取得一张国家级的鉴定证书，那就是"一口气上五楼，连气都不用喘一口的小事儿"。CVVT-JL4G18 发动机是吉利历时五年，投资数亿才研发而成的发动机。此款发动机不仅应用了"连续可变气门正时系统"这一世界领先技术，而且缸体全铝，进气的歧管全部采用专业工程塑料。这一系列新技术的采用使其比铸铁缸体的发动机自重降下 30%，而功率却达到了 103 千瓦，与本田同款发动机的最高功率一致。

CVVT-JL4G18 发动机取得了国家级的鉴定证书后，吉利"国际先进，中国领先"的广告非常顺利地在中央台得以播出，国内的汽车消费者们也再一次认识了吉利自主研发、李书福肩扛民族品牌大旗，大步向世界先进的汽车科技奋勇直追的事实。

随后，吉利集团副总裁王自亮在厦门海峡西岸汽车博览会上，就"吉利广告门事件"阐明了吉利的态度，他指出：吉利在广告片中所宣传的"世界先进、中国领先"，完全是在用事实说话，不存在任何夸张成分……吉利的这则广告并不是针对哪家企业，更不是要挑起和哪家企业的争端，而是吉利战略转型的一次宣言、一个前奏，是要告诉世界，中国自主品牌汽车已开始掌握了核心竞争力，吉利正在走上一条牢握知识产权，用技术作为企业原动力引擎的创新发展之路。

人才，创订单教育

捧着一颗心来，不带半根草去。

——陶行知

　　吉利改变了管理方式之后，企业开始蓬勃发展。这时候，吉利最缺的就是人才，随着职业经理人的大批引进，技工队伍的建设就成了掣肘吉利发展的短板。李书福做出了一个决定，那就是办学。

　　吉利办学采取的是订单教育，即吉利和学校之间首先签订培养合同，学校按"合同"为企业生产特殊的"商品"——人才。这种独特的教育方法可谓新颖，但这种教育方法真的能为吉利培养出大批合格的人才吗？

　　打仗亲兄弟，上阵父子兵。这是国人笃信的一句名言。

　　李书福兄弟们将各自的资金集合起来，成立了一个家族式的企业，这种企业在创业初期，确实有着非同一般的市场竞争力。可是随着企业越做越大，到参与国内和国际竞争的时候，穿着"布鞋"的家族企业，可就有些跟不上穿着"钉子鞋"的市场经济大潮步伐了。

　　与其说做企业是市场的竞争，还不如说做企业是制度的竞争。

　　李书福的吉利越做越大，家族管理的弊病也越来越多。早期的吉利公司管理混乱，甚至吉利有多少分公司、有多少部门、有多少中层干部，都没有人说得清。随着吉利集团的发展，职责权限、考核奖金、岗位管理等等一些现代化企业所必须具备的规章制度，都和家族企业中的亲情管理产生了不可调和的矛盾。

　　为了尽早摆脱这种不利的局面，吉利决定丢掉手中家族管理的"长矛和鸟铳"，换上现代化管理的"机枪和大炮"。李书福以壮士断腕的决心，请来了两位吉利的新领导者：一位是徐刚，另一位是柏杨。

　　徐刚出生于 1961 年，大学毕业后曾任职于浙江省黄岩县财政局，因为工作出色，很快便升为副局长，1995 年进入浙江省财政厅，2000 年被任命为浙江省地税局总会计师，他是浙江省最年轻的副厅级干部。

　　徐刚"官方背景"浓厚，他并没有在任何一家企业任过职。可是现在世界企业的总裁，如奔驰、宝马等大公司等都选择有财务背景的人做高层管理。李书福也要与时俱进，他请徐刚来执掌吉利帅印，他相信徐刚定能让吉利摆脱旧管理体制的束缚。

　　李书福和徐刚二人是台州的老乡，徐刚在黄岩县任财政局长的时候就和李书福认识。徐刚虽然对白手起家的李书福非常佩服，但他当时一心仕途，对李书福邀请他到吉利任"总经理"婉言谢绝。

　　可是英雄爱慕英雄，两个人惺惺相惜，十年的交情确实非同一般。李书福经过不断的坚持和努力，终于在中国入驻 WTO 的前一天拿到了吉利轿车的生产许可证。随着吉利轿车在市场上卖得风生水起，吉利成为了国产汽车大公司。前途明朗后，李书福也终于有了邀请徐刚来公司任职的硬件条件。

　　2001 年秋，李书福找到徐刚，两个人进行了一番深谈，正是这场深谈让徐刚坚定了下海的念头。李徐二人的联袂合作可以用"十年苦恋，终成正果"来形容。徐刚郑重加盟吉利集团，李书福首先卸下了吉利集团总裁和首席执行官这两个职位，徐刚则挑起了这两副重担。

　　李书福放权之后，他由台前退到幕后，全力支持在吉利内部实行的一系列的改革。

新官上任三把火，徐刚上任后，首先烧了一把人事变革之火。他对集团的组织架构进行了大刀阔斧的变革，尤其是对企业的高管进行了翻天覆地的调整。公司一多半的高管都已换人，其中李书福的很多亲戚以及那些为吉利打江山的元老们，都先后退休离职，而空下来的岗位随后被一批懂业务、精管理、高学历的年轻人才取代。

第二把火是效益之火。徐刚上任之初，他曾经和李书福签有军令状，即在 2002 年力争使吉利车的销售跃上一个新台阶："销售 5 万辆汽车，盈利实现 2 个亿。"经过努力，这个目标不仅达到，而且吉利人已经从只会造汽车开始转变为造文化——为老百姓造好车的信念，已经开始融入到吉利人的血液之中，并落实到了行动之上。

当初瑞士曾经发生过这样一则有趣的故事：一位瑞士著名的钟表大师犯了法被关进了监狱，监狱的警察让他继续做钟表。大师出狱后惊奇地发现，他在监狱里做的表误差都比较大，而他在监狱外面制作的手表却只有非常小的误差。他反复思考，直到晚年才终于明白，他在监狱里制作手表的时候心情一直不好，故此制作的钟表才有了那么大的误差。

做汽车和制作手表一样，需要投注极大的热情。一个人只有在心情完全放松、愉快工作的时候，才可以做出性能优良的汽车。可见企业为钱造车相比企业为文化、为理想造车，所造出的汽车质量绝对不同。

第三把火是培养吉利集团所需人才之火。吉利公司一开始运营的时候，没有专门培养人才的机构，只有采取招聘和挖人的战术为公司补充人才。李书福的吉利公司是一家民企，一开始的时候银行的贷款没有他的份儿，企业运作的资金全部都得自己筹措。

故此，李书福对挖来的人才所能给的工资并不高。徐刚这样的集团总裁被李书福请到吉利后，他的工资一个月也就几千块的样子。有一次徐刚对李书福说工资不够花，想涨点工资，李书福告诉他，看看有多少，自己拿好了。

可实际的情况是，李书福为了吉利的将来，公司的盈利几乎都用到了吉利汽车的发展之上，账面上根本就没有多少富余的资金。徐刚身为集团总裁，哪能不知道吉利的困难，他也就放弃了涨工资的打算。

南阳，曾任上海大众汽车总经理，2003 年初，李书福把他从上汽集团挖了过来。南阳加入吉利后，李书福曾经这样向媒体解释南阳的重要性："南阳是中国汽车行业的领头羊，他是老大的头，不请他请谁呢。他是全中国最有资格提领导中国轿车的总经理。中国找不出第二个。我接触的人多了，吹大牛的不少，像他这种干实事的不多。"

吉利是一个工资不高的民企，怎么能像梧桐树一样招来这么多的金凤凰？而且这些国内的一流专家来到吉利集团后，全都不计得失地留了下来，并忘我地为吉利的发展开始了辛勤的工作。

究其原因只有一点，那就是李书福为这些人才提供了一片可以自由发挥的空间。原菲亚特动力科技公司中国区总裁沈辉加入吉利后，他曾经这样说："李书福是一个很能让下属放开手去做的领导者，可以给我很大的空间！"

财务总监尹大庆则讲得更直接："我不是为了钱而来，我是为这个事业而来，我是为了寻找一个能够体现中国人力量的地方，我相信凭着我的智慧和能力可以让吉利活得更好！"

华为公司一开始提倡的是"狼性文化"，鼓励员工们在商场上夺大单，抢业绩，像"狼"一样，在市场上杀出一条血路。而李书福对待人才却和华为公司大不一样，他将吉利的企业文化归结为"人性文化"：人性化神经管理，军事化高效执行。李书福的企业文化和瑞典的沃尔沃有共同之处，这也是吉利最终能够收购沃尔沃的一个很重要的原因。

李书福为了践行"人性文化"，也是做了很多到位的实际工作。李书福在开发踏板摩托之初，为了安置好招募来的专家和技术工人，投资4000多万首先划出了40多亩地，建起了专家楼。然后让2500多名专家和技工住了进去。

李书福的吉利轿车在市场上站稳脚跟后，他通过工资、奖金、物资补助和对公司的专家和高管以及优秀员工发放认购股权的方式，将他们的命运与企业的命运紧紧地联系到了一起。

1994年，李书福就提出了要在台州办一所大学的想法。可是他的想法没有得到政府的支持。李书福办学的目的很单纯，一是要为吉利培养专门的管理人才，二是这个大学要能盈利，至少他办的大学能够收支平衡，并能维持自身的良性发展。如果他办的大学最终能够促进国内教育的发展，那就更是一件他乐于见到的事情了。

1996年，李书福又打算和浙江一所高校联合办一所大学，可是当时的政策并不支持民办大学，故此，李书福的这次努力又一次化作了泡影。

李书福不会忘记，他建造"吉利一号"时，很多零件都是钣金工一榔头一榔头敲出来的，因为技师水平不高，故此吉利一号的质量也就有些"拿不上台面"，汽车产业是技术最为密集的产业，没有手艺精湛的技术工人怎么能造出质量上乘的好汽车？

　　李书福在浙江临海市郊征地 850 亩，建起了"吉利豪情汽车工业园区"，李书福在工业园中，没有最先修建厂房，而是建了六栋总建筑面积超过 4 万平方米的教学楼。这就是后来的吉利工商学校（即：浙江经济管理专修学院）。李书福为了建造吉利人才的蓄水池，他接下来，又一口气办了吉利技工学校、吉利中等专科学校。李书福有了这三所学校，就有了培养吉利专门人才的基地，后来，就在这三所学校的基础上，他又成立了吉利的教育中心。

　　1999 年，全国教育工作会议召开，这次会议纪要中有这样一段具有指导意义的话：现有教育资源还有很大潜力，社会力量也有办学的积极性。要在切实保证义务教育健康发展的同时，调整现有教育体系结构，扩大高中阶段教育和高等教育的规模，大力发展各级各类职业技术教育，拓宽人才成长的道路……

　　这次会议还做出了一个重大的决策：那就是鼓励社会力量办学。可是如何才能办好学校？李书福领着罗晓明坐飞机到美国去取经，他们首先在美国哈佛大学等世界名校考察。经过考察，李书福有了一个发现：只有开创自己的人才培养体系，才可以为企业提供源源不断的原动力！

　　李书福结束对美国名校的考察，在离开美国的时候，曾郑重地对罗晓明说：我们也要办中国的哈佛大学。

　　上海的工业最发达，李书福准备到上海办一所堂堂正正的大学。李书福和罗晓明正在紧锣密鼓筹划的时候，北京教工委书记、教委主任徐锡安得到李书福要办学的消息，他领着人先行一步来到了吉利集团，他们对吉利的职教学校办学的模式表示肯定，徐锡安考察完吉利的几所学校，诚挚地邀请李书福到北京去办学。

北京是我国的政治文化中心，其辐射的社会效应无与伦比，李书福与罗晓明觉得徐主任说得有理，要知道国内企业众多，每年的招聘会上凡是在北京读书的学生，毕业后就比一般城市的毕业生好找工作，原因很简单："北京"这两个字中，就有超高的含金量。

1999 年 11 月，李书福和北京市教育部门正式签署了一份创办北京吉利专修学院的协议，该学院位于北京昌平区马池口镇。学校背靠钟灵毓秀的北京西山山麓，风光秀丽、景色宜人。

2000 年 3 月 10 日，李书福亲赴昌平，参加了北京吉利专修学院在昌平的奠基礼。随后经过 10 个月的施工建设，在昌平 1000 多亩土地上，一座现代化的大学城拔地而起。2001 年，北京吉利专修学院正式升格为北京吉利大学；2014 年，北京吉利大学正式升格为本科院校，并更名北京吉利学院。

吉利学院这些年不断发展，目前已经拥有教职员工 2000 余人，各类全日制在校生一两万人。学校目前有汽车学院、商学院、管理学院、财经学院、理工学院、人文学院、设计学院、艺术学院、欧美国际学院等 9 所二级学院。

随着社会办学的兴起，以前全国大专院校固定的现象变成了现在的高校"遍地开花"。如何吸引生源，如何吸引应届毕业生报考吉利大学，如何使报考吉利大学的学生不用担心就业的问题，李书福在建校之初就提出了"311 就业导向教育模式"："3"是指 3 门以上通用知识与能力课程；第一个"1"是指专业能力课程，由"专业核心课程""先修课程"和"选修课程"组成；第二个"1"是指道德教育与素质训练课程。

王勃在他彪炳千古的名篇《滕王阁序》中，这样说过：穷且益坚，不坠青云之志。李书福为了帮助"寒门学子"完成学业，特意在北京吉利大学创办宏志班，宏志班第一届招收30多人。招生对象是延安、遵义等革命老区家境困难的大学生，学校不仅免除全部学费，而且住宿费也不用掏一分钱。

2005年，李书福还出资210万元设立"未来人才基金"，定向资助100名家境贫寒的学子，这些学子在吉利下属的学校完成学业后即可进入吉利集团工作。

李书福还和吉利大学的校长罗晓明做了一个约定：二十年二十强。也就是说，二十年之后，吉利要做到能排进前20强的高校。

心有多大，事业就有多大，李书福确实心存高远，要么不做，做就要做最好。这不仅是李书福的脾气，也是他的秉性。

吉利大学通过校企联合培养、企业订单培养、产学结合和实习实训等方式，与后来的沃尔沃汽车、万科集团、中国电信、联想集团、希尔顿集团、顺峰集团等100多家大中型企业合作，建立了校外实习实训及就业基地150个、校内实习实训基地和实验室近200个，为社会、为企业培养了大批符合市场需要的应用型人才。

吉利大学校长罗晓明在做一个访谈类的节目时，当主持人问及吉利大学的"大师工程"，罗晓明先讲了李书福董事长创办吉利大学的终极目的：是要创建一个国际化的新型的综合性大学，为了实现这个目标，特制定了三大工程，即：大楼工程，大思想工程，最后一个就是大师工程。

大楼工程指的是：吉利大学必须建设具有国际化水准的硬件。即投入5亿多元、总建筑面积近40万平方米的教学楼、阶梯教室群、实验大楼、一二号食堂、几十幢学生公寓，全部顺利通过了最具权威的北京市建设工程质量检测中心检测，并已投入正常的运营。

大思想工程就是："理论够用、实践为重、科技创新、人格本位"的吉利独特的教育理念，诠释了当代教育的主流思想，对素质教育进行了科学的融通、整合，形成了一个崭新的教育思想理论，极好地指引着吉利的办学实践。在 2002 年底，北京市民办高校教育教学综合测评中，吉利大学第一个通过 A 类学校办学资格。其中英商务管理、餐饮管理、审计学、会计学等专业通过率名列前茅，高达 90% 以上。

大师工程指的是：聘请在社会上有影响的大师担当吉利大学的教学任务。吉利大学现在聘有三个中科院的院士，有 15 个博导，有 100 多个专职教授，还有 300 多个来自清华、北大、人大等名校的教授、副教授等。

当谈及吉利大学如何培养实用性人才的问题时，罗晓明告诉主持人：

我们在办教育的时候，我们是充分体验到了企业需要怎样的人，学校需要培养怎样的人这样一个问题。因为吉利作为中国最大型的企业集团里面的前 500 强企业，是中国民营企业的前四强，所以这样一个企业对中国社会、对社会发展当中需要用什么样的人，我们有很清晰的了解。吉利在办学时，首先想到了一大批中国民企需要怎样的人才。所以我们在培养人的时候，更注重复合型人才的培养，更注重学生人格的完整、完善。因此，从吉利学校毕业的学生，应该说他的就业率基本上保持在 100%。

罗晓明对吉利大学的办学理念："理论够用，实践为重，科技创新，人格本位"。也有一番精彩的阐述：我们为什么提出这样 16 个字呢？我们认为中国以前的教育对于学生是理论教育，学生经常是高分低能，动手能力很差，实践性很弱，所以我们首先提出来理论是够用，这个够用就是说你所学到的理论是适合你所从事的工作，他们只要这部分理论你能够看到得到，更多时间分在实践上面……

改革开放之后，我们学生出国了，我们发现我们的学生到国外去考试考得很好，但是动手能力很差，因此我们国内主流教育媒体开展强调能力很重要，实际上过多地强调这种能力的教育或强调知识的教育，会使人的精神天平倾斜，对于人的培养是不利的，因此我们在知识本位、能力本位基础之上，吉利提出人格本位教育，这实际上推进了1995年哈佛大学教授所提出来的情商教育。把人格本位教育作为一个人最后取得成就的一个归结点。

现代的大学教育有一个很让人诟病的地方，那就是随着科技飞速发展，技术更新的周期越来越短。大学里所学的知识实际上已经跟不上社会发展的需求，大学生究竟是要在这种大学中学习"过时"的，或者根本用不上的知识，还是到更看重能力与综合素质的吉利大学中，经过按需培养学习一门有用的技术？罗晓明的一番话，已经很好地回答了这个问题。

2004年2月18日上午，海南人民政府和吉利集团通过接触，最后达成了在海口创办三亚学院项目合作框架协议，该项目由双方共同投资10亿元人民币，成立海南大学三亚学院。海南大学三亚学院位于三亚市古人类文化遗址落笔洞，依山近海，四季花开，景色优美，文化氛围相当的浓厚。

截至2013年，该学校总占地面积3000亩，建筑总面积50多万平方米，学校下设14个教学学院和1个教学部，开设了60个本科专业（含专业方向），覆盖法学、文学、经济学等学科，并形成在校生近两万人的办学规模。

人生办一件大事来，做一件大事去。这是陶行知先生的话，相信李书福办学的脚步不仅不会停止，而且会越走越快。培养学以致用的大学生，这不仅是对大学毕业即失业观点的颠覆，而且避免了大学生毕业后到社会上还得从头学起的巨大浪费。李书福办学的这种方式，对学生、对企业、对社会全都是好处可见，益处良多！

安全，克世界难题

当人们问及我哪一个进球是最精彩、漂亮的，我的回答是：下一个。

——贝利

购买一只足球队，然后为之冠名，其产生的社会效应绝对超过在电视台做广告。可是李书福趟进足球这条"浑水"之后，他才发现足球的"猫腻"太多，他真的不适合在这条河里"游泳"。

李书福迅速上岸，并随后掀起了一场足球的揭黑风暴。令人不快的"黑球"事件很快过去，李书福开始以更大的精力关注吉利车的安全。BMBS防爆胎系统被研发出来后，究竟效果如何，还是在试验场上见！

蹴鞠发端于我国，相传是黄帝为了训练士兵而发明的一种锻炼项目，因为蹴鞠运动有增强体质以适应军事需要的性质，故此在冷兵器时代很是流行。

2001年3月，吉利以1600万元的价格收购了广州太阳神足球队。随后，李书福便成立了广州吉利足球俱乐部。

吉利收购足球队的目的有二：其一，收购了该足球队，就有了这只足球队的冠名权，广州吉利足球队纵横赛场，吉利两个字会频频出现在各大媒体与电视机的荧屏之上。由于看球的观众多为男士，球迷和吉利轿车的目标客户高度叠合，故此，吉利收购足球队，通过比赛宣传可以省下一大笔广告费。

其二，全国不少城市都是以夏利车作为出租车，李书福收购广州的足球队，可以拉近和广州市政府的关系，如果广州的出租车选用吉利，这是李书福绝对乐观其成的事情。虽然第二点理由没有得到吉利公司的证实，但李书福作为一个车企老板，他岂能不想将自己的吉利车打入出租车市场？

2001年甲B联赛开始，李书福将吉利大学校长罗晓明调到广州，让他担任吉利足球队的"掌门"。可是面对"外行"李书福当足球队的老板，"书生"罗晓明当足球队经理的"不靠谱"领导班子，一位足坛资深人士曾经这样嘲笑地说："他们连怎么做裁判的工作都不知道，也想冲A？笑话！"

可是实力就是实力，广州吉利足球队的前几轮成绩不错。李书福也为之感到欢欣和鼓舞，可是甲B联赛进行到第六七轮时，有高人在暗中指点了罗晓明如何赢球的窍门，罗晓明急忙去找李书福，他告诉李书福想冲A的话，一定要给裁判送钱，不给裁判送钱是赢不了球的。

李书福一身硬气，看不惯歪门邪道，他认为想赢球就要凭着真本事，贿赂裁判算怎么一回事？李书福拒绝给裁判送钱的事情在坊间广为流传，但却没有得到吉利官方的证实，这个就更需要读者自辨真假了。

可是让人记忆犹新的是，在 2010 年，中国足坛反赌扫黑风暴进入高潮，南勇、杨一民、谢亚龙等足协高官和金哨陆俊、黄俊杰等人被警方依法逮捕……一片云，真的可以遮住整个太阳，可见足球黑哨之说，确实不是空穴来风。

多年来，中国职业足球联赛饱受赌球、假球和黑哨的困扰，根据一些知道内幕的消息灵通人士爆料，中国球员需要支付大笔钱才能进入国家足球队集训营，要想参加国际比赛，价码还要更高。资深体育评论员董路，曾经说过这样一句激奋的话：让子弹飞，让监狱满！

李书福曾经这样说过："吉利集团是带着'迷惘和希望'进入中国足球的，在我眼中，原来以为足球只不过是个踢来踢去的球这么简单，但介入不久就让我大吃一惊……"没有办法，李书福既然"玩"不了足球，他随后废止了赞助足球队三十年的打算，并宣布退出足球的计划。

不劲直，不能矫奸。李书福就是韩非子说的那种劲直，可以矫正奸佞的人，他胜要胜得轰轰烈烈，败也要败得磊落光明，窝窝囊囊的事，他岂能干？李书福宣布退出足球后，便向足球黑幕发起了反击。

2001 年 12 月 11 日，吉利发言人召开新闻发布会公开揭黑；向法院递诉状，状告中国足协。

12 月 14 日，绿城足球俱乐部也拍案而起，该俱乐部与吉利联手在杭州大曝足坛黑幕，随着国内 50 多家媒体争相报道，一场声势浩大的"反黑风潮"席卷中国足坛。

浙江电视台七位一线记者联袂出手，采访并撰写了吉利、绿城联手揭露足坛黑幕的纪实文学作品《黄牌、红牌——绿城、吉利反黑哨纪实》，并在 2002 年 2 月 7 日上午 10 点半，在杭州新华书店举行了隆重的首发仪式。

在这部书中，七位作者用翔实的笔调描写了李书福手握"正义之剑"，向足球黑哨发起进攻的全部过程。尽管吉利反黑哨进行得波澜壮阔，但那并不是吉利的"主业"，那只是李书福眼睛里不揉沙子的性格使然。

有句名言说得很好：人会长大三次。第一次是在发现自己不是世界中心的时候；第二次是在发现即使再怎么努力，对有些事终究无能为力的时候；第三次是在明知道有些事可能会无能为力，但还是会尽力争取的时候。

人活在世上，都会一点点地长大，如果肩膀窄，可以少承担一些责任；如果肩膀宽，那自然要多挑一些重担。李书福很明显属于后者。

李书福要造汽车，他要造"老百姓买得起的好车"，也要造更安全的汽车，吉利造车前方的路虽然曲折，但前途却一片光明。

2002 年 7 月，李书福接到了一份意义非比寻常的邀请函，给他发邀请函的是黄世霖教授。黄教授是中国汽车碰撞安全性研究的创始人，曾任清华大学汽车工程系教授、博士生导师，以及汽车碰撞试验室名誉主任。

这封邀请函的内容如下：请吉利轿车到清华大学的汽车碰撞试验

室，与一辆奔驰 S500L 轿车同台进行一场汽车碰撞实验。

我国 1998 年颁布了汽车被动安全强制性法规，按要求从 2000 年 1 月 1 日起，我国正式实施《关于正面碰撞乘员保护的设计规则》，对 9 坐以下的乘用车（M1 类）进行正面碰撞实验，而到 2002 年 7 月 1 日，所有正在中国市场上销售的新车都要进行碰撞实验，并要做到符合中国法规要求。

奔驰汽车的销售口号是"精益求精，永远领先"，奔驰公司也是一家对驾乘人员和汽车安全负责的国际性大公司。奔驰公司是世界上第一个进行安全气囊试验的汽车公司，1992 年，奔驰公司第 100 万辆安装安全气囊的轿车下线。

李书福的吉利车从诞生到 2002 年也就有六七年的光景，如果用读书的年龄作比喻，吉利仅仅小学毕业，而奔驰公司造车的岁数算起来恐怕都能念好几个博士后了。

吉利和奔驰的技术积累没有可比性。吉利和奔驰的公司规模也没有可比性。让吉利和奔驰两台车在清华大学同台进行碰撞实验，很多人都觉得这是一件绝对不能答应的事情。

可是李书福偏偏就答应了，因为他觉得，战死沙场虽败犹荣，可是被强敌吓死却是一件可耻的事情！李书福的胆气和魄力，真的不输任何一家国外的大公司。

但是让吉利和奔驰两台车同台碰撞，前者是不是会输得很惨？

吉利发言人当即掷地有声地向媒体表示："我们不怕风险，失败也没关系，没有失败也就没有成功！"

到清华大学参加碰撞的是一款吉利美日轿车，售价 5 万元多一点，灵巧的车身有一种窈窕的感觉。而奔驰公司参加碰撞的 S500L

轿车售价接近百万，不仅雍容而且华贵。两辆车排在一起，前者纤巧秀丽，后者高大威猛。两辆车略一比较，真有一种"兔子"站在"老虎"面前的感觉。

吉利和奔驰，今日到清华大学参加碰撞实验，它们各自都开创了一个"第一"。奔驰是第一个在中国进行碰撞试验的进口车，而吉利美日装有双气囊，它是第一个进行碰撞试验的国产车。

实验开始，那辆黄色的奔驰 S500L 轿车最先出场，这辆车的前座坐着两个假人，假人的身上缠满电线，电线的顶端还装有不少传感器，这些传感器可以记录奔驰车撞到障碍墙时的瞬间震动和压力的数据。

随着一阵电铃声响起，奔驰车以每小时 40 公里的速度，向障碍墙猛地撞了过去，随着"砰"的一声响，奔驰前挡风玻璃断裂，前脸变形，但两个车门还能正常开启。奔驰车的前气囊弹起后，前车座上坐着的两个假人全都被气囊包裹了起来。可见奔驰车的安全性确实是挺高的。

随后，奔驰车的同台竞技对手吉利美日轿车正式登场，用李书福的话说："光脚不怕穿鞋的，吉利轿车虽然车龄轻轻，但却敢于在清华大学和奔驰车亮剑！"

吉利车随后以与奔驰车相同的速度撞向了实验用的障碍墙，随着"嘭"的一声闷响，吉利车车窗局部震碎，双气囊一起弹开，吉利车上坐着的假人也是完全被气囊保护了起来，吉利车经过碰撞后，车门开启自由，完全符合汽车安全的要求。

黄世霖教授一开始准备让国产品牌红旗登台，让红旗和奔驰一起"PK"，进行这场撞击实验。可是出于保护国产第一汽车品牌的考虑，吉利最后取代了和奔驰车 PK 的位置。

狭路相逢，吉利敢于向奔驰出招，不管胜负，吉利不畏强手的精神确实是令人钦佩。

交通事故猛如虎，根据 2006 年全国交通部门的统计，这一年之中，共发生道路交通事故 378781 起，造成 89455 人死亡、431139 人受伤，是矿难等事故伤亡人数的十余倍，直接财产损失，竟高达 14.9 亿元。

中国道路交通中，有三大危及车辆行驶安全的杀手：爆胎、疲劳驾驶和超速行驶。而在高速公路意外伤亡榜单中，头号杀手一直被爆胎牢牢占据着。当夏季来临，城市中气温已能达到 40℃ 以上，路面温度更能达到 70 至 80℃ 以上。如此高温对车辆轮胎是一种巨大的考验，轮胎很可能因各种原因承受不住高温发生爆胎。汽车在高速行驶时突然爆胎，很多司机根本就来不及处理，危险便会发生了。

2000 年 11 月 1 日，美国公路交通安全局为了减少因为爆胎事故而引发的交通事故，要求所有在美国销售的汽车都必须安装"轮胎压力监视系统（TPMS）"，这套系统可以通过对汽车轮胎气压突然降低的监控，给予驾驶员及时的危险警报，但这套系统却存在着一个最大的缺陷，那就是汽车一旦爆胎，这套系统无法帮助驾驶者规避危险，只是将爆胎的危险性降低了一些而已。

如何规避爆胎的危险一直是汽车业内的一大难题，这个曾经让西方专家伤透了脑筋的难题却被吉利的工程师完美地解决了。

吉利拥有完全知识产权的爆胎监测与安全控制系统（BMBS），该系统研制成功完全得益于一个并不懂汽车制造的律师。这位律师有一次坐车出门，在高速公路上便遭遇到了爆胎事故。

出事的车辆中死伤多人，这位律师只是负了轻伤，事后，他问开车的司机，这样的事故不能避免吗？那位司机回答他，爆胎是世界难题，别说在中国，在世界上都无法解决。

这位律师用了几年时间，终于研究出一套汽车遭遇爆胎后，BMBS 自动接管车辆代替驾驶员实施行车制动，从而达到降低和化解爆胎风险目的的系统。这套系统问世之后，这名律师走遍了全国好几个大型的汽车制造厂，可是他的发明却遭到了冷遇，最后，一位工程师领着这名律师见到了李书福。

李书福相中了这套系统后，便花高价将其买断，然后再用几千万元"敢为天下先"地将其研发了出来。

经过实验证明，BMBS 不仅具有 TPMS 产品的全部功能，而且还具有 TPMS 产品所没有的功能：汽车爆胎后，由 BMBS 系统接管车辆，对爆胎后的汽车实施制动减速，最后让驾驶员规避危险，并能将汽车安全停稳。

中国爆胎自救技术被研制出来后，吉利的工作人员为了检测其效果，首先在南山区科技园封闭的白石公路上做了轮胎自爆实验。一辆以 155 公里时速疾驰的轿车车轮上，安装了一枚雷管，随着一声爆炸，飞驰的轿车在 BMBS 的保护下，有惊无险地迅速减速，最后平稳地停了下来，地上只留下了一条黑色的爆损轮胎留下的压痕。BMBS 系统的开发成功，让观看爆胎实验的记者和观众们欢欣鼓舞。

要知道，国内汽车品牌之所以发展缓慢，不重视核心技术研究应该是一个重要的原因，而吉利 BMBS 系统的开发让国内汽车实现了在这一领域的技术领先。中华民族是世界上最聪明的民族，只要我们意识到自身存在的问题，并重视它，研究它，就一定能逐步缩短和世界最先进的跨国汽车公司品牌的差距。

李书福为了让 BMBS 系统在国内迅速普及，他针对高速公路汽车爆胎造成的交通事故保险公司不予理赔的窘境，专门找到了大地保险公司合作，特别为搭载 BMBS 系统的车型定制了专项爆胎伤亡险。最高保额为每人 30 万元，每车 150 万元，保险责任期为二年。

BMBS 技术自问世起，不仅入选世界汽车主动安全十大事件，还获得了中国发明专利，以及美国底特律车展发明创新和实践特别贡献大奖，是世界上唯一受专利保护的汽车类主动防御技术。

桂林安金公司作为 BMBS 发明专利唯一实施许可人，负责生产和销售 BMBS 发明专利技术产品，而这款商品名被定为：爆胎无忧。

2009 年 5 月 13 日 9 时许，桂林安金公司接到解放军某部驾驶员现场电话，告知其驾驶的军车在执行任务途中发生右后轮爆胎事件，该驾驶员提供的情况表明爆胎事件发生时汽车正行驶在南抚高速公路上，军车以 120km/h 的时速行驶，车上除驾驶员外，尚有同行首长两人。军车在爆胎无忧帮助下安全制动减速，毫无悬念地化解了"车毁人亡"的危险。

桂林安金公司的网站还介绍了发生在 2010 年 4 月 26 日上午 11 时的一场爆胎"事故"：湖南长永高速公路一辆别克商务轿车右前轮突然爆胎，所幸该车装备了爆胎无忧（BMBS）系统，该车爆胎后迅即平稳减速，化解了一起爆胎可能引发的灾难事故。这是桂林安金测控技术有限公司爆胎无忧产品拯救生命的实例。

爆胎无忧确实可以在汽车发生爆胎时，最大限度地保护驾驶者的安全。而且吉利汽车的安全技术运用，这些年也是取得了长足的进步，以全球鹰 GX7 为例，随着车身高强度钢的运用，以及吉利研究院对车身碰撞能量分布和散失情况进行了毫秒级的反复计算，终于使安全气囊的起爆时间处于最佳的状态。这些高科技的应用最终使 GX7 在继熊猫、帝豪 EC7 获安全五星级的加冕之后，以 50.3 分在 C-NCAP 的碰撞测试中获得超五星安全的桂冠。吉利全球鹰 GX7 力压同期做实验的 15 款国产和合资车型，成为当期状元，成绩位列 C-NCAP 有史以来验证过的 172 款车型中的第四。

美国著名质量管理学家约瑟夫朱兰博士曾经发出这样的疾呼：20 世纪是生产率的世纪，21 世纪是质量的世纪，质量是和平占领市场最有效的武器。

全球鹰 GX7 在 C-NCAP 实验室中取得的如此佳绩，这对于售价仅十几万的车型来说实属不易。可是聪明的吉利人却办到了。明天，明天的明天，吉利又能给我们带来什么惊喜？

第六章
击楫中流：布局谋发展

永远不要问理发师你是否需要理发。

——巴菲特

　　一个公司想要上市，首先必须壮大自己。李书福和韩国的大宇公司合作，生产出自己的拳头产品吉利自由舰，然后借国润控股之壳，在香港上市成功。吉利集团香港上市的成功，让李书福获得宽广的融资渠道，随后，李书福斥资收购了英国的锰铜出租车公司，接着又并购了澳大利亚的 DSI 自动变速器公司。

　　李书福收购锰铜出租车公司，让他获得了在国外正式上市的机会；并购 DSI 自动变速器公司成功，促使吉利自动变速器的生产有待以突飞猛进。

　　随着 2008 年世界经济危机的爆发，美国福特公司为了摆脱倒闭的命运，做出了抛售沃尔沃的计划，李书福闻讯后，急忙开始了布局，他将沃尔沃的前任董事长请到了吉利，让他参观吉利的同时，李书福还和与他交上了朋友。

上市，华丽的转型

总有一天，外国人会像烧中国鞋一样砸中国车，因为中国车太物美价廉了。

——李书福

为了吉利，李书福可谓费尽心力，为了和韩国大宇合作开发一款新车型，李书福竟将厂子押给了银行。吉利自由舰开发成功后，李书福这才用卖车的钱从银行赎回了吉利的厂房和地皮。

吉利收购罗孚意外搁浅，可是东隅已逝，桑榆未晚，英国锰铜却被李书福纳入囊中。李书福借壳上市，筹集来大批的资金。但他花360万能够征集来一个"响当当"的车标吗？《宁波宣言》后不久，李书福更是强势摘掉了"低档车"的帽子，准备进行转型，然而正值世界金融危机，在这样一个关键时刻，李书福能否化险为夷、华丽转型？

吉利集团总部设在杭州，经过多年的发展，目前该集团在浙江宁波、临海、路桥、上海、兰州、湘潭等地建有六个汽车整车和动力总成制造基地，吉利拥自由舰、吉利金刚、吉利远景、上海华普、美人豹等八大系列 30 多个整车品种产品，并有年产 30 万辆整车、30 万台发动机的生产能力。吉利还成为中国轿车行业为数不多的集发动机、变速器，实现自产自给的企业，并且拥有上述产品的完全知识产权。

　　吉利一开始的时候，只有豪情、美日和优利欧这三种车型。因为当时技术积累不够，故此车厢的密闭也做得不好，以至于开车的司机"晴天一车土，雨天一车泥"，甚至在河南商丘，还出现了数十名吉利出租车司机一起投诉吉利车车身某处焊接不牢的毛病。当时吉利公司销售部门得到消息，他们急司机师傅之所急，想司机师傅之所想，总经理杨健率领车身厂的厂长以及技术科的工作人员急赴商丘。他们发现，焊接不牢的直接原因是因为有氧焊接，焊接部位的零件遇热受到了氧化，故此会复焊复裂。他们用二氧化碳保护焊机，很快便解决了商丘这次"出租门"事件。

　　质量不行，一切为空。吉利不惜下血本引进高精尖人才，他们在提高技工技术水平的同时，还重金购买了检测发动机、变速器、制动系统等的 136 套进口设备。

　　随着电焊机器人、喷涂机器人、自动打胶系统和智能拧紧机的大批量使用，吉利造车的速度也是明显提高，比如临海汽车制造厂，他们在两分钟内便可生产一台吉利熊猫汽车。

　　不登高山，不知天之高也；不临深溪，不知地之厚也。吉利实力在手，对于记者的采访更是欢迎。这一年，来自韩国、印度、巴基斯坦、新加坡、泰国、印度尼西亚、菲律宾等亚洲 11 个国家的媒体记者实地考察了吉利宁波基地，他们发现在吉利纤尘不染的生产车间中，以 2000T 压力机组成的全自动冲压线正在紧张有序地工作着，而中间传递过程则由机械手完成，而日本富士机电生产的模具可以最大限度地保证高质量的车身冲压件精准地完成。

车身冲压阶段完成之后，这些冲压散件便随着生产线进入到车架焊装区。这里的生产线采用10台瑞典ABB点焊机器人，机器人精准地完成本条线上778个焊点中668个关键焊点，其余的一百多个焊点则由人工操作完成。焊接完成后，经过车身总成检测之后，车身进入自动喷涂线，喷涂工作完毕后，便开始进入到了总装车间。吉利总装车间的自动化程度很高，其助力机械手用于车门拆卸、仪表板装配、轮胎安装等部件安装时的搬运工作，而操作人员对部件的安装工作进行仔细复查，从而确保产品的精准度与高质量。

吉利车间中引进了很多世界先进的汽车制造机械设备，比如瑞典ABB玻璃涂胶机器人，可以确保玻璃涂胶均匀一致；而多方位淋雨检测线可以让吉利车滴水不漏。吉利的工厂还采用意大利海克斯康公司制作的双悬臂式三坐标测量仪，该仪器主要用于检测每一台车的406个关键点；而从韩国晓进公司引进的整车综合检具，可对整车内、外饰件及四门两盖进行匹配验证，以确保产品的标准性和一致性。

记者们依次参观了汽车的冲压、焊装、总装三个车间，高自动化的装配车间，科学的流水线作业，人性化的作业场所，标准的5S管理体系，他们对吉利人的"沟通、协作、敬业、创造"精神有了一次从感性到理性的认识。参观完吉利的宁波基地，这些记者对吉利"造最安全、最环保、最节能的汽车，让吉利汽车走遍全世界"的企业使命充满敬意，相信吉利的明天一定会在车之征途上走得更远。

　　吉利想要走得更远，缺少资金支持不行。李书福一开始的时候，为了企业的发展用的是"老板工程"，2001 年 12 月 1 日，吉利拿到了汽车生产许可证，李书福的造车事业走上正轨后，他终于能拿到银行的贷款了。

　　李书福第一笔向银行贷款的金额是两千万，他用这笔钱采购了一条发动机生产线，正是这条"及时雨"般的生产线让吉利摆脱了依赖丰田发动机的囧境。

　　李书福走出家族管理体制的羁绊后，准备开发一款新车型。吉利在中国机床总公司的撮合下，李书福和韩国大宇公司达成了合作的协议。但首期 CK-1 项目就涉及金额 3000 多万美元。

　　CK-1 项目是韩国大宇汽车前副总裁沈奉燮与吉利合作主持开发的第一辆车，也是吉利汽车第一辆有中外合作背景的全新车型。李书福当时对外界透露：CK-1 新车的价格绝对低得"超乎市场想象"。

　　李书福为了筹措这笔庞大的资金，将所有厂房和土地抵押了出去，筹得巨款，然后开始向韩国大宇公司购买设备。经过一段时间的开发，吉利自由舰终于在宁波北仑汽车基地问世，吉利自由舰上市伊始，便卖出了 6.98 万元的低价。

　　在当时，国内资深的车评人曾对自由舰这款车有这样溢美的评价：在 7 万元这个档次中，自由舰绝对是车中的"老大"，这款车的性价比甚至超过了 10 万多元紧凑级的轿车。

　　李书福靠着这款自由舰的热卖，迅速在市场上回笼了大批资金，然后赎回了抵押出去的厂房和土地。这次和大宇公司的合作，吉利不仅锻炼了队伍，而且学来了相关的开发新车型的技术，使吉利车族中又增添了一款拳头产品吉利自由舰。

2005 年 8 月中旬，根据《四川在线》的消息：车主张先生驾驶着吉利自由舰途经险道、碎路与荒漠戈壁，终于成功登上了海拔 5217 米的珠峰大本营，自由舰这次登峰只是该车万里试驾探险活动的一部分。据珠峰旅游管理分局的负责人介绍，这次活动的圆满成功使得自由舰成为了登上珠峰大本营的第一辆轿车。他解释说，由于珠峰大本营附近严重缺氧，又加上道路崎岖不平，除了一些越野车，从来就没有轿车敢挑战珠峰大本营。

珠峰大本营空气稀薄，这对吉利自由舰是一种非常严苛的考验，自由舰的性能不容置疑，该车登上珠峰大本营也代表着国产轿车的质量提升到了一个相当的高度。

2002 年，报纸上披露的一则消息，再度让李书福的吉利成了媒体的焦点，吉利竟要收购英国罗孚汽车。

英国是个老牌的工业国家，昔日工业的辉煌使之催生了很多迄今仍赫赫有名的车厂和品牌，诸如捷豹、迷你、本特利、劳斯莱斯、沃克斯豪尔和英国汽车工业最后的幸存者罗孚（MG-ROVER）。

1904 年世界上第一辆拥有中央底盘的 8 马力汽车在罗孚公司诞生。罗孚公司经过近百年的发展可谓起落沉浮，中间曾经数度易手。1994 年，罗孚汽车集团被宝马汽车以 8 亿英镑接手，到 1998 年底，罗孚带给宝马的亏损超过 30 亿美元，成为了宝马公司最大的累赘。

欧洲汽车业的衰退，伴随着中国汽车业的崛起。2004 年 6 月，上汽与濒临绝境的罗孚签订了意向性合作协议。可是一年后，上汽和罗孚双方谈判破裂，罗孚宣布破产。

上汽和罗孚双方谈判"无疾而终"后，李书福出现了，经过和罗孚公司接触，他阐明了想要购买该公司的意愿。李书福真正相中的并非罗孚公司，而是该公司的发动机等一些成熟的技术，当然，吉利对罗孚的不良资产一点都不感兴趣。可是罗孚公司方面，却不想将发动机等技术和不良资产拆开了卖，罗孚与上汽谈判破裂后，精明的李书福自然不会给罗孚开出高价。虽然李书福做了不少的准备，罗孚公司也有认可李书福这个买主的迹象，但是 2005 年 7 月 22 日，中国南汽最终以 5000 万英镑收购了罗孚、MG、以及其发动机供应商 Powertrain。

罗孚的英文名字是 MG-ROVER，其后为了拓展越野车市场，创建了第二品牌 Land Rover，意为陆地领航者，中文音译路虎。

当年的宝马收购罗孚是为了恢复罗孚的高档品牌价值，可是他却给宝马带来了一连串的亏损，于是宝马把罗孚和路虎转给了福特，福特遭遇到经济危机后，将罗孚卖给了南汽，将路虎转给了印度塔塔。

李书福想要收购罗孚，可以视为民企收购国外汽车品牌的一次预演，虽然没有收购成功，但民企收购老牌的国外汽车品牌，其意义绝对不可估量。李书福收购外国公司的意向，也使吉利产生了额外的溢价效应。

李书福收购罗孚意外搁浅，当然有其更深一层的原因：吉利汽车走得是微利的销售路线，以李书福一年 10 万辆吉利车的销售业绩，所赚取的纯利应该在 2 亿元左右，李书福已经花费了一大笔钱收购吉利汽车股份，接着又宣布斥资 5 亿元在马来西亚建立吉利汽车海外基地。吉利当时手中的周转资金确实有些吃紧。

尽管罗孚的"英国血统"纯正，但李书福兜里的钱包有些"瘪"，他也只能打住了和罗孚公司"联姻"的念头，因为他目前还有一件更重要的事情要干，那就是借壳上市，让吉利不再为"金钱"发愁。

关于借壳上市这一名词的解释是：一间私人公司（Private Company）通过把资产注入一间市值较低的已上市公司（壳，Shell），得到该公司一定程度的控股权，利用其上市公司的地位使母公司的资产得以上市。通常到最后，该壳公司会被改名。

吉利集团CEO徐刚曾经这样说过，吉利到2005年需要8亿元至10亿元扩张资金。而2002年汽车销售为集团带来的利润仅为6000余万元。很显然，吉利单靠自身的资金发展不仅缓慢而且困难，上市，只有借壳上市，才能最快地打开融资渠道，筹措到企业发展的大笔资金，吉利汽车才能更快一步地参与汽车市场的竞争并领先一步，取得最后的胜利。

李书福如何借壳上市，这是一个问题。为了达成上市的目的，李书福首先打上了全柴的主意。全柴动机（600218）当时的股本为2.8340亿股，它是国内主要生产小型发动机的企业之一，全柴绝对是一只可以让吉利上市的好壳。李书福和安徽全柴集团有限责任公司接触后，双方相谈甚欢，也都有了合资建立股份公司的意向，可在最后签字的关键性时刻，当地官方的一纸文件让李书福借助全柴之壳上市的计划彻底"泡汤"了。

当地政府有自己的"小算盘"：肥水不流外人田。他们想让本省的汽车企业和全柴进行重组，共谋发展。李书福失意皖地，后来他又试图收购国内的上市公司西北化工，可是这项收购案也因为其他的原因，不了了之。

天无绝人之路，国内既然无法让吉利达成目标，那就去香港上市。李书福经过一番不声不响的操作，吉利汽车终于借国润控股之壳跨进了香港联交所的大门，李书福间接在国润控股成功，随后，张喆出任了国润董事 CFO。

吉利汽车在香港借壳上市，除了解决资金问题外，还有一个原因是，民营企业在国内的融资渠道不畅通，而按照现行的政策，吉利在香港上市后能够获得政府很多额外的优惠政策。

根据一些文件显示，李书福通过与香港主板上市公司国润控股建立合营企业的方式，首先解决了吉利想要发展所需资金的问题。只有活下去，吉利将来才有更好的机会。李书福卧薪尝胆，锲而不舍，这才能让吉利创造了诸多的奇迹。

果然 3 年之后，一个让吉利在国际主流资本市场正规上市的机会来了。总部位于英国考文垂的锰铜公司要出售。

英国锰铜的全名叫英国锰铜控股有限公司，成立于 1899 年，主业为出租汽车的生产和营销。英国早在 1688 年"光荣革命"就确立了英国君主立宪政体，且英国工业革命在世界各国中完成得最早，故此机械制造业也最为发达。英国锰铜背靠英国工业体系的大树，不仅有其独到的造车技术，造汽车的工艺也很精湛。

去英国的游客都对当地的"三红一黑"有着深刻印象，即大巴、邮筒和电话亭为红色；而伦敦的出租车全部为黑色。锰铜生产的出租车有两大优点：一是使用寿命长，可以达到 160 万公里，而国内一般的出租车寿命一般在 50 万公里；二是后排空间宽敞，一共可以乘坐 6 人，且设有方便残疾人坐轮椅乘降的特殊功能，被伦敦人亲切地称为"Black Taxi（黑色出租）"。后来，李书福为了照顾国人的欣赏习惯，这款车对外宣传就被叫做了"经典出租车"。

英国锰铜一开始的时候是生产轮船螺旋桨推进器的公司。30 多年前，它收购了英国经典出租车的车身制造商 Carbodies 公司，成为了该出租车的制造者。英国的"经典出租车"质量好是它的优点，而且还享有世界上独一无二的著名小转圈技术，该技术能适应各种狭小路面和闹市街头。但同时它也是一家小型的出租车制造公司，面对奔驰、日产等国际大公司的竞争，他们就显得有些还手无力了，再加上英国人工价格高昂、宣传不给力、销售不畅通等原因，该车就渐渐地失去了市场的主导地位。

2006 年上半年，英国锰铜在英国本土只销售了 1106 辆"经典出租车"，面对日益紧迫的形势，英国锰铜只得另寻出路，并向中国风风火火的汽车生产企业抛出了橄榄枝。

李书福对锰铜公司递过来的橄榄枝很感兴趣，但他表面上还是未动声色，他首先对这家英国公司的背景和盈亏情况展开了调查。调查显示：截至 2006 年 7 月 31 日，锰铜总资产折合 9 亿港元，税前利润 5503 万港元，虽然利润不算高，但英国锰铜至少是一家不赔钱的汽车公司。

一开始的时候，最早和英国锰铜接触的是华晨汽车和蓝星集团，可是这两家购买锰铜的计划都没有实现。这时候吉利横空出世，经过 5 个月的艰苦的谈判，2006 年 10 月，吉利宣布将与英国锰铜控股在中国上海组建新合资公司，以生产锰铜新开发的 TX4 型出租车。与此同时，英国锰铜控股将以每股 2.5 英镑的价格向吉利汽车（0175HK）定向发行 30% 新普通股股份，以换取新合资公司 48% 权益。有关交易完成后，吉利汽车将占英国锰铜控股扩大股本的 23%，并成为第一大股东。按照协议的表述，吉利汽车将在合资中占 51% 的股份，华普汽车占 1%，英国锰铜控股占 48%。

李书福成功入主锰铜后，他做了如下表示：伦敦出租车"从表面上看是一辆汽车，其实是一整套服务系统"。这一整套服务体系对吉利汽车来说是非常具有实用价值的。而且锰铜"经典出租车"的品牌在全球也是独一无二的，这对于正在走向世界的吉利非常有好处。

李书福在访问伦敦期间，拜访了伦敦市长鲍里斯·约翰逊，双方进行了亲切的交谈。鲍里斯·约翰逊还表示："非常欣慰吉利控股成功地确保了伦敦出租车公司的未来，使这个世界著名的无障碍出租车得以继续生产，伦敦城市和英国文化的标志得以保留。黑色出租车的未来保住了。"

在李书福购买英国锰铜之时，这款"经典出租车"一辆售价是两万英镑。面对世界油价持续飙升的局面，该出租车的高油耗很是问题，始终是让出租车司机诟病英国锰铜的地方。

李书福告诉伦敦市长鲍里斯·约翰逊，随着吉利便宜的人工以及新技术在"经典出租车"上的使用，这款出租车的价格不仅能降下来，而且油耗也会降低，总之，"经典出租车"的明天一定会更好。

2012年8月13日，第30届伦敦奥运会闭幕式在伦敦碗隆重举行，当初的辣妹组合重新聚首，让广大歌迷们再次听见了她们最具感染力的声音。当辣妹们所乘的五辆吉利英伦TX4（经过李书福改造的英国经典出租车）汽车驶向舞台中央时，全场为之沸腾。

要知道，让昔日的辣妹组合和伦敦经典出租车共舞，绝非商业炒作，辣妹组合和伦敦的经典出租车，同属英国文化经典的象征，这一次组合亮相，也是向世人展示英国文化和工业的源远灿烂，辉煌共享。

在场的海内外华人无比兴奋，他们高举双手，纵情欢呼，昔日的中国路上跑得都是合资的外国车，今日吉利英伦 TX4 车竟能开到伦敦奥运会闭幕式之上，这是一件多么令人自豪的事情啊！

伦敦黑色出租车，在英国已有上百年的历史，曾多次被英国女皇当成御用座驾，它与大本钟、双层巴士一起成为伦敦城市的三大标志，它是伦敦人引以为豪的城市名片。而李书福今日，又在这张伦敦的城市名片上镀上了一道中国式的金镶边，吉利英伦 TX4 让人有理由相信，它的经典传奇还将会在明日继续。

对于吉利来说，李书福这次跨国收购，没有像收购罗孚公司一样，让自己得到技术的同时，也得到一身负资产，而是在获得该公司先进技术的同时，还得到了另一份收获。锰铜不仅是一家盈利的企业，还是伦敦证券交易所的上市公司，吉利将其收入囊中，就等于英国资本市场对中国企业敞开了怀抱，吉利在国外融资的前景一片光明。

2007 年 5 月 18 日，吉利远景汽车经销商在宁波召开会议，会议结束后，与会者向外界联合发布了《宁波宣言》：

……在经过 8 个月吉利远景汽车的营销实践后，我们切身感受到吉利远景汽车品质提升速度之快、技术水平之高，切身感受到吉利汽车公司对商家的真诚友好、对用户的高度负责、对自身的严格要求。我们一致认为：中国吉利汽车公司是值得我们信赖的，受社会尊重的，且完全可以在激烈的全球汽车工业竞争中不断取得新的竞争优势的企业，一定能够为中国汽车工业的发展带来更大希望。

……我们全体吉利远景经销商一致赞同吉利汽车公司"造老百姓买得起的好车，让吉利汽车走遍全世界"的崇高使命，我们坚决支持、积极响应，并为之而不懈奋斗！

《宁波宣言》发表后不久，李书福也制定了"为了一个美丽的追求，我们要抛弃最初寒酸、落后的形象"的最新吉利发展指导方针，即 4 万元以下的汽车，吉利将不造了。随后，吉利开始了充满风险的汽车转型工作，随着吉利美日、优利欧以及豪情在内的老三样车型停产，原有的设备和模具也全部淘汰。

很显然，李书福准备摘帽，他要将吉利那顶"低档车"的帽子彻底丢掉。

日本经济界的领军人物土光敏夫，曾经这样给做企业的后辈谆谆叮嘱：企业的出路在于产品更新换代。随后不久，吉利的轿车被新三样"自由舰、金刚和远景"垂直切换。国外一个经济学家曾经这样说过：一个企业最危险的时候，就是在转型的时候。因为一旦转不好，很有可能一败涂地，吉利这次转型所处的时间点非常不好，正好赶上世界金融风暴，但李书福还是凭着自己超常的胆略，转得干净，转得彻底，转得漂亮。

转型后的吉利销售额不仅没有掉，还比前年有了增长，事实表明，吉利的转型是成功的。

吉利在 1997 年进入汽车制造领域以来，凭借不懈的努力，快速成长为中国经济型轿车的主力品牌，2003 年企业经营规模列全国 500 强第 331 位。吉利凭借着卓尔不群的表现，被评为"中国汽车工业 50 年发展速度最快、成长最好"的企业之一，并成功跻身中国国内汽车制造企业"3＋6"主流格局。

中国汽车 3＋6 格局是指：一汽、东风、上海三大集团加上广州本田、重庆长安、安徽奇瑞、沈阳华晨、南京菲亚特、浙江吉利六个独立骨干轿车企业，这九家生产汽车的企业生产的轿车占中国轿车生产的九成。

2007 年 1 月 9 日，中国汽车自主品牌代表吉利控股集团设立 360 万元专项基金，向全球广发英雄帖，征集新车标设计图案，其中"大师奖" 1 名，200 万元人民币作为车标设计的冠军奖金；"吉利奖" 10 名，奖吉利远景轿车一辆；"入围奖" 100 名；慧眼奖 300 名。

吉利征集新车车标的消息一出，不仅媒体一片沸腾，汽车业也是一片震惊。李书福太厉害了，如果去中央台做一次广告，就是几千万上亿的资金，他只用 360 万，不仅为吉利做了一次具有轰动效应的广告宣传，而且还能得到一个新车标，值、合算，李书福真的很会做生意！

但他们没有想到，李书福全球征集车标，却还有更深一层的用意。吉利六个六的老车标已经沿用了多年。目前，吉利车在国内立住脚跟后开始走向国际，吉利车想要参与国际汽车业的竞争，不仅要有新车型、新技术，而且还要有新车标。

国外企业家有句名言：没有战略的企业就像一艘没有舵的船，只会在原地转圈。吉利通过全球征集车标，也是想让更多的人关心吉利车的发展，为吉利进军国际汽车市场预热。吉利汽车从简陋的作坊中走出，长大成一个初具规模的现代化企业集团，吉利处在"造老百姓买得起得好车"到"让吉利汽车走遍全世界"的关键时刻。无疑，此次全球征集新车标的行动，就是其国际化品牌战略的先行官和探路者。

吉利此次征集新车标也提出了严格的要求，那就是新车标一定要具有标识性、艺术性、实用性等特点。该车标不仅要能体现吉利控股集团的企业理念和企业精神，还要能诠释吉利控股集团打造中华民族百年汽车基业的愿景，更要能折射吉利汽车的品质、技术和工艺水平。吉利的新车标还要鲜明易于记忆，与现有车标有一定继承性，而且还要便于生产和制作。

此次全球征集车标的评审采用专家和大众评审（短信、网络）相结合的方式。

吉利集团征集车标开始一段时间后，副总裁王自亮介绍了吉利全球征标进展情况，并将车标的征集工作冠以"七宗最"：在近万份作品中，年龄最小的作者今年只有 6 岁，作品的邮寄都是家人帮他完成的；年龄最大的 85 岁高龄；在所有的作品中，最重的能有 100 多斤；面积最大的作品，连包装在一起将近 6 个平方，相当于普通人家客厅的三分之一大；从同一个地址寄出的多达 37 次；而个人邮寄作品最多的达到 326 件，也就是说，从吉利宣布启动全球征标活动开始，这位作者就以每天三到四幅的速度在进行创作，是名副其实的"高效王"和"多产王"；电话咨询最多的是一位加拿大的作者，从知道吉利换标到现在，他已经打了 100 多个越洋电话……

吉利评奖机构，最终收到有效稿件 12205 份，分别来自全球 100 多个国家。这一万多份作品，就是一万多份对吉利的肯定和鼓励。经过专家和大众评委百里挑一的海选，到 8 月份的时候终于选出 100 件作品进入复赛。随后，这些作品还要经过 100 进 50，50 进 10，10 进 1 的 pk 大赛，最终确定冠军，比赛的过程不仅透明公正，而且紧张激烈。

最后，两名吉利车标的金奖候选人站在了评审台，面对 66 名评委各自展开了关于自己设计车标的理念的陈述。安徽大学艺术学院大三学生岳贤德，就是这两名金奖候选人之一，他为吉利设计了一款吉利神鸟的车标，岳贤德当时站在台上真挚地说：吉利神鸟以傲起之势雄视全世界，预示吉利汽车的美好愿景，椭圆形在动态中是最稳定的，标志以椭圆形为基本构架，预示并祝愿企业事业稳如磐石，在风雨中屹立不倒。

同时这里的椭圆也是对宇宙星云的抽象概括，但神鸟的形不局限于其中，体现企业的发展战略和企业人的勇于开拓、敢于进取的精神；多重的曲线设计像是一叠一叠巨浪，一浪高过一浪，象征企业事业如长江后浪推前浪，蒸蒸日上，蓬勃发展；几种寓意浑然一体，相得益彰，表达和谐、奋斗、自主之精髓，传递美好灿烂之愿景，代表企业有信心，有能力通过自己的努力拼搏和市场竞争的洗礼，一定会屹立在世界的东方，笑傲五洲。

神鸟车标以不锈钢材料制成，很具现代感，视觉上给人圆润、丰厚、饱满、和谐、稳定的感觉，给人以安全感和温馨感，同时也体现吉利汽车的品质、技术与工艺水平。

岳贤德说完之后，台下响起了热烈的掌声。他最终获得了吉利新车标金奖（大师奖），并获得了两百万的奖金。

2007 年 6 月 28 日，中央电视台和香港 TVB 为了向香港回归十周年献礼，由这两家电视台联合制作的大型电视连续剧《岁月风云》，全球首播仪式在香港隆重举行，中央电视台领导、香港 TVB 电视台的高管以及全体主创人员悉数到场，该剧创作原型的吉利集团作为特别邀请嘉宾，也赶到首播现场参与了这次盛会，并受到了与会者的热烈欢迎。

《岁月风云》这部戏以民族汽车工业为主干，穿插了一个家族四个家庭两代人的恩怨情仇，他们为了民族汽车业的发展，最终还是抛弃个人恩怨，携手并肩，走到了一起。

吉利的故事本来就万分精彩，再加上主创人员的演绎和深化，使这部戏更加起伏跌宕，曲折传奇。观众们一边收看电视剧，一边感叹民族企业振兴之路艰辛的同时，也对吉利汽车"造老百姓买得起的好车，让吉利汽车走遍全世界"的企业理念有所触动。

电视是20世纪最伟大的发明之一，它运用电子技术、传播声音和图像，使全世界的起居室都变成了观众厅。一部好的电视剧胜过千万次的广告，而一款好的车标更能让吉利汽车插上了腾飞的翅膀。

不飞则已，一飞冲天；不鸣则已，一鸣惊人。吉利这款神鸟的车标相信不仅能在国内腾飞，也一定能翱翔世界，为世界的汽车市场带来一片惊喜！

抄底，海外第一单

以无厚入有间，恢恢乎其于游刃必有余地矣。

——《庄子·养生主》

2008年爆发的危机是一次金融和经济危机交织在一起的危机。这场危机袭来，风云变色，天下大乱。中国政府为了规避风险，在国内投资4万亿强力拉动内需。

面对世界各国经济一片萧瑟，唯国内市场一枝独秀的局面，李书福开始海外"抄底"收购……法国大作家雨果曾经说过，"拿出胆量来"，那一吼声是一切成功之母。可是吉利一开始收购澳大利亚的DSI自动变速器公司会一帆风顺吗？

2008 年世界经济危机爆发的原因从表面上看是由美国住房按揭贷款衍生品中所包含的问题所引起，即 2006 年美国的楼市一路狂跌，购房者无法将手中的房子出售，或者通过抵押获得融资，房贷的银行和机构只能将抵押的房子收回——次级贷款出了问题，这就造成了一些金融机构的大量破产倒闭。

美国是一个超级大国，其经济总量占全世界的三分之一，可以说，美国一打喷嚏，全世界的经济都会感冒，表面上是金融危机的爆发，深层次原因则是美国金融秩序与金融发展失衡、经济基本面出现了难以解决的问题。

2008 年 9 月 15 日，美国第四大投资银行雷曼兄弟宣告破产，美林公司被美洲银行收购；9 月 16 日，全美最大保险公司 AIG（美国国际集团）被美国政府接管……美国当年这些叱咤风云的银行和保险公司都逃不脱破产关门的命运，更何况那些抵抗能力孱弱的小银行公司。一股小保险公司和小银行的破产风立刻席卷全美！

后来，有专家评价说：2008 年全球经济危机是冷战结束后绝无仅有的，就算是 20 世纪 70 年代初期的石油危机也不能与之相提并论，它甚至是当代经济史、金融史上最大的一次危机。

金融危机就好像一个噩梦，迅速在全球蔓延，金融危机造成了我国出口下降，一些中小外贸企业纷纷倒闭或破产，外资企业也纷纷撤资。我国为了应对经济危机，政府采取了"大手笔"，投资 4 万亿，同时加大了信贷投放，暂时避免了经济的负增长。

危机两个字在李书福的词典里一直是被分开来看的，没有危险自然就没有机会。随着这场"瘟疫"似的经济危机席卷全球，本来不该破产的企业破产了，本来经营得不错的企业关门了。

自从中国政府签署了 WTO 协议之后，国外的汽车跨国巨头一直视国内汽车市场为其救命的"稻草"，当他们磨刀霍霍，准备进军中国轿车市场的时候，让他们没有想到的是，李书福早已经端起手中的猎枪，瞄准他们多时了。就在世界经济危机爆发的时候，李书福准备出手了，他要在世界范围之内购买先进的、对提高吉利汽车有用的一切的技术和设备。

李书福猎枪上的准星，一开始瞄着的就是世界最高端的轿车奔驰。

2006 年初，德国的一个华裔顾问给李书福提供了一个消息，希望中国汽车公司能够收购奔驰 smart。奔驰 smart 是德国奔驰汽车和瑞士 Swatch 手表公司合作制造的微型车，隶属于戴姆勒集团。其中 S 代表斯沃奇（Swatch），M 代表戴姆勒集团（Mercedes-Benz），而 art 则是英文中的艺术，意为该款车型是 Swatch 和 Mercedes 完美结合的艺术品，而 smart 车名本身在英文中也有聪明伶俐的意思，这也契合了 smart 公司的设计理念。

smart 两米多长的车身，不仅省油、个性、敞篷，甚至在街边停车的时候根本就不用横着停，而是直接竖着开进去就成。

李书福对奔驰可谓情有独钟，他当年让厂子里的技术人员手工制作"吉利一号"的时候，参照物就是奔驰轿车。能够买来奔驰 smart，不仅对吉利是一种技术上的提升，也是对李书福当年想造中国版"奔驰"的一种安慰。

李书福急忙派人去了德国的奔驰总部，可是对方开出的条件却让李书福皱紧了眉头。奔驰 smart 当时在全球市场只有 14 万台的销量，但它的供应商体系却非常复杂，奔驰与其签订的合同居然是罕见的"take or pay（照付不议）"。

所谓"照付不议"，原本是天然气供应的国际惯例和规则，就是指在市场变化情况下，付费不得变更，用户用气未达到此量，仍须按此量付款。"照付不议"原则能够保证上游提供商的成本回收，提高上游厂商的生产热情。按照合同规定，即使 14 万台车没有买家，奔驰（吉利将 smart 买到手里，也必须全部提货付款）也必须全部提货，吉利如何吃得消这样的合同？

尹大庆事后分析道："如果吉利买下奔驰 smart，签的也是 take or pay 合同。如果我们勉强做这件事情，一阵风就能把吉利吹倒。"

最终，李书福决定放弃收购奔驰 smart。李书福也与奔驰汽车失之交臂。

2008 年，李书福又等到了一个绝佳的机会，澳大利亚 DSI 受金融危机影响，已经到了破产的边缘。

DSI 以前是美国博格瓦纳下属的自动变速器公司，它是全球知名的集研发、制造、销售为一体的高端汽车自动变速器供应商，拥有一批世界级的优秀工程师，在排量为 1 升至 2.5 升的汽车自动变速器领域具有世界领先地位。它还是全球仅有的两家独立于汽车整车企业之外的自动变速器公司之一。

DSI 自动变速器公司占地面积 30 万平方米；工厂面积 3.6 万平方米；研究院面积 3000 平方米；具有年产 18 万台自动变速器的生产能力；该公司已有八十多年历史，曾为福特、克莱斯勒及韩国双龙等世界著名汽车公司配套生产过变速器。

可是受到双龙公司破产、福特等公司减产的影响，DSI 已经挨不过金融危机带来的"凛冽寒冬"，终于走上了破产的"不归路"。

李书福得到这个消息，立刻双管齐下：他一边着手做融资筹钱的准备，一边派赵福全领着两名吉利高层，乘飞机直奔澳大利亚，做好收购工作的准备工作。

很快，李书福通过美国的投资集团和香港的联交所，筹集到了购买 DSI 公司所需的庞大资金。而赵福全领着手下赶到澳大利亚，乘飞机到达悉尼时，DSI 公司正好宣布破产。

赵福全马上前往 DSI 见他们的老总。DSI 的老总非常幽默，他一边递给赵福全名片，一边说这张名片上只有名字是正确的，其他都没有意义了。

真是风水轮流转，以前，吉利想寻求与 DSI 的合作机会却难于找到，没想到现在吉利竟有收购 DSI 的机会了！

DSI 公司破产出售的消息引来了世界上 15 个买家参与这次竞争。DSI 公司的门口停靠着不少辆房车，还有一顶顶的露营帐篷。DSI 公司原有职工 380 人，破产后只得大幅度裁员，两百多名职工被"下岗"后，目前工厂只剩下了 130 人。

这些被"下岗"的职工站在厂门口，正在示威抗议，赵福全带着吉利收购团队来到工厂大门的时候，这些"下岗"的工人对着赵福全等人连连挥手，从他们的眼睛里吉利人读出了抗议的工人们对工作的渴望。毕竟没有工作，就没法生活。吉利是一个不受待见的"草根"私企，从某种角度来说，吉利更懂得好好珍惜已有的成绩，然后继续开拓市场，创造更多的就业岗位，为吉利，为国家创造更多的市场价值。

人人都需要工作，而工作又促进了吉利的发展。吉利想将自己的变速器提高一个档次，购买 DSI 公司的技术绝对是一条便捷之路。

赵福全带着吉利收购团队对 DSI 公司进行考察后，对厂方的生产设备和技术很满意。随后，他们这支队伍就做了明确分工，尹大庆负责该厂财务方面的谈判，吉利要收购 DSI 公司财务方面一定要搞好，如果 DSI 公司负资产很多，让吉利收购的同时再背一身的债务，这就得不偿失了。

吉利的副总裁南阳负责的是具体的谈判业务，这方面也很重要，毕竟工厂是要赚钱的，该厂的具体业务不成，一切都是"白扯"。杨健则根据每日的进展情况，更进一步做出相应的决策。

吉利的收购团队经过一系列谈判，觉得收购 DSI 公司的计划可行，便派人回国向发改委和商务部等主管部门汇报工作，随着上级主管部门的批复下来，吉利收购 DSI 公司的计划终于进入了实行阶段。

为了在 15 个买家中胜出，他们留在澳洲的吉利高管们一刻都没闲着。他们不仅拜会了当地的政府，还努力让该公司的管理层、工会相信，吉利在这些买家中绝对是最好的一家。因为吉利立刻可以让 DSI 公司起死回生。因为吉利有实力。商业的竞争，拼到最后，拼的都是实力，其他一切全都是浮云。

DSI 公司生产的自动变速器只要年销售 3 万台，就可以达到收支平衡，而吉利本身有接近十款的车型可以应用 DSI 公司生产的自动变速器，该公司一旦归入吉利旗下，不用 DSI 公司满世界地去找客户，吉利一家就可以让该公司保持盈利。

吉利对于 DSI 公司来说，不仅是救他们出苦海的十字军骑士，更是背着钱袋，袋内不时传来金币碰撞"叮当"作响声音的财神普鲁特斯。

吉利收购团队将铺路工作做好后，李书福乘飞机来到了悉尼的

DSI 公司，收购合同的最终细节需要李书福亲自敲定。李书福参观完
DSI 先进的生产车间、研发中心的内测设备以及自动变速器的研发实
验室后，掩饰不住兴奋的心情，他对尹大庆说："太划算了，不用讨
论合同的细节了，赶快去签合同，小事情就不计较了。"

美国思科公司总裁钱伯斯不止一次地说，新经济时代不是大鱼
吃小鱼，而是快鱼吃慢鱼，只要快一步，永远都会处于领先的地步。

李书福为了加快收购进程，DSI 核心管理团队被完整保留，他还
同意维持原有的薪酬待遇甚至高额奖金。虽然现在经济暂时低迷，
但是 DSI 公司搭上了吉利这艘"快船"，不仅产能吃不饱的情况会立
刻改变，而且盈利也是指日可待的事情。

澳大利亚当地时间 2009 年 3 月 27 日 12 时，吉利汽车成功收购
DSI 全球第二大自动变速器公司。双方的签字仪式在澳大利亚新南威
尔士州政府大厦举行。中国驻澳大利亚大使章均赛、新南威尔士州
部长等中澳两国政府官员及两国主流媒体，共同出席了签字仪式。

吉利这次海外并购成功，被媒体誉为国际金融危机后国内企业
的"海外抄底第一单"。

尹大庆在收购成功后，这样兴奋地说："这次收购划算，就在于
DSI 刚刚宣布破产，我们就完成了收购。吉利收购的就像一条速冻的
鱼，但是刚好把它冻得僵硬的时候，我们把它重新放回水中，它又
活了。"

中国汽车工程学会理事长张小虞讲出的话也是不无感慨：吉利
集团成功收购 DSI，至少将中国的自动变速箱技术提升了 5 年，摆脱
了中国汽车自动变速器长期基本依赖进口的局面，为中国汽车的核
心竞争力第一次赢得了主动权。

备战，进军沃尔沃

操千曲而后晓声，观千剑而后识器。

——《文心雕龙·知音》

沃尔沃不仅是一款高档轿车，同时它更代表着汽车安全技术的最高成就。李书福早就流露出想将沃尔沃"迎娶"到国内的念头，可是却苦于一直没有机会，随着经济危机的爆发，这个机会终于让李书福等来了。

2005 年，在北京高楼林立的亚运村，李书福选择了一家环境优雅的日本餐厅，他和时任华晨副总裁的赵福全在这里进行了一次非同寻常的"约会"。在这次约会之前，两个人只是"点头之交"，而赵福全看李书福也没有多少"正面的形象"。

1985 年赵福全在中国吉林工业大学汽车系内燃机专业毕业后，他在日本广岛大学修完了工学博士，后来他又在美国韦恩州立大学机械工程系读了博士后。赵福全手里不仅握有"终极"学历，而且他还是汽车制造业的国际级顶尖人才，李书福求贤若渴，早有心吸收赵福全加盟吉利。可是赵福全对充满"野路子"的吉利并不怎么感兴趣。

在这次"约会"上，赵福全第一次感受到了李书福对沃尔沃的"野心"。赵福全在加盟吉利公司以后，曾经复原了两个人当时的谈话：

李书福问："你觉得沃尔沃怎么样？"

赵福全当时有些纳闷，他顺口回答："沃尔沃好啊。"

李书福追问："沃尔沃怎么好啦？"

赵福全敷衍着说："沃尔沃的品牌知名度高。"

李书福可不好糊弄，他反问："那奔驰、宝马的品牌知名度也高啊。"

赵福全便开始认真地回答："沃尔沃的规模不大，但却是一个非常精炼、浓缩的品牌，不是简简单单的发动机好，或者底盘好，给人感觉这个品牌很扎实。"

李书福石破天惊地说出了自己的想法："那咱们把这个品牌买下来怎么样？"

赵福全回答道："那当然好啦。"

据赵福全回忆，自己当时嘴上说着"当然好啦"，但心里却十分不以为然。"你有什么能力去买呢？你知道沃尔沃值多少钱吗？"这才是赵福全的真实想法。

郭台铭曾经这样讲过，在快速成长的企业领袖应该要多一点霸气。但李书福的这股霸气，实在也太没边了。

当时让赵福全没有想到的事情有很多，他不仅没有想到，自己会在李书福长达好几年"十一顾茅庐"的盛情邀请下加入吉利公司；他也没有想到李书福想收购沃尔沃并不是一时的冲动，而是早就有了成熟的腹案。

沃尔沃（Volvo）是瑞典著名汽车品牌，该品牌于 1927 年在瑞典哥德堡创建，创始人是古斯塔夫·拉尔森和阿瑟·格布尔森。1899 年盛夏 7 月的一个下午，古斯塔夫·拉尔森和阿瑟·格布尔森这两个年轻人，他们怀着制造汽车的狂热梦想，走进了斯图雷霍夫餐厅，他们点了一盘大龙虾之后，在畅谈如何造汽车的想法时，两个人的思想碰撞出了火花。这点火花点燃了他们创业的引擎，然后他们的造车梦就插上了翅膀，郑重上路了。

随后，一个逐渐享誉世界的汽车品牌沃尔沃，便在这两个年轻人手中诞生。

汽车是由人驾驶的，我们在沃尔沃所做的任何事都必须且永远以安全为指导原则。这就是古斯塔夫·拉尔森和阿瑟·格布尔森创建沃尔沃汽车公司时所订立的誓言。

沃尔沃在长达近一个世纪的发展中，确实成就了很多辉煌，比如20世纪60年代的三点式安全带、防侧撞保护系统、全球首创的侧气帘、城市安全系统等等，这些致力于保护驾驶者和乘坐者安全的措施，使沃尔沃汽车晋身为世界名车，并让沃尔沃品牌成为"绝佳安全性与坚固耐用性的代名词"！

沃尔沃的每款车型投放市场之前，都必须经过四五百辆各种角度的碰撞测试，而非单纯的几辆车正面撞击试验，只有取得最优的数据后，沃尔沃的这款车才能够形成批量生产。

举一个简单的例子，数量稀少的豪华跑车一旦发生碰撞，都会被撞得非常惨，因为这种跑车没有经过大批量的小角度安全碰撞实验，故此安全系数不够。会出现价格虚高，而安全系数反而很低的异常现象。

北约总部设在比利时布鲁塞尔，该基地的总司令对沃尔沃的安全性能有着非同寻常的偏爱，他的座驾不仅是沃尔沃轿车，他麾下的20多位北约将军在他的影响下，也全部使用沃尔沃品牌汽车。

沃尔沃是世界上最安全的轿车，这绝不是空穴来风，更不是媒体的宣传，而是交通部门和保险公司在处理交通事故、理赔过程当中统计出来的一个数字。

虽然经过了六七十年的岁月变迁，虽然排在安全榜上的汽车品牌经常变化，但沃尔沃始终排在最安全的第一名，没有任何一款汽车能晃动其安全性第一的位置！

但瑞典人天生低调古板，不事张扬，虽然酒好，但怎奈巷子深，他们对沃尔沃这款车的宣传不够，致使沃尔沃这个品牌"养在深闺人未识"，不被人了解，故此，市场份额逐渐萎缩。

人没有百年的英雄，汽车也是如此。沃尔沃汽车不惜血本地大念"安全经"，又加上瑞典人工昂贵，致使沃尔沃汽车的成本始终居高不下。1992 年瑞典人将不赚钱的沃尔沃轿车以 64 亿美元（约 500亿元人民币）的价格卖给了福特。

福特公司购买了沃尔沃之后，他们采用福特技术对沃尔沃轿车进行了技术升级。可是福特所做出的技术升级却并不符合沃尔沃的技术定位，如根据市场调查，沃尔沃车的用户一般年龄比较大，而福特公司却通过自己全新的设计，希冀让沃尔沃得到年轻人的青睐。

福特强行给沃尔沃植入的"活力和时尚"，和沃尔沃一贯倡导的"严谨和安全"背道而驰，故此，沃尔沃加入福特后，因为盲目相信母公司的实力，对自身的销售力度一直不够重视，几方面叠加在一起，沃尔沃的销量不升反降。

随着 2008 年世界经济危机的来临，福特公司自顾不暇，没有办法，他们只得做出了卖掉沃尔沃的决定。

亨利·福特在 1903 年创立了福特汽车公司，被称作"为世界装上轮子的人"。1957 年，比尔·福特（福特四世）"含着金钥匙"出生于汽车城底特律。这位福特四世在 2002 年，曾经为福特汽车拍摄了一段广告，该广告中有这样一段话：我的曾祖父亨利·福特真正重新定义了美国生活，从我出生以来福特公司就是我自身的一部分，别无可选。

从 2006 年开始，世界经济风暴已经初露端倪。福特公司也发生了大规模的亏损。原本经营稳健的沃尔沃在这两年也出现了经营的困难。为了应对困境，福特公司在沃尔沃轿车减产的同时，开始在瑞典裁员 2000 人，还将 300 个职位移至人工相对便宜的海外，并将终止 500 个咨询师的合同。

2007 年 1 月，李书福在一家咨询公司的帮助下，见到了福特公司的首席财务官勒克莱尔，他在交谈中很委婉地提出了他对沃尔沃非常感兴趣的话题，但李书福想与福特公司"合作"的想法却没有得到该首席财务官的任何回应。

两个人的谈话结束不久，福特汽车 2006 年度财务报告已出，作为一家老牌的汽车公司，在这一年度竟出现了 127 亿美元的巨额亏损，福特公司为了自救首先裁员 4 万，并相继关闭了 16 家工厂。

山雨欲来风满楼。比尔·福特为了挽救福特汽车的颓势，将该汽车公司行政总裁的位置让给了艾伦·穆拉利，穆拉利曾经在波音飞机工作了 37 年，发生 "9·11" 之后，穆拉利大刀阔斧地对波音公司进行了重组，令其走出阴霾……面对福特汽车的颓势，福特公司确实需要穆拉利这样经验丰富的 CEO。

李书福为了证明自己想收购沃尔沃的决心，上一次当面表白不成，他第二次竟洋洋洒洒地写了一封"情书"，并让手下翻译成英文，这封英文信函被直接邮寄到了福特的总部。

李书福在这封信中明确地表达了自己想要购买沃尔沃的"真情实意"。可是福特公司还是没有理睬远在太平洋西岸，一个名叫李书福的汽车人的"殷切期盼"。

福特汽车，百年老店。穆拉利当时也许没有意识到福特汽车将面临的真正危机，他甚至还蛮有信心地说：我们知道我们的位置，我们正在按照计划逐步改变不利的局面。

由于金融危机的影响不断加深，美国汽车销售极度萎缩，美国的三大汽车公司：福特同比下降 21.8%，通用汽车公司销售下降 23%，而克莱斯勒公司下降得最厉害，竟高达 30%。

2008 年 02 月 12 日，通用汽车公司发布的 2007 年度财务报告显示，该公司亏损额达到 387 亿美元，创下该公司成立 100 年来最大年度亏损额。为摆脱困境，通用不得不宣布出售旗下品牌。除了已售出的欧宝外，悍马、土星、庞蒂亚克等品牌也将从通用的阵营中消失。

2009 年 6 月 1 日，通用汽车正式宣布申请破产保护。

克莱斯勒公司由于汽车销售下降得最厉害，故此他在美国的三大汽车公司中日子最难过。2009 年 4 月 30 日，陷入困境的美国第三大汽车厂商克莱斯勒公司发表声明，宣布申请破产保护。随后不久，克莱斯勒正式宣布与意大利汽车制造商菲亚特公司结盟，以求渡过这场金融劫难。

穆拉利在一眼看不到边的金融危机面前，头脑是清醒的。他在上任的第 5 天，也就是金融危机还未到最严重的时候，便做出了出售阿斯顿马丁给英国人，卖掉捷豹和路虎给塔塔公司的决定。穆拉利这两剂猛药让臃肿不堪的福特汽车公司成功瘦身，而且通过出售这些公司成功地收回了 4.79 亿英镑外加 23 亿美元的资金。正是有了这笔资金，福特公司才没有破产倒闭，摆脱了伸手向美国政府乞怜的悲惨境地。

福特绝不能走通用和克莱斯勒公司的老路。事实证明，穆拉利工作是出色的，为了应对危机，穆拉利制定的"一个福特"战略，比尔·福特非常支持，这位福特四世曾经这样说过：一个福特战略让我们能够专注于福特和林肯两个品牌，整合福特汽车在全球的资源，将我们的产品覆盖到全球任何一个市场。虽然卖掉了那些品牌令我感到有些伤感，但是回过头来看，一个福特的战略是绝对正确的。

福特公司为了摆脱困境，在事关公司生死面前，2008 年 12 月 1 日，只得标价 60 亿美元准备卖掉手中的宝贝沃尔沃。沃尔沃何以称作福特公司的宝贝，还得从福特公司生产的两款高级轿车林肯和沃尔沃讲起。

一个汽车公司想要赚取丰厚的市场利润，并提升自己的品牌价值，只有做高级轿车。福特公司做的林肯高级轿车因为美国味道太重，故此难于借此车打开国际市场的大门，而沃尔沃就是福特公司打开国际市场大门的一把金钥匙。

一个小型汽车公司可以只看到眼前的利益，而作为百年老店的福特公司却要紧盯着十年后的国际高级轿车市场。这就是福特公司不到最后的生死关头一直不肯卖掉沃尔沃轿车的真正原因。

福特准备卖掉沃尔沃为自己减负的消息传出，就好像往汽车业冰冷的火药桶里丢了一根燃烧的火柴，瑞典首相赖因费尔特首先表示，政府不是救急银行，他们不会将福特旗下的沃尔沃公司买过来，收归国有。

福特公司大规模瘦身自救的同时，李书福也正在做着自己该做的事情，他领着自己的工作团队远去瑞典，拜访了瑞典王国副首相兼工业与能源大臣毛德奥洛夫松等人，通过交谈让他们知道了吉利，并记住了吉利。

瑞典既然抛盘，世界上有实力的汽车公司便可出手接盘了。随后，世界上多家对沃尔沃有意的汽车公司都开始摩拳擦掌，暗中较劲儿了。据不完全统计，当时至少有五家具有竞购实力的汽车公司都想将沃尔沃"迎娶回家"。

先看国外。早在 1993 年，法国的雷诺汽车便想将沃尔沃收购到自己的旗下，可是最后因为福特公司的"搅局"，终使这次收购计划搁浅。

法国雷诺当年失意沃尔沃，他们转而收购了日产公司 44% 的股份，雷诺的首席执行官也多次在公开场合表示：他们除了现有的合作伙伴之外，还想与"第三方合作伙伴"携手，可见法国雷诺对收购沃尔沃很有想法。

沃尔沃最畅销的地方是在北美，而法国雷诺在北美的销售额度不高，如果此项收购成功，对于法国雷诺来说，不仅可以迅速占领北美市场，而且还可以凭借沃尔沃的技术，生产出高档轿车来。如今，经济危机爆发，在一个福特的政策指导之下，沃尔沃被公开出售，法国雷诺会不会再次"接盘"？

国外还有一家来头更大的公司，也对沃尔沃流露出了购买的意图，这家公司就是德国的宝马公司。

宝马公司想收购沃尔沃，也有着自己的小算盘。在豪华车市场上，沃尔沃抢占了宝马的一部分市场，宝马若能将其收入麾下，不仅增大了市场的份额，更能借助沃尔沃的技术，使宝马车在安全性方面增添更为闪亮的一笔。

再反观国内：当时购买决心超过雷诺和宝马公司的就是中国的长安集团。长安集团收购沃尔沃，可谓占尽了天时地利人和。因为长安集团不仅财力雄厚，而且他们和福特公司还有代加工汽车的关系。

福特公司的沃尔沃 S40 和 S80 两款车型，一直都在委托长安汽车代为加工，沃尔沃想要易手，穆拉利觉得与其卖给别人，还不如让长安汽车将其纳入囊中。

2009 年 3 月 19 日，穆拉利秘密来华，他首先来到长安汽车，与长安汽车的高管进行了长达三天的秘密会谈。在这个非常的时候，穆拉利和长安汽车高管探讨的内容无外乎是长安汽车竞购沃尔沃的可能性，穆拉利穿针引线是一方面，其实长安汽车对于沃尔沃技术和安全方面的领先优势，也是非常感兴趣。

除了长安汽车，另外对收购沃尔沃感兴趣的公司就是奇瑞和上汽。

上汽和奇瑞若论财力都不比吉利差，他们也想借助沃尔沃这一高端品牌来提升自己汽车产品在安全技术方面的竞争能力。

跨国收购，首先要突破国与国之间贸易和政策的壁垒，接下来就是有关价钱、各种关系、关于知识产权的分割等，其谈判的复杂程度不亚于打一场"诺曼底登陆战"！

上面这五家汽车制造公司可谓人才济济，财力雄厚，李书福之所以能在这场角逐战中胜出，正如一句古谚所说：秦人失鹿，天下共逐之，唯高才捷足者先得！

直到这时候，李书福写给穆拉利的"陈情书"的效果终于显现。吉利公司迎来了一位重要的客人，福特公司的独立董事约翰·桑顿。他找到了李书福，准备对吉利公司进行考察。吉利不怕考察，扎扎实实做汽车的李书福怎么会怕人考察？毕竟他的成绩都在厂子那里摆着。考察的结果，福特方面自然是满意，吉利的实力也让福特的高层重视了起来。

2009 年，在洛希尔集团董事长的安排下，李书福终于见到了福特的 CEO 穆拉利，这次会面可以看作是一场"双雄会"。李书福不谈竞购的事情，他首先和穆拉利大谈他在波音取得的成绩，随着两个人彼此有了好感，李书福告诉对方，为了收购沃尔沃，他已经将顾问团都请好了。

很显然，这位来自东方的汽车新秀李书福引起了穆拉利的重视，临别之前穆拉利这样告诉李书福：一旦启动沃尔沃竞购程序，将第一时间通知你们。

任何一个商人都知道，想买一件物品首先看它的成色，然后再看它的价格，接着才进入到讨价还价的实际竞购阶段。

沃尔沃这个被赋予了"滚滚向前"含义的瑞典品牌，其高贵的血统、安全的品质，绝对是与生俱来的。沃尔沃作为一款豪华车，其品牌价值不容人质疑。

福特购买沃尔沃时花掉了 64.5 亿美元，约合 500 亿人民币，福特将沃尔沃对外出售究竟会卖多少钱，这绝对是一个竞购者最关心的问题。

福特会将沃尔沃卖多少钱，从另外一桩印度塔塔公司的并购案中可以预测与展望。当初，福特收购英国血统的汽车品牌捷豹和路虎的价格是52.5亿美元，而他们卖给塔塔的价格，还不到收购价格的一半，即26.5亿美元。

沃尔沃和捷豹、路虎比较起来，其整体的资产要良性得多，即使按照一半的价格计算，沃尔沃也可卖250亿元人民币。首先一点，李书福能拿得出250亿元人民币吗？

但用更专业一点的话讲，沃尔沃究竟价值几何，这得看谁买谁卖，谁在什么时间购进，谁在什么时间卖出。

福特将瑞典的沃尔沃公司（沃尔沃的原厂还在瑞典未动）买到美国。经济危机爆发后，世界上的多家汽车企业又想将沃尔沃从福特的名下买到手里。如果换个买卖别墅的生意作比喻，沃尔沃当初是一座在位于哥德堡的美丽别墅，因为主人的经营不善，而被美国人"搞"到了手里，可是美国人也没有让它起死回生，反而让这座漂亮的别墅变得"满目疮痍"，成了"赔钱货"，李书福再买这座外表"破烂"的别墅，那么福特的售价真的不好说得那么"死"。

也就是说，250亿人民币只是估价，实际操作起来在经济危机的时间点上，沃尔沃的售价也许会更低。

李书福现在已经今非昔比，他真的有筹到这笔巨款的能力。李书福经常说："我并不懂得资本运作，也不关心具体财务，这些都是尹总的事儿！"

李书福说的尹总，就是尹大庆。尹大庆，男，浙江吉利控股集团有限公司首席财务官。

尹大庆一开始在美国杜邦公司任职，后来被华晨中国汽车控股有限公司董事长兼总裁仰融挖到旗下，他在 4 年半时间内奇迹般地帮华晨实现了 48 亿元利润，创造了当时"金杯海狮"销售和盈利的神话。

李书福对于这样的高人怎么能放过，经过几次诚恳的邀请，尹大庆在 2004 年加盟吉利，尹大庆上任伊始，便施展出了自己的融资的两大法宝，即开源和节流。

节流就是省一点，将钱都用在吉利造汽车的刀刃上；而开源就是广开融资的门路，尹大庆不仅积极与国内的各大银行修好，他还率领自己的财务团队通过参股合资、发行新股和债券、收购上市公司等手段，最终获得了巨大的资本聚集空间。尹大庆上任 12 个月后，吉利汽车股出现在香港证交所。2007 年，吉利仅 50 亿元的账面资产变成 128 亿元。

佛经上说："要想一滴水不干涸，唯一的办法就是把它放到大海里。"尹大庆还通过吉利在香港上市的机会，与多家国际融资机构以及投资财团建立了密切的关系，吉利从当初的筹钱"菜鸟"，变成了今天的融资"巨人"。尹大庆融资有功，但他胸口的军功章有自己的一半，另一半也应该挂在李书福的胸前，如果不是李书福知人善任，用人不疑，放手让尹大庆去干，吉利的财务部门又怎么能够成为汇聚财富河流的"聚宝盆"？

李书福为了一击必中，在正式收购沃尔沃之前，曾经低调地做了很多准备工作。汉斯-奥洛夫·奥尔森是前沃尔沃的董事长，2008年的时候，李书福通过一个朋友的介绍，将这位沃尔沃的前董事长请到了吉利集团。

李书福的大战略、吉利的新产品和高精尖技术平台，让奥尔森产生了莫大的兴趣。吉利和沃尔沃汽车确实有很多可以互补的地方，这位沃尔沃的前董事长在吉利之行后就成了李书福的好朋友，以后的吉利收购沃尔沃商战中他起到了穿针引线的作用。

歌德曾经这样说过：你若失去了财产——你只失去了一点；你若失去了荣誉——你就会丢掉了许多；你若失掉了勇敢——你就会把一切失去。

李书福想要收购沃尔沃，真得有北欧战神"提尔"般的勇敢不可。

2009 年 2 月，吉利正式启动了代号为"V"的胜利项目。Volvo是沃尔沃的英文名字，吉利取其第一个字母，就是想蟾宫折桂，将沃尔沃这个百年高端品牌"迎娶"到中国来。

第七章

竭心尽力：迎娶沃尔沃

其进锐者，其退速。

——孟子

2008 年 1 月 18 日，李书福在底特律车展上第一次与布斯相见，他就表达了收购沃尔沃的正式意愿；到 2010 年 3 月 28 日双方签订并购协议，整个交易历经 800 天，在这惊心动魄的 800 天中，李书福除了要筹集庞大的收购资金，还要开展极其艰难的公关和谈判。

知识产权谈判被业内认为是最为艰难的谈判，福特经营沃尔沃多年，两家技术高度融合，一辆沃尔沃汽车身上一万多个零件，究竟哪项技术是福特的，哪一项技术是沃尔沃的，实在是难于分清。这样的谈判，可让吉利人怎么去应对？

福特作为卖家，从心理上，他是想自己将沃尔沃的技术多留一点；而李书福正相反，如果在这场谈判上，吉利不能取得完整的沃尔沃产权，那么以后在生产沃尔沃轿车的时候，势必会受到福特的限制。

谈判一开始是"寸土不让"，到后来福特人也被吉利人的执着触动了，双方经过艰苦卓绝的谈判，最后达成了彼此都算满意的结果。

可是一波未平，一波又起，沃尔沃工会竟发出了不欢迎中国老板的言论，李书福只能飞赴沃尔沃根特工厂去救火……在这场谁也无法预测结果的收购过程中，还发生了哪些让人意料不到的状况呢？

竞购，征战哥德堡

雁门横重槊，铁甲血未凉。

——李洪文

福特公司在经济危机爆发之前机构臃肿庞大，面对汹汹的经济危机，为了规避破产的危险，他们只有忍痛卖掉赔钱的沃尔沃。沃尔沃出售的消息传来，想"接盘"的公司纷纷出手。

李书福想要杀出一条血路，最终蟾宫折桂，真的是太不容易了。就在福特公司宣布吉利公司为沃尔沃首选竞购方的同时，两个手握重金凭空冒出的国外买家，还是"显道神"似的让人吓了一跳……

一千个读者眼中就有一千个哈姆雷特，而一千个汽车厂家眼中有一千个不同价值的沃尔沃。能够拿出那么一大笔巨款，然后将沃尔沃买到手里的跨国汽车巨头大有人在。但让这些跨国车业巨头真正头痛的是：将赔钱经营的沃尔沃买到手里，你能让它为自己赚钱吗？经济危机中的沃尔沃绝对可以称得上是一块烫手的山芋。

从买方的角度说，将沃尔沃"吃下肚"是惊人的手段，将其"消化"掉则是偌大的能耐，但能让沃尔沃赚钱，则就是通天的本领了。

中国的汽车专家也很清醒地指出，由于缺乏在国外成熟市场运作的经验，国内车企还不具备运营沃尔沃轿车业务的能力。很显然，这些冷静成熟、有理有据的分析，等于给头脑发热的国内车企当头浇了一瓢凉水，让不少家车企在收购沃尔沃的行动中，不得不重新开始审视自己，生怕买的时候是一个金娃娃，可是买回来之后就变成一个烧钱的无底洞，将自己的企业拖累到万劫不复之地。

李书福充满了创业和投资的热情，他曾经说过这样一句话：要是政策放开，吉利可以造宇宙飞船。

李书福确实有这个雄心壮志，曾经有个美国人建议他造小飞机，两个人坐的那种，李书福就同意了，因为他觉得好玩。

自信这个东西很可怕，他可以让人上天入地、登峰造极地去实现自己人生瑰丽的理想。

李书福购买沃尔沃难道有错吗？答曰，没错。不久之前，印度塔塔公司在购买路虎车的时候，全世界的车企都不看好这桩交易，他们都认为欧洲都搞不定的事情，亚洲人也一定搞不定，因为福特将路虎车买到手中，很长一段时间以来，路虎（Land Rover）车都不赚钱，路虎车厂始终也摆脱不了"僵尸车厂"的宿命，很多专家都断言路虎车绝对是个"赔钱货"。

路虎车是一款越野车，对于广大城市用户，哪里有"野"可以去"越"？他们开车去一趟郊外的高尔夫球场，这就算"远行"了，谁愿意白白地花一大堆冤枉钱，买回来一堆也许永远用不上的机械性能？在这个崇尚燃油经济性，同时排放标准也日益严苛的时代，路虎可谓一只有名的"油老虎"。它的不受待见，可以说是大时代造成的。

塔塔公司接手路虎车后，推出了全新的旗舰车型揽胜。他们首先下手，给路虎揽胜车瘦身。由于铝材的大量运用，重达 3 吨的全新一代路虎揽胜成功"瘦身"900 磅。减重就是省油，再加上该款车卓尔不群的新车型，在路上很容易让人一眼就认出来，故此，2011 年之后塔塔公司一举盈利，让路虎这只"赔钱虎"变成了赚钱的"金老虎"。

中国社会科学院文学研究所研究员陈福民曾经说过：谁配得到上帝的奖励？毫无疑问，只有那些准备好了的人。李书福深深懂得这句话的含义，他为了能够顺利收购沃尔沃，曾组建了一支多达两百人的收购团队。

这个团队不仅人才济济，还有号称"吉利四大金刚"的尹大庆、赵福全、刘金良和安聪慧，同时还聚集了全国范围内的法律、财务和公关等方面的专家。

光有国内的专家不成，因为这次是跨国并购，所以李书福还找到了英国著名的富尔德律师事务所、德勤会计师事务所、汽车咨询公司罗兰贝格以及专门做企业并购的公关公司博然思维，让他们成为了自己的合作伙伴。

李书福从国外请来的这些专家，全都是业界的顶尖级人物，他们不仅信誉良好，而且都曾参与过多起企业并购案。富尔德律师事务所任务是负责收购项目中的法律事务；吉利收购过程中的财务调查和咨询，则由德勤会计师事务所负责；罗兰贝格和博然思维，一个负责调查沃尔沃，一个负责吉利在购买过程中的各种公关。

伦敦是多元化的国际大都市，居民来自世界各地，可以看作是一座集种族、宗教与文化的城市熔炉，甚至在该城市使用的语言就超过300多种。美国福特公司，将谈判的地点定在伦敦。

霍金豪森律师事务所总部设在美国。该律师事务所设在伦敦的分支机构，承担了福特公司和中国吉利公司关于沃尔沃出售中的谈判业务。福特中意这家律师事务所，不仅因为他们具有丰富的执业经验，而且该律师事务所的多名律师曾经担任过美国共和党全国委员会主席等职务，用国内的话讲，该律师事务所官企两方全都吃得开。福特为了在谈判中掌握更多主动权，还聘请了 Hogan & Hartson LLP 律师事务所合伙人比尔·科丁，帮助霍金豪森律师事务所和吉利进行谈判。比尔·科丁可是一位厉害人物，他曾经帮助福特将捷豹和路虎卖给印度塔塔汽车公司。

福特是世界上顶级的跨国汽车公司之一，他们虽然处在经营困难的阶段，但财力之雄厚确实非同小可。他们聘请的顾问中，甚至有花旗银行机构客户集团副董事长列农·卡佛拉斯，全球产业业务集团董事总经理艾立克·莱温古德。福特请来的谈判人马不仅档次超过了吉利，而且人数众多。

吉利请来的专家早就对沃尔沃做了一场事无巨细的大调查，并就此写了第一轮竞标书。吉利过关斩将，随后进入到了第二轮竞标，这时候福特也对吉利开放了数据库，吉利方面增派人手，开始对沃尔沃的情况做一场更深入的了解。随着吉利方面读完关于沃尔沃方面的 6 千多份资料，一个详细的收购沃尔沃，以及成功收购后，如何运营沃尔沃的计划便被订制了出来。

福特方面对吉利竞购沃尔沃一事起草了一本 2000 多页的合同，吉利根据福特开放的数据库，开始认真阅读合同，并对这份合同进行了 1.5 万次的修改和标注。

如此庞大的文案工作，如果不是李书福准备充分，调度得当，绝对无法在短时间内完成。可是竞购前的文案工作只是马拉松式谈判前的热身运动，谈判开始后，李书福才真正知道这场比想象中还要困难得多的谈判，是他做企业以来最难的一次。这次谈判完全是对他的指挥、调配和决断等综合能力最艰巨的一次考验。

吉利不惜高薪聘请来的全都是顶级的专家，可是他们和福特请来专家比起来，无论在信息、经验和人数上全都不占优势。

比如，赵福全当时和福特的代表进行的是知识产权方面的谈判，赵福全不仅是吉利技术的领军人物，还是海归的精英，虽然他精通英语，可是面对知识产权方面的法律名词，别说请来的翻译，他这个留学英美的博士后都难以认全。

赵福全在顾问公司的帮助下，一边抱着牛津大辞典钻研这些生僻的知识产权方面的专有法律名词，一边和福特方面请来的大律师、技术专家和谈判高手进行周旋，赵福全有时候一个人需要面对七八个人，他不仅硬挺了下来，而且没有落败。

信息不对称，更是吉利需要面对的一个现实瓶颈。福特公司经营沃尔沃多年，他们对沃尔沃的技术可谓了如指掌，吉利了解沃尔沃，处在雾里看花的状态。而且当时谈判的时候，福特公司作为卖方，被卖的沃尔沃根本没有资格走到谈判桌前来决定自身未来的命运。故此，吉利在谈判的时候基本处于被动的状态，而有关一些知识产权归属的问题，吉利根本无法找到沃尔沃进行查证。

最后再说谈判的经验，李书福虽然征战多年，可是这桩竞购案不仅跨国，而且跨专业，内容繁杂，千头万绪，虽然李书福成功收购了 DSI 公司，并参与了收购罗孚的谈判，但是那些谈判和目前这宗竞购谈判比起来只能算是小儿科。

李书福收购沃尔沃的谈判，共有两大难点：一、收购沃尔沃的价格。二、如何将沃尔沃的知识产权从福特手中拿回来。

双方的谈判一开始，福特和吉利公司便订立了一个保密协定，即任何一方在谈判的过程中，都不可以将谈判的过程和涉及的机密透露出去，否则将面临一笔"天文数字"的罚款。

可是美国的媒体崇尚新闻自由，《华尔街日报》便在 2009 年 3 月 3 日，突然发布了这样一则消息：

根据两位知情者称：预计吉利汽车最早将于下周提交对瑞典汽车品牌沃尔沃的竞购报价，其中一位知情人士说，除了吉利汽车之外，还将有另外一家中资企业在内的至少三家潜在竞购者。这位消息灵通人士说的竞购者包括吉利、上汽和长安汽车。

不久之后，这家《华尔街日报》又发表了吉利报价 20 亿美元左右竞购瑞典品牌沃尔沃的消息。

吉利竞购沃尔沃虽然所需费用是一笔巨款，但这种竞购和拍卖并非一样。拍卖是价高者所得，而竞购的卖方福特公司，虽然也想将沃尔沃卖出一个很高的价位，但作为一个负责的大公司，一个汽车业的元老企业，他必须给沃尔沃找一个好的买主。毕竟沃尔沃是一个百年品牌，这个品牌绝对不能毁在福特人的手中，而且沃尔沃厂子中还有两万左右的工人需要工作，他们对竞购方的资质也不得不仔细考量，郑重选择。

2009 年 10 月 28 日，福特公司宣布，吉利汽车公司超越其他竞购者，成为沃尔沃的首选竞购方。

福特公司的首席财务官路易斯·布斯，曾就吉利拿到竞购沃尔沃"入场券"的原因做出如下说明：吉利可能成为一个对沃尔沃未来负责任的公司，能够在确保沃尔沃核心价值和独立性的同时，推动沃尔沃的发展。

在竞购沃尔沃的过程中，李书福的表态也获得了不少的加分：未来，沃尔沃的工厂、销售渠道、工会以及研发中心都将维持现状。同时，沃尔沃将拥有独立的运营地位，总部仍将设在瑞典斯德哥尔摩。另外，沃尔沃还希望能借此机会，大力拓展在中国的销售和采购网络。中国在全球经济中是个最大的亮点，那里一千人的汽车拥有量仅为 23 辆，在那个极速膨胀的汽车市场，沃尔沃真的可以在那里大展拳脚。

瑞典王国副首相兼工业与能源大臣毛德·奥洛夫松得知了"老熟人"李书福的并购计划，对沃尔沃总部最终设在瑞典的计划表示认同，并准备考虑向沃尔沃提供欧洲投资银行的贷款担保。

2009 年下半年，吉利在伦敦正等着参加最后一轮竞标，可是令人没想到的是，瑞典的雅各布财团却在半路杀了出来，他们的总裁这样对媒体宣称：我们将在本月底对福特提出我们的竞购价。

这时，美国一家名叫皇冠的财团也应势加入了竞购沃尔沃的行列。该财团的牵头人竟是福特的前董事丁曼等人。李书福面对狼烟四起、刀枪交鸣的局面，并没有自乱阵脚，因为他知道，吉利虽然年轻，但他身后有着国家政府、有着一个广大的中国汽车市场在全力支持着他。在这个世界各国汽车业急剧衰退，而中国汽车业却逆势上扬的大势之下，任何搅局者都难于撼动吉利作为沃尔沃首选竞购方的地位。

李书福虽然心里有底，但他也怕夜长梦多，他通知福特方面，不要因为出现了搅局者便无故推迟投递标书的时间，如果投递标书的时间延迟，吉利则退出竞标。

搅局者的出现，距离投递标书的时间，只有一个月了，在这短短的一个月的时间里，这两家公司不仅无法准备出一份和吉利媲美的标书，更是无法筹集到那一笔购买沃尔沃的巨额钱款。

李书福一出手便反将了福特一军，李书福同时也是推了福特一把：福特公司是一家极其重视声誉的公司，他们没有任何理由无故推迟吉利投递标书的时间，另外两名试图染指沃尔沃的竞购者只能黯然出局。

2009 年，吉利集团出手收购沃尔沃，吉利创始人李书福也因此成为全球的焦点。英国《每日电讯》随后评选出"五位重量级人物"，他们对世界汽车工业未来的走势必将产生重要的影响。在这份名单中，除了美国总统奥巴马、福特 CEO 兼总裁艾伦·穆拉利、菲亚特老板塞尔吉奥·马尔基翁、丰田公司总裁丰田章男以外，就是吉利的李书福。

成功，拿下沃尔沃

> 上兵伐谋，其次伐交，其次伐兵，其下攻城。
>
> ——《孙子兵法》

吉利在福特手中竞购下沃尔沃，面临着两大难题：一个是价格，另外一个就是知识产权的谈判。相对于知识产权谈判，价格谈判还只能算"小儿科"，因为价格谈判即使谈不好，也只是多花一些钱，可是知识产权谈判却是一个危险的"雷区"，沃尔沃车上一万多个零件，如果不能将生产沃尔沃轿车的全部知识产权拿到手里，那么李书福就将面对买到一个"空壳"沃尔沃的尴尬局面。

18 亿美元，李书福只用 18 亿美元就买下了沃尔沃汽车公司。

要知道，竞争最激烈的时候，沃尔沃的价格一度被抬到了 25 到 30 亿美元之间，可是李书福认为这个价位虚高，抛开瘟疫似的金融危机不谈，沃尔沃在福特旗下因为经营不善，已经处在赔钱状态，而且在未来的几年内，这个阶段还会继续下去，故此，想要让沃尔沃起死回生，必须要大量地注血，即投入大笔的资金。福特在出售沃尔沃的时候，这个因素也必须要考虑进去，即不要只求售价最高，而不顾沃尔沃将来的发展。

还有沃尔沃由于销售滑坡，赔本经营，故此高级人才流失，福特后期对其的投入也是不足，这就表示吉利接手后经营会变得困难，风险也随之加大。

最后一点就是养老金的问题，吉利也需要解决。总之一句话，福特虽然完全拥有沃尔沃，但沃尔沃的总厂却远在瑞典，福特如果只求高价，将沃尔沃卖给一家不靠谱的公司，不仅沃尔沃的员工不答应，瑞典的政府也难以答应。

李书福向福特表明了这样一个意思：吉利是个好买主，他不仅能让沃尔沃起死回生，而且能让这款世界级的名车焕发出昔日的辉煌。

2010 年 3 月 28 日，双方谈拢了 18 亿美元的价格。这时候，吉利和福特另外一场更为关键的谈判却还没有结束，这场谈判就是关于知识产权的谈判。

一个企业发展到最后，最核心的东西便是知识产权，企业发展，竞争难免，但竞争的全部优势都会体现在知识产权之上。

李书福不能用 18 亿美元买回一个空壳子沃尔沃，他要拥有沃尔沃的所有知识产权。

可是福特公司经营沃尔沃多年，双方的知识产权已经高度融合，沃尔沃一些尽人皆知的知识产权自然要归李书福。而福特公司注入沃尔沃的知识产权也需要拿走。但双方公司共同努力创造的这些知识产权怎么分，这无疑将是谈判的最大难点。

赵福全真的被难住了，他去找李书福请示这种界定模糊的知识产权如何处理。李书福召开会议，最终确定了一个谈判的原则框架：首先保证原本属于沃尔沃的知识产权能够回归，其次是保证沃尔沃从福特获得足够的知识产权的充分授权，从而使沃尔沃在脱离福特后可以继续使用这些知识产权；再次是通过谈判，为吉利争取到沃尔沃更多知识产权的拥有权和使用权；最后，要最大限度地减少和规避吉利收购沃尔沃完成后侵犯福特知识产权的可能性和风险性。

接下来的谈判工作之辛苦，绝对超乎任何人的想象。赵福全首先要领着一大队人马，开始对沃尔沃上万个汽车部件进行分析，查阅和界定，这项工作真好比数清一头牦牛身上的牛毛一样繁琐，而且不允许出现错误，举个简单的例子：如果一颗沃尔沃车上的异型螺丝，李书福没有从福特手中取得知识产权，将来吉利生产沃尔沃车的时候，福特发来一封律师函说这颗异型螺丝的知识产权归属福特，那么沃尔沃整车的生产都会受阻，甚至停滞下来。

经过一次次交锋，认真的吉利人让福特深受触动，福特当年购买沃尔沃也是想拥有一款高端的轿车，吉利的目的也是如此，既然大家目的相同，还有什么谈不拢的问题呢？双方知识产权的拆分，最后总算达到了彼此的满意，即福特将沃尔沃的知识产权分开来处理。原属于沃尔沃的归属吉利；属于沃尔沃和福特共有的东西，福特留下来，但吉利也拥有使用权；而吉利拿不走所有权的，双方就定一个时间，比如，沃尔沃的某一款车，市场寿命是十年，那么在这十年之中，吉利拥有使用权利。吉利作为沃尔沃百分之百的购买方，在这场艰巨的知识产权谈判中，不仅谈得巧妙，而且谈得扎实，他们能拿的都拿了，而且拿得福特心服口服。

每一次谈判结束都在深夜。李书福会从深夜开始继续开会，研究工作，一个个的不眠之夜就这样过去了，他运筹帷幄，布置任务，掌握方向，以期决胜。赵福全累得一双近视眼变成了老花眼，谈判的吉利高管们因为压力太大，以至于走下了谈判桌，眼前竟出现了幻觉，可是李书福还在坚持。

海明威曾经讲过：没有失败，只有战死。恐怕李书福当时，最能理解海明威这句话的意思。

后来，赵福全曾经这样半开玩笑地说：“想要惩罚谁，就让谁去参加并购谈判，让他去谈知识产权。”

这场胜利来得太不容易，作为吉利人的主心骨李书福，在这次谈判中，不仅是指挥若定“将军”，更是支撑吉利人一路走到胜利的

"精神领袖"。李书福所受的压力是最大的，他肩头承担的责任也是最重的，既然吉利收购沃尔沃已经风风火火地操持了起来，以李书福硬气的性格便不会铩羽而归，如果收购失败，他真的没有想过会怎么办，也许，失败真的和李书福无缘。

李书福在这次谈判中虽然有礼有节，但日本有句格言说得好：即使完人也有七个缺点。如果福特公司提出的条件太过苛刻，他也会拍案而起，做狮子吼状……就在谈判的最后时刻，福特公司竟提出了一个让李书福发飙的新条件：运营资金要一并注入。

一并注入，这纯属一句不负责的话，正常的运营资金是随着汽车的生产逐步注入，福特提出的条件绝对是"霸王条款"！

李书福在 2010 年 3 月 20 日接受媒体采访时表示：如果交易失败，责任不在吉利而在福特！

并购企业的案例，也有买卖双方在最后的时刻功败垂成的事情。比如在这次经济危机最严重时期，美国通用汽车决定出售旗下欧宝汽车，但在通用与麦格纳达成最终协议前，通用临时变卦决定不出售欧宝汽车，这成为当年最乌龙的一个事件。

但幸运的是，让李书福最担心的情况没有出现。双方经过再一次谈判，这个几乎让吉利收购沃尔沃夭折的"运营资金一并注入"的苛刻条件，终于有惊无险地被双方完美解决。

2010 年 3 月 31 日，李书福在北京钓鱼台国宾馆出席了"吉利收购沃尔沃的汇报会"，虽然吉利早在收购沃尔沃开始便向国家有关部门报批，并取得了有关部门的核准，但这场竞购牵涉的资金超过 1 亿美元，超过商务部的境外投资核准的权限，故此召开这次汇报会，目的是要取得国务院的同意，使李书福尽快得到收购沃尔沃的批准证书。

果然，国家对李书福收购沃尔沃采取了积极支持的态度，经过特事特办，终于使李书福在签字的前几天，拿到了批准证书。

李书福想要购买沃尔沃，不仅要取得国内的批准证书，还要取得欧盟和美国的批准，当吉利取得国内的批准证书，接着又通过了美国和欧盟的审查后，这场竞购的所有障碍终于全都被清除干净，只等双方在合同上签字，李书福就可以将沃尔沃纳入怀中了。

可是按下了葫芦起来瓢，沃尔沃工会得知来自中国的李书福即将成为他们的新老板，工会又开始向吉利发难，他们公然声称不要中国老板！

瑞典的《工业日报》曾经发表了沃尔沃轿车工会负责人麦格纳斯·桑德默的声明：如果福特都不能取得成功的话，我们实在难以看出一个中国的汽车企业能对沃尔沃做出怎样的贡献。

桑德默作为一个为沃尔沃工人着想的工会负责人，他最担心的就是吉利无法理解沃尔沃的文化。他希望瑞典政府能够干预这次交易，以保证当地的工作岗位不至于消减和丢失。

桑德默从自身、工会和瑞典的角度出发，有这些担心不足为奇，但他却忽略了一个事实，任何一个国家和民族，都得以某种被动或者开放的方式来接受外来的文化，毕竟现在的世界已经小到了"同住地球村"的程度。

海明威曾经这样讲：每个人都不是一座孤岛，一个人必须是这世界上最坚固的岛屿，然后才能成为大陆的一部分。瑞典的沃尔沃工人们，也需从过去的观念中走出来，毕竟中国经济规模从 2009 年第二季度起就超过了日本，成为世界上的第二大经济体，不接受来自中国的李书福，这个观念完全就是隔年的黄历，根本要不得。

李书福面对沃尔沃工会唱出的"反调"，他清醒地认识到，如果吉利这场并购得不到沃尔沃工会的支持，那么前一段时间吉利所做的艰苦卓绝的努力都将成为梦幻泡影。李书福在2009年10月28日迎来了一场大考，他要同福特高管一起飞赴比利时的沃尔沃根特工厂，同那里的工会代表进行对话。6名来自根特工厂不同工会的负责人就是当天的"考官"。

菲利普·莫蒂埃就是当天其中一位"考官"。他向"考生"李书福提出了一道刁钻的问题：请用三个词来说明为什么吉利是最合适竞购沃尔沃的公司？

福特公司的高管虽然想促成吉利收购沃尔沃这桩生意，但菲利普·莫蒂埃提出的问题实在让他猝不及防，他正尴尬地不知道如何回答的时候，李书福站起身来，他用带着点浙江味道的英文说，"I love you（我，爱，你）。"

菲利普·莫蒂埃后来面对记者采访，他回忆起当时的情形，说道：当时会场爆笑，从那时起，参加会议的各方才真正放松下来，会议才真正开始了。

通过这次会议，沃尔沃的工会完全接受了吉利，也接受了李书福这个来自中国的汽车"小巨人"。

承诺，践行的英雄

扎硬营、打死仗。

——曾国藩

　　吉利收购沃尔沃成功，李书福到瑞典签字的时候，中国工业和信息化部部长李毅中也出席了签字仪式，李书福背后有政府的支持，他心里充满了底气，但他如何成功地规避任何收购者都要面对的可怕的"七七定律"陷阱？李书福收购了沃尔沃之后，又如何保证让沃尔沃一定盈利？

　　2010年3月28日，瑞典正是初春时节。欧洲白蜡，瑞典云杉等树巅上的积雪已经初融，乌鸫鸟已经结束了冬眠，它们飞上枝头，欢喜地在枝丛中跳跃，并发出了喜迎春天的"叽叽"叫声。

　　"叽叽"的鸟叫声让人很容易听成了吉祥和吉利的"吉"字。今天，李书福和福特与沃尔沃三方，要在沃尔沃哥德堡总部完成并购签字。

　　瑞典王国位于北欧斯堪的纳维亚半岛的东南部，面积约45万平方千米，是北欧最大的国家。"瑞典"在瑞典语中是"安宁的王国"的意思。瑞典自然资源丰富，岛屿众多，风采各异，是世界著名的中立国，又有"森林王国"的美誉。瑞典工业发达而且种类繁多，重工业地位突出，不仅沃尔沃汽车公司享誉世界，电讯业、医药研究、软件开发、微电子、远程通讯和光子领域也居世界领先地位。

　　在当日下午15时，李书福陪同中国工业和信息化部部长李毅中，走进了哥德堡沃尔沃总部的签约大厅。李毅中部长当时陪同中国国家副主席习近平，应瑞典首相所请，于2010年3月27日对瑞典进行了访问，今日李部长能够出席吉利购买沃尔沃的签字仪式，确实让李书福感到万分的欣喜与鼓舞。

　　签约大厅中，沃尔沃汽车公司首席执行官斯特芬·奥德尔、瑞典副首相兼工业与能源大臣毛德·奥洛夫松、美国福特汽车公司首席财务官莱维斯·布思早已经等在签约大厅中，当李书福用签字笔在协议文本上力道十足地写下自己名字的时候，记者通过摄像机的镜头记录下了这个必将永存世界汽车发展史的光荣时刻。

泰戈尔有句名诗：弓在箭要射出之前，低声对箭说道，"你的自由是我的"。李书福又一次给了沃尔沃"纵情驰骋"的自由。

李书福在签约之后，在哥德堡的新闻发布会上接受了瑞典和其他国家媒体的采访，一位早已经等不及的瑞典记者抢先发问：你怎么能确保经营好沃尔沃？

李书福信心十足地这样答道：沃尔沃的规模小，研发的费用投入分摊到每辆车的钱款就多，营销服务及整个发展会受到影响。沃尔沃就像老虎，若提高竞争力回到大自然，恢复捕捉食物的能力，就必须把技术、品牌质量和管理队伍充分释放出来。瑞典比利时工厂相当于老虎的心脏和头脑，而它的四肢要伸向全世界。中国是提高竞争力的最重要市场，全力开发新兴市场，巩固欧美市场，这样才能比翼双飞。瑞典和比利时以外建的工厂都是为了推动瑞典和比利时工厂最好的发展，推动沃尔沃更好地发展。

还有记者问的问题非常尖锐："在此之前，吉利并不出名，但沃尔沃已经知名全球，你们是否会拖累沃尔沃的品牌？"

李书福购买了沃尔沃，自然有经营"杀手锏"，他坦然回答："交易本身能够成功，是因为吉利和沃尔沃有共同的价值理念。作为交易的一部分，吉利将继续保持沃尔沃既有的合作关系，包括与雇员、工会、供应商以及经销商的合作关系，最后，我想强调的是，沃尔沃将仍是一家独立的公司，继续保留在瑞典的管理团队和一个新的董事会。

我再次强调，吉利就是吉利，沃尔沃就是沃尔沃。吉利与沃尔沃是兄弟关系，不是父子关系。"

李书福的回答有理有节，滴水不漏，国外的记者也是再一次见识了这位来自太平洋西岸企业家的风采。

华夏大地处处洋溢着春天的气息，国内从事汽车业的人们心中都充满着欢喜：因为我们终于有一款可以与世界任何一款高档豪华轿车比肩的轿车沃尔沃了。

2010年3月30日下午两点，北京东方君悦酒店。李书福从飞机上下来就乘车赶到了酒店，出席了《并购沃尔沃轿车协议签署媒体见面会》。

国内国外几百家媒体，人声鼎沸地等在大宴会厅里，大家都在面露喜色地谈论着这次成功的并购活动。宴会厅的正前方，一块大型蓝底背板上写着"并购沃尔沃轿车协议签署媒体见面会"几个大字，在旁边一个大型屏幕上，吉利收购沃尔沃在哥德堡签约仪式现场的视频、图片，正在不停地滚动播放。

细心的记者很快就发现，"并购沃尔沃轿车协议签署媒体见面会"的前面，竟然没有写吉利两个字，经过吉利公关总监杨学良的解释，大家这才明白："这是吉利践行'吉利是吉利，沃尔沃是沃尔沃'承诺的表现，而且更多的吉利人还想保留一股志气，不在这样的场合去利用沃尔沃来宣传吉利，我们有能力收购沃尔沃，更有能力运营好我们自身的品牌。"

网络上有一句很能安慰人的话：踏实一些，不要着急，你想要的，岁月都会给你。可在现实社会上，你不去争取，岁月都会离你远去。沃尔沃一个"神"级的高端轿车，今日经过李书福之手，终于变成中国人自己的座驾了。

背板前方是一个摆满鲜花的发言台。这个发言台就是众人目光汇聚的核心，今天这里一定是记者闪光灯的焦点，因为李书福一会就要在这里出现，当众宣讲收购沃尔沃的成功经过。

3月30日下午4时40分，吉利专门为收购沃尔沃项目设立的新闻发言人袁小林登上了发言台，他刚刚说完："有请吉利集团董事长李书福先生上台发言！"台下立刻响起了一阵热烈的掌声。

李书福面带微笑，缓步走到发言台前，开始了他的讲话："女士们、先生们，各位新闻界的朋友们，大家下午好。

"在座的各位可能已经从相关的媒体报道获悉，瑞典当地时间2010年3月28日浙江吉利控股集团有限公司和福特汽车公司签署了最终股权收购协议，吉利控股集团以18亿美元收购沃尔沃轿车公司100%股权以及相关的资产，包括知识产权。

"首先感谢国家发改委、国家商务部、国家工业与信息部，以及中央有关部委对吉利并购沃尔沃这项工作的关心、帮助和指导。感谢相关金融机构以及有关支持、帮助吉利这一次并购行动的所有领导。感谢所有关注、关怀、参与吉利并购沃尔沃这个行动的所有的人士。向所有的网民和社会各界以及新闻界的所有朋友表示感谢。同时还要感谢参与这项并购的顾问公司，科技行、律师行，以及所有参与这项工作的成员。

"作为中国汽车行业迄今为止最重大的海外收购之一，这不仅仅是吉利控股集团向前迈出的重要历史意义的一步，也标志着中国和世界汽车工业从此迈入了一个新的历史阶段。全球三大名车之一的沃尔沃，不是有钱就能买得来的，福特选择新的东家有他自身的价值取向和标准。吉利通过多轮的投标，取得了这样一个资格。

"吉利是一家年轻而且发展稳健的汽车公司，经过 20 年的发展，吉利已经成为拥有自主品牌、核心技术以及产品研发、制造、营销能力的中国汽车公司。从与英国的合作，到收购全国领先的自动变速器公司，吉利实现了零部件制造到整车制造的国际化跨越。未来拥有东方和西方两个完全不同的本土市场的沃尔沃轿车，其对抗市场波动的能力必将大大增强。另一方面，中国在采购与研发方面所蕴含的成本优势，必将增强未来沃尔沃轿车的全球竞争力。

"安全与环保是人类对世界汽车行业发展的追求与期待，沃尔沃经历了几个时代的检验，正是以其安全、可靠、绿色、环保和杰出的驾驶体验而享誉全球。沃尔沃具有从主动安全，到被动安全，到一系列的领先的安全技术。沃尔沃发明了三点式安全带，两级出发安全气囊，而且座椅，汽车安全玻璃，轿车安全车身，以及三元催化技术，最近沃尔沃又发明了可以自动刹车的城市安全系统，以及行人保护安全技术。这些革命性的技术为全球汽车工业的发展做出了卓越的贡献，挽救了无数的生命。我们决心进一步提高沃尔沃的工程技术和设计品质，进一步提高沃尔沃的全球竞争力，我们要支持沃尔沃'双零双强'计划的实施。

"什么叫'双零双强'呢，也就是说零伤亡，零污染。双强就是要形成强大的竞争力和强劲的企业生命力，所以我们要把沃尔沃轿车公司打造成一家具有强大竞争力和强劲生命力的世界级超级豪华汽车企业。正如我们一再强调的，吉利是吉利，沃尔沃是沃尔沃，我们非常清楚沃尔沃来自北欧，耕植于瑞典，离开了这个特定的土壤，沃尔沃将不再是沃尔沃，没有根基的品牌，自然就失去了生存的价值，沃尔沃将保留自己的鲜明特点，在瑞典哥德堡的团队和新的董事会的领导下，继续追逐，在顶级豪华汽车领域的发展。吉利不生产沃尔沃，沃尔沃也不生产吉利。

“女士们、先生们，各位新闻界的朋友们，在党和政府的正确领导下，吉利从无到有，从小到大，从简单制造到自主创新，一步一步脚印，健康地成长起来了，我们沐浴着党的阳光雨露，怀着一颗感恩的心，不断攀登科学技术新的高峰。我们积极响应党和政府关于‘走出去、引进来’一系列重大战略部署，按照科学发展观和和谐社会建设的要求，参与全球经济的竞争。

“未来吉利汽车与沃尔沃轿车是兄弟之间的关系，而不是父子之间的关系，他们相互尊重、相互支持、共同发展。有了新东家的沃尔沃，将会制定一系列新的重大发展举措，让沃尔沃恢复往日的生机和活力，迅速形成强大的竞争力与强劲的生命力。愿望是美好的，理想是远大的，但是摆在我们面前的竞争是复杂而无情的，我们的使命崇高而艰巨，我们坚信吉利和沃尔沃这一对兄弟已经做好了应对挑战的一切准备。

“应对挑战靠人才，人才成长靠培养，企业竞争靠团队，团队竞争是企业竞争的最高境界。多年来吉利十分重视人才的培养与团队建设，浙江汽车工程学院、北京吉利大学、浙江吉利技师学院，以及吉利研究院，都是吉利汽车人才培养的摇篮。沃尔沃加入吉利大家庭以后，我们的产学研联动将得到进一步提高，我们的人才培养能力将得到进一步升华，我们一定会在人才与创新方面投入更多、更大的力量，为实现沃尔沃‘双零双强’目标而不懈努力。谢谢大家！”

全世界 99% 的汽车市场低迷，唯有中国汽车市场一枝独秀，只有中国的强大，才有中国企业的强大，没有国家的支持就不可能有吉利收购沃尔沃的成功。吉利收购沃尔沃，这不仅是中国汽车行业迄今为止最重大的海外收购，这次收购还让吉利由一家中国汽车公司变成了一家真正意义上的跨国公司。

汽车公司的并购，风险多于机遇。汽车业有一个共识是：收购一个比自己高出很多的汽车品牌，会无形中提升现有品牌的溢价价值，所以，借船出海的吉利汽车通过沃尔沃，使自己有了一个走向世界的绝佳"跳板"。

但在跨国并购中，70% 的并购没有实现期望的商业价值，而其中 70% 失败于并购后的文化整合，文化差异越大失败的可能性越高，这个规律被人们总结概括为"七七定律"。

吉利收购沃尔沃之后，如何运作，如何盈利，如何规避那个可怕的"七七定律"陷阱？

2011 年 10 月 17 日，浙江在线新闻网站记者罗凤凤曾以李书福入主沃尔沃一周年，员工满意度创 10 年最高，对吉利收购沃尔沃一年之后的经营情况做出了溢美的报道：

在各种争议声中，吉利收购沃尔沃这起中国汽车史上最大的跨国并购案度过了一年。随着沃尔沃的盈利和业绩增长，吉利向沃尔沃汽车的高层和工会证明了实力。同时随着沟通磨合的加强，瑞典人陆续感受到了这份诚意。瑞典各方舆论也在一开始的不安和不信任后，出现中立、客观的赞美论调。在权威的《瑞典日报》上，李书福获得了新的赞誉——瑞典虎。

记者来到沃尔沃总部所在地瑞典哥德堡走访了沃尔沃两个工厂，

耳闻目睹了沃尔沃轿车融入吉利集团一年以来所发生的种种，脑子里总跳出员工普里姆所说的话："刀叉和筷子可以奇妙地融合。"

沃尔沃轿车托斯兰达工厂坐落于哥德堡西北部，工厂面临大海、环境整洁优雅。在这里，沃尔沃仍是瑞典人心目中的骄傲，也是哥德堡向外展示的一个形象窗口，每天都有络绎不绝的旅游团队到沃尔沃参观。沃尔沃博物馆广场前，中国国旗与瑞典国旗一起迎风招展。

这座工厂从 1964 年起开始生产沃尔沃轿车，现年生产能力已达到 25 万辆。沃尔沃博物馆的馆长告诉记者，自从吉利收购沃尔沃以后，来这儿参观的中国人多了，每天大约要接待四五批来自中国的参观者，这是最明显的变化之一。

对于整天埋头在生产一线的上万名沃尔沃工人来说，并购之后的变化并不明显。马格努斯·普里姆是负责沃尔沃 S80、XC90、V60 等车型的车间主任，进沃尔沃工厂已有 20 多年，去年传出吉利收购沃尔沃的消息后，他的部分同事曾有过一些担忧和抵触情绪，"因为不知道接下来会发生什么，不知道中国，更不了解吉利。"

不过这一年多的事实证明，没有什么可担心的，一切都在照常运行，更可喜的是，沃尔沃的销售和业绩都在稳步增长。马格努斯·普里姆表示。说起沃尔沃换新东家这一年最大的变化，这位高大直率的哥德堡人除了竖大拇指外，一时答不上来。

"我很满意现在的新东家，能在沃尔沃工作已成为当地就业者的一种自豪。"普里姆表示，沃尔沃员工工资在当地是非常有竞争力的。这一年来，沃尔沃的员工工资分文未降，眼下工厂生产繁忙，几条生产线均保持全负荷运转……

瑞典王国财政部长安德斯·博格日前会见吉利集团董事长李书福后，对吉利集团投资沃尔沃运行一年来所取得的优秀业绩、专业化运作水平、给当地创造的就业机会等给予了高度评价，特别肯定了吉利集团作为一个负责任的企业公民为瑞典经济发展做出的贡献，"吉利收购沃尔沃堪称瑞中商业合作的典范，为中国印象加分。"

"收购一年多来，沃尔沃工厂没有裁减一个工人，根特工厂到年底还增加1000个就业机会。"沃尔沃轿车比利时根特工厂总经理格利特·布鲁尼很自豪地告诉记者。尤其在今年欧洲经济不景气的情况下，工厂产销将较去年同期提升25%以上，达到27万辆，创下根特工厂45年的历史最高纪录，成为比利时当地最具竞争力、发展最快的汽车制造工厂。

吉利收购沃尔沃成功后，有媒体将其比喻成"蛇吞象"，也有人将其比喻成一个"农村的小伙娶回来一个欧洲的公主"。

这场吉利收购沃尔沃的大胜，李书福仿佛占了很大的便宜。其实这种观点要不得，中国有句古话讲得好：英雄不问出处。谁能让中国的汽车卖出国门，谁能赚来欧元美钞，谁能为国家的建设出力，谁能为老百姓造福，谁就是值得敬佩的英雄。

第八章

鸿业远图：成功的诀窍

鱼不可脱于渊，国之利器不可以示人。

——老子

李书福口无遮拦，他的嘴里经常会爆出惊人之语，而且他这些充满"爆炸力"的话一出，经常会被媒体炒上头条。李书福除了"造汽车有什么了不起，不就是四个轮子，一个铁壳子，外加两沙发吗?"等"豪言壮语"，还讲过哪些让人"瞠目结舌"的话？李书福为什么要讲这样的话？其实，李书福是用这样的讲话方式，在对吉利车做概念营销，要知道：善奕者，谋势；不善奕者，谋子。只要"吉利"两个字被国人牢牢记住，那么他的目的也就达到了。

这是一个变革的时代，这是一个技术大爆炸的时代，吉利收购沃尔沃被李书福比喻成"万里长征刚刚走了第一步"，吉利接下来还要干什么，还要怎么干，确实是一件非常重要的事情！

既有非常之能，必有非凡之处。吉利以前是个家族企业，后来终于走上了现代化管理的正轨，它在管理上究竟有什么过人的地方？国内众多的企业家们需要向吉利学习什么？

吉利如何吸收资金，如何开发市场，它在用人方面、管理方面、市场营销和研发创新方面，究竟有什么独门的秘籍，值得致力于企业的人士奉为标杆，躬体力行呢？

言辞，深刻九句话

言辞是行动的影子。

——德谟克利特

李书福曾经讲过九句意境深远的话，分别是：最低的理想、最具赌性的话、最狠的话、最有远见的话、最具哲理的话、最生气的话、最感人的话、最长国人志气的话和最真诚的话，这些话让人听起来，真有百感交集和五味杂陈的感觉。李书福这样一个农村青年，没有资源，没有背景，没有资金，他凭着一双赤手打天下，能够在竞争激烈的汽车制造市场占有一席之地，真的是太不容易了。

李书福有一个最"低"的理想，他曾经对着媒体这样说："我那时不爱学毛笔字等文化课，经常逃学，说要帮父亲干活……可在小学的时候，我的理想就是当一个工人，一个月能赚 30 块钱。"

李书福是个"草根"企业家，他最初的理想并不奢侈，只想跟土地爷说拜拜，然后进城当一个"旱涝保收"每月都能拿到工资的工人，可是随着命运将李书福推上创业的快车道，他终于有机会修正自己的理想，并一步一个脚印地向着自己的汽车梦，开始"两万五千里长征"。

李书福曾有这样的回忆：小时候我赌过钱，比方说赢了 1 块钱，全放下，变 4 块了；全放下，变 8 块了；再全放下，变 16 块。有些人赢了 1 块钱，就收回 5 毛，他赢的钱明显比我少得多。但我这种弄法，可能最后一次全没有了，一分也不剩。

李书福是在用信心赌他自己能赢来整个世界，目前看来，他是胜了，虽然将来我们不知道他是否能取得更大的成功，但有一点可以肯定，没有信心的人一定连梦想都没有。而梦想就是照亮这个世界任何一扇门的"光明"。

李书福在讲这句最具"赌"性的话时，他甚至不忘为自己找好了一条后路："你说我怕什么，失败了没有关系，回去。我种地、养鱼、养虾……怕什么呢？有吃有喝。"

李书福在他退出足球俱乐部，并向媒体揭露足球黑幕的时候，讲了一句最"狠"的话："牺牲我一个，清白了中国足球，这个代价值得，我再说一遍，该我进监狱就进监狱，枪毙也不怕！"

从这几句铿锵有力、掷地有声的话看来，李书福浑身上下充满了拼命三郎的劲头，有热血，就有冲劲；有硬气，就不会低头。

关于合资，李书福自有高论，他讲了这样一句最有"远见"的话：合资就是抽鸦片。合资确实可以拉高当地的 GDP，可以让当地政府的政绩突出。可是合资带来的却是民族品牌的消亡，国内的工厂沦为洋品牌的组装车间，而工人们则成为外国人的打工仔。

合资换不来最新的技术，合资合不出民族企业真正的发展。吉利肩扛民族汽车工业的大旗，在被合资企业包围的窄巷子里左冲右突，最后杀出一条血路，终于使吉利汽车脱颖而出，成为一款老百姓买得起的汽车。

李书福讲的最具"哲理"的一句话是：活着是为了更好地死去，每个生命最终都会似豆荚般爆裂以撒下孕育已久的种子，一个人的天赋和努力，他所经历的危险，他的坚持甚至是最终的死亡，都是为了造就一个高尚的人。

有人说，我们都是被上帝咬了一口的苹果，我们生而为人都不完美，但我们却要知道如何使自己完美，使自己高尚。李书福做汽车的同时，就是在证明和完善自己。

收购了沃尔沃之后，李书福从瑞典人一丝不苟的工作态度中明白了什么叫生活真谛、什么叫社会责任。文明的建立不是靠机器而是靠思想，不管如何造车想要造一台好车，首先思想不能落后。

做企业有一句名言：不要将所有的投资都放到一个篮子里。2002 年，李书福曾玩起过传媒业，李书福投资 1500 万打算打造一个"传媒集团"，可是最后却以失败而告终，李书福说了一句最"生气的话"："以后不会投资媒体了。"

李书福在海南"炒"房地产失败，他也曾说过这样一句话：我只能干实业。投资传媒失败，这也许是好事，因为严苛的事实再一次告诉他，也许干实业是李书福唯一的出路。

海明威就说过：除非你是斗牛士，否则没有谁的生活只进不退。智慧在失败中成长，人格在后退中成熟，后退有时也是一种智慧。

2008 年 5 月 12 日 14 时 28 分 04 秒，四川省阿坝藏族羌族自治州汶川县发生里氏 8.0 级地震，李书福闻讯后，写下了这样一首诗：《沁园春·汶川》

西南大地，千里废墟，万里疮痍。灾天府内外，举世援急。汶川遍野，飞鸿哀啼。山移地摇，城毁楼倒，顿失家园泪如潮。辟险径，开路架悬桥，天兵飞到。

救命含泪微笑，唤无数生灵抢分秒。生死关键时，痛哭拥抱；伤海茫茫，碧血滔滔。伟大中国，历经磨难，华夏风采永不倒。看眼前，殇灵魂云集，情最重要。

李书福写完这首心系汶川、情真意切的诗后，说了这样一句最"感人"的话：我们的心和四川人民，和灾区人民在一起，同呼吸，共命运。

在李书福的号召之下，吉利集团先期筹集了 1000 万善款，他个人捐助 120 万支援灾区。吉利集团还启动了"吉利未来人才基金"和"李书福资助教育基金"的计划，李书福还委托浙江职业技术学院、浙江吉利汽车工业学校在 2008 年秋季招生中，面向四川地震灾区，重点帮助因灾而成为单亲家庭子女和家庭生活严重困难的学子，并定向招收 800 名应届初、高中毕业生，为他们提供学习期间的全部学费，毕业后在四川吉利生产基地安排工作，这项资助计划总计费用将达到 1250 万元。

李书福讲的最长国人"志气"的话是："未来沃尔沃瞄准的是

奔驰和宝马。"

世界五大量产豪华车按销量排名是宝马、奔驰、奥迪、雷克萨斯、沃尔沃；按品牌价值排名奔驰无可争议占据第一；在中国，沃尔沃的品牌溢价排在奔驰、宝马之后，略高于奥迪，但品牌影响力却不及奥迪。

李书福有一次当众发言，当他说出"感谢党，感谢政府，感谢这个伟大的时代"的时候，台下竟然有很多人在笑，他很委屈，也有点激动地解释：我讲的是真心话。

李书福在接受媒体记者采访的时候，当记者问及企业和政府关系的时候，他这样最真诚地回答：我们是在政府领导下开展工作的，政府让我们怎么干我们就怎么干，这个是很重要的。这是中国市场经济一个非常重要的原则，没有什么好讨论的，我认为听党的话，按照政府的指示办事，这肯定是对的。

如此质朴的语言表达出了一个民营企业家的心声。

愿景，急流要勇进

青，取之于蓝，而青于蓝。

——荀子

一个人的梦想不止，追求就会不断。李书福收购沃尔沃之后，他即刻出台了一个大手笔，计划在2012—2017年投资110亿美元，在SPA可扩展平台架构以及基于该平台上未来大量产品的开发。

混合动力、全自动驾驶这些高新的技术，李书福自然也要参与，这些令人神往的高科技，又究竟能给我们的生活带来什么样的不同？

兰德是美国著名的咨询公司，该公司经过千百次总结，最后对于企业管理给出了这样一句经典的话：世界上每 100 家破产倒闭的大企业中，85% 是因为企业管理者的决策不慎造成的。从这句话我们可以看出，一个合格的企业领导者对一个企业的重要性。

李书福有一子一女，儿子名叫李星星，李星星一开始在吉利摩托任董事长，后来李书福全力支持儿子李星星拓展资源业务，并斥资七亿助力李星星在巴西购买 SAM 铁矿。

铁矿石是钢材生产的最上游产品，在汽车制造业中，钢铁作为主材占据相当重的比例。吉利此举意在抢占上游资源，李星星海外购矿，很显然吉利汽车是在为未来进行布局。

2011 年 10 月 18 日，一个风和日丽的好日子，台州耀达国际大酒店门口，忽然停下了一列崭新的婚车队伍。这列婚车的队伍，由一辆白色阿斯顿马丁打头，后面跟着 8 辆沃尔沃 XC60 和 8 辆吉利帝豪，其实在富裕程度较高的台州，这样的婚车队伍并不起眼，可是结婚的新娘姓李，名叫李艺，她就是吉利集团董事长李书福的女儿。

李书福在现场颇为激动，几度差点落泪："我平时工作忙，经常出差，也没怎么照顾到女儿，我很对不起她。如今她出嫁了，我也非常舍不得。"

李艺没有跟随父亲打拼家族产业，而是选择到上海一家投资管理公司上班，任副总经理。李书福的亲家原是台州路桥区某局的一名领导，后来下海转战房地产，目前在海南做生意。李艺的对象参过军，瘦瘦高高，长得挺帅，忠厚老实。

时光荏苒，岁月如梭，李书福一路走来，直到嫁女的时候，他已是 48 岁的中年人了。李书福在一次电视采访节目中，曾经讲过一段鼓励大学生创业的谈话，大意是说："年轻人要趁着有朝气，有活力，有拼劲的时候创业，不然到了中年的时候就失去创业的动力了！"

李书福还用自己作比喻，他说自己以一个中年人的身份再去重新走自己走过的创业之路，已经是不大可能了！

李书福真的老了吗，他真的失去创业的激情了吗？答案显然是否定的。

李书福送给女儿做嫁妆的阿斯顿·马丁价值四百万，该车的一些零部件便是由李书福的吉利生产的。有网友曾经这样笑谈：沃尔沃和吉利都是老李的，莫非老李的下一步目标是阿斯顿·马丁？

李书福的脚步从来也没有停歇，他早已经做出了自己的计划，首先在 2012—2017 年投资 110 亿美元，在 SPA 可扩展平台架构以及基于该平台上做未来大量产品的开发。SPA（Scalable Platform Architecture）可扩展的平台架构，是指大多数的沃尔沃车型的汽车架构，不论车辆大小和复杂性可以建在同一条生产线之上。

在这款平台之上，沃尔沃 XC90 是 VolvoXC 系列车中的顶级产品，它是 Volvo 汽车在全球首次推出的全轮全时驱动新一代 SUV 车型。自全球推出后，沃尔沃 XC90 即赢得市场好评如潮，先后获得世界几十项奖项，在美国被评为年度最佳 SUV 的荣誉。

沃尔沃 XC90 上市，李书福便玩了一把"限量"的饥饿营销。为纪念沃尔沃公司成立 87 周年，这批 XC90 限量生产 1927 台，每辆车都有自己的专署编号，中国区配额500辆，售价105.8万元。

当晚配额中国的 500 台 XC90 被抢购一空，百度联合创始人、主席兼首席执行官李彦宏拿下 888 号；香港电影导演、编剧和制片人吴宇森获 803 号；联想控股股份有限公司董事长柳传志为 1109 号……

2014 年 2 月，李书福在谈及汽车的升级和转型问题的时候，曾经这样语重心长地说：现在国家提倡转型升级……如果不转型升级，那就是就地死亡；你要想继续生存和发展，就必须要转型升级。

电动汽车就是目前最环保的汽车。提起电动汽车，就不能不提美国的特斯拉汽车公司（Tesla Motors），该公司成立于 2003 年，是一家生产和销售电动汽车以及零件的公司，其总部设在了美国加州的硅谷。

特斯拉是世界上第一个采用锂离子电池的电动车公司，该公司由斯坦福大学的硕士辍学生埃隆·马斯克（Elon Musk）与硕士毕业生施特劳贝尔（J. B. Straubel）共同创立，特斯拉汽车公司推出的首部电动车为 Roadster。

吉利作为一个具有自主研发能力的汽车公司，一直致力于研发出耗能低、成本少、绿色健康环保的家用轿车。2014 年 4 月 18 日，吉利汽车在北京车展发布会上，首发了一款精心打造的帝豪 Cross 插电式混合动力概念车。

该车拥有 65kW + 40kW 双电机系统，以及 10kWh 的动力电池，可在纯电动模式下行驶 50 公里，最大续航里程 650 公里，插电式混合动力车，能实现低至约 2 升的百公里油耗，以极低的油耗完成超长距离的行驶。如果驾驶员想让汽油发动机和电动机同时开启，只要按下控制按钮，即可体验电动机和发动机瞬间爆发的强大加速度，该车计划于明年下半年推向市场。

吉利汽车的研究人员目前致力于替代燃料，油电混合、插电式混合动力以及纯电动汽车的开发。吉利控股集团总裁安聪慧先生表示："吉利汽车将持续加大新能源领域的技术研发投入，加速市场化进程，让吉利汽车的新能源技术和产品早日为'美丽中国'建设添砖加瓦。"

纯电的汽车，一直有两大难关难于逾越，"拦路虎"似的阻碍着电动汽车的发展。这两大难关，一个是电池使用寿命另外一个就是电池行驶安全的问题。

电动汽车应用的电池一般可分为：铅酸蓄电池、镍基电池、二次锂电池、空气电池等类型。可是电池充放一次电，电池使用寿命就会减少一些，电池的使用寿命，始终是制约电动汽车高速发展的瓶颈。

特斯拉 Model S 将电池放在车底的设计在安全性方面备受关注，之前就有在美国公路上因一块金属片高速打中电池而导致整车烧毁的惨剧，虽然特斯拉随后在电池下方增加了率直偏转板、钛制底盘防护罩。但这样的设计是否安全还有待进一步的考察和验证。

自动驾驶是每一个汽车驾驶者和汽车制造商的美好梦想。这个只存在于科幻电影和作家笔下的想象：驾驶者只要插入了钥匙，汽车发动引擎，整车便处于自动驾驶状态，驾驶者可以躺在汽车里美美地睡上一觉，睁眼醒来便已经到了办公室或者是目的地。如此美好的幻想，真正能出现在我们的生活中吗？

首先，宝马和百度在 2014 年正式签署协议，双方准备在未来三年的合作期内，在车辆使用、驾驶策略、地图、配套基础等多个方面，共同合作研发高度自动化驾驶技术。

继宝马准备向自动驾驶技术进军后，日产汽车也表示会将旗下全自动驾驶车辆投放到市场，日产高管还说，虽然目前未在自动驾驶车领域同谷歌合作，但未来不排除这一可能性。

随后，奥迪官方也不甘示弱，他们表示，奥迪 A9 将在 2016 年上市，并配备自动驾驶技术。

吉利作为国内真正意义上的第一家跨国公司，在这个新能源、新技术大量应用于汽车的年代，自然不会落伍。但华为的老总任正非谈创新的时候，曾经这样说：快三步是先烈，快半步是英雄。超前发展的事情，吉利绝对不会干。

由《英才》杂志发起，联合新浪网、北京青年报共同主办的"中国年度管理大会"于 2013 年 11 月 29 日在北京召开，吉利集团董事长李书福在大会发言中指出，沃尔沃将在 2014 年推出全球首款高度自动驾驶技术的汽车。

沃尔沃为了应对尽快掌握汽车的自动驾驶技术，工程师们在哥德堡城选择了一条长约 50 公里的交通主干道，并投放了 100 辆自动驾驶汽车进行实验。这条主干道交通繁忙，十字路口众多，兼之红绿灯闪耀。这些实验汽车使用传感器、摄像机和全球定位系统分析周围的交通情况，自动选择交通路线，能在遇到危险的时候，自动行车、刹车和泊车。

李书福介绍说："目前在市场销售的大部分沃尔沃车型都已具备了自动刹车功能及自动跟踪技术，这些配置是目前全球最领先的技术。"

如果将"吉利一号"诞生的 1994 年作为吉利的元年，到 2014

年，吉利汽车已经走过整整 20 年，李书福从最初的亦步亦趋的模仿，到最后努力研发，再到最近并购引进，超常规发展，相信在汽车制造这样马拉松比赛中，他不一定最先到达终点，但他有可能是笑得最彻底的那个人。

剖析，吉利成功路

> 重师者王，重友者霸，重己者亡。
>
> ——徐鹤宁

家族管理因为弊病太多，一直为企业所诟病。吉利从家族管理转型到现代化的企业管理，自然也经历过"阵痛"。吉利的成功，李书福作为该企业的掌门人，不论是在用人、研发还是在最关键的市场销售上，都发挥着关键的作用。让我们走近吉利，走近李书福，毕竟学习的目的是为了借鉴，而借鉴的最后自然是超越！

吉利集团一开始的时候实行的是家族管理，李书福的兄弟亲戚一起上阵，大家各司其职，迅速让吉利集团在市场上立住了脚跟。可是随着吉利越做越大，当李书福开始冲击国内汽车大市场时，吉利家族企业管理混乱，财务不清，市场观念跟不上形势等问题竟一起涌现了出来。

家族企业唯一的好处就是，在创业初期可以使几个人手里零散的资金汇集成一道可观的"钱流"，更因为彼此间有亲情血脉相连，故此可以心往一块儿想，劲儿往一块使，可令企业迅速打开局面。

国内有不少关于家族企业迅速成功，接着因为家族企业的弊病，又迅速消亡或者重组的例证，比如，太子奶、花都集团等。

美国一所家族企业学院的研究显示，约有70%的家族企业传不到儿子这一代，而88%未能传到孙子这一代，只有3%的家族企业在第四代及之后还在经营。麦肯锡咨询公司研究结论是：家族企业中只有15%能延续三代以上，很多小企业都难逃脱家族企业的魔咒，在世界上只如昙花一现，便流星般陨落了。

为了吉利的成功，李书福要尽快地与难成气候的家族管理说"拜拜"。可是李书福引进职业经理进入吉利，这样做的结果无异于是和亲情做"割舍"。李书福这种"割肉疗伤"之举在当时不被人所理解，他在接受记者采访的时候，曾经这样痛苦地说：他们都说我很"坏"。

如果没有破釜沉舟、壮士断腕的决心，吉利是否能走到今天并第一个成为真正意义的中国跨国汽车企业，还真的不好说。

企业竞争不仅是知识产权的竞争，更是这家企业"掌门人"格局和心胸的竞争，也就是说：心有多大，企业就能有多大。

李书福的管理是人性化管理，人性化管理和华为的"狼性化管理"截然不同。李书福把握企业前进的大方向，大方向被制定出来后，李书福用人不疑，充分放权，使管理者和员工的聪明才智得到最大的发挥。这也是吉利异军突起，快速成长的一个重要秘诀。

吉利的人才培养更是走到了其他企业的前面。一开始的时候，吉利并没有培养自己企业所需人才的专门机构，李书福采取的是四处"挖人"的办法。

当年刘关张三兄弟去隆中三顾茅庐被传为美谈，李书福为了挖来一个汽车业的顶尖人才，他可以历经几年，多顾茅庐，不达目的决不罢休。

世界上最无价的东西是人心，要赢得别人的心，只有拿自己的心去交换。这句话是海尔集团总裁张瑞敏说的，但李书福却始终在践行这句话的真谛。

吉利的研发团队位于浙江台州临海吉利研究院，建筑面积 2 万平方米。院设有一室六部，即院长办公室、产品开发部、试制试装部、试验部、造型部、信息标准部、CAE 分析部，现有员工 300 余人，其中高级技术人员 50 余人，特聘专家、研究员级高级工程师共计 30 余人。

吉利汽车研究院有较强的轿车整车、发动机、变速器和汽车电子电器的开发能力，在 2005 年一年获得各种专利 100 多项，其中他们自主开发的 4G18 发动机、自动变速器和 EPS 系统，开创了国内汽车市场的空白。目前已经获得各种专利 718 项，其中发明专利 70 多项，国际专利 26 项等令人羡慕的好成绩！

企业最大的资产是人，松下幸之助的话说得没错。吉利的生产、技术、研发和财务有了国内最顶尖的专门人才加盟管理，李书福腾出手来，开始办学。随着一所所专门培养各类实用性人才的学校拔地而起，学校的生源只增不减，为此，《中国青年报》对"北京吉利大学缘何招生火爆——校企合作让吉利学子走俏职场"，做了专题的报道。一批批技术精良的技工毕业后被源源不断地输送到吉利下属的企业。吉利汽车的质量也有了长足的进步和提高。

吉利的"订单教育"更是让人称道，学校利用自身与全国近

3000家企业的优质网络资源，为学生就业打开了方便之门。

吉利集团还就其汽车制造的关联产业对学校下了订单，凡愿在吉利集团工作，进行专业对口学习的"接单"毕业生，集团将优先录用。

中国当代著名报人丁法章，现任吉利大学副校长、新闻传播学院院长，他告诉记者：吉利大学为社会培养人才为己任，并以毕业生的就业率"论英雄"，凡是最终就业率达不到85％的，就是"滞销专业"，就得停止招生。

北京的吉利学院经过超前的发展，目前已经成为全国十大民营大学之一。

吉利在由家族企业向现代化管理企业转变的时候，还专门实施了一次"源动力"工程，事实证明，此项工程确实促进了吉利企业的发展。

不管制造汽车的机械多么先进都要由人来操作，吉利开展"源动力"工程就是以员工为中心，最大限度地激发广大员工的智慧，增强他们为企业创新的力量，并从源头上去寻找动力，以推动企业持续发展。

吉利集团的具体做法是：首先是激发职工的创新活力，对职工的创新成果不仅以职工的名字命名，比如"郑新忠充液阀控制管路改造""蔡杰轮胎自动充气设备""施绍良辅助焊接限位装置"等，命名的同时，还对发明人予以重奖。

接下来，"职工技能大比武"也开展得如火如荼，这项活动不仅是创新活动的一个亮点，通过这项活动还能大大增强和提高职工的技术水平。

最后就是搭建职工成长平台，为技工最终成长为高级技师和特级技师铺路，并适时加强职工的文化和素质工程建设，增强了企业的核心竞争力，提升了企业形象。

李书福有一次接受记者采访，被问及吉利一线员工的真实薪酬时，他这样回答：（我们的薪酬）不是最高的，也不是最低的，看哪一个级别的员工。如果讲一线员工的话，看跟哪一个企业比了，总体来讲是中上水平。我们现在正在努力，每年我们有一个目标，最终要实现在吉利工作的员工是全中国收入最高的，这个我们正在制订计划，我们要研究如何去实现它。

吉利的研发可谓任重道远，一开始的时候，李书福用铅笔、直尺外加榔头，然后借鉴国外的车型最后敲出了"吉利一号"，李书福为了造车，为了拉近和世界名车的距离，借鉴一些成熟技术也是在所难免。

但抄袭和借鉴永远也无法支撑起民族企业的发展。吉利逐步壮大后，他们就开始走上了自主研发之路，吉利先是研制出可以替代丰田的发动机，接着重点研制的 CVVT 发动机，其性能可达到"国际先进，中国领先"的水平。

吉利的自动变速器，一直受制于人，可是李书福面对国家投资八亿，历时两年，几百名技术人员一起攻关也未搞成的自动变速箱项目，他还有必要展开研发吗？

李书福给出了这样一个近乎疯狂的回答：即使有 20% 的成功希望，吉利也要做，那 80% 的风险由公司承担。

李书福迎难而上，轿车的动力总成的关键部件自动变速箱，终于被李书福搞成了。没有自己独有的知识产权技术，永远受制于人，为了打破国外的技术垄断，李书福只有拼了！

吉利的研发一直在努力地进行，但面对国外汽车巨头动辄上百年的技术积累，李书福在研发的同时也不惜巨资，开始购买国外现成的技术。经过引进和开发，这种"站在巨人肩膀上"的办法，让吉利的造车技术突飞猛进，超越常规发展。

吉利的营销才是吉利发展的重中之重。举个简单的例子，有媒体说华为是"三流的产品，却卖出了一流的价格"，任正非最重视营销，在华为内部分工中，市场部便是很大的一个部门，华为有一条内部规定，即所有部门都是以用户为中心，每个部门都是对销售最终负责。

难以想象，一个不重视营销的企业会在市场经济的大潮中站稳脚跟。李书福不仅是一个合格的企业家，他更是一个不错的营销大师，他注重吉利品牌营销的同时，还极其注重概念营销。

吉利汽车一开始的时候并没有大笔的资金做广告，李书福就经常"口无遮拦"地在公共场合说"错话"。李氏的雷人雷语经常被报纸当作头条炒作，不明就里的人还会用幸灾乐祸的口气嘲笑李书福，殊不知这正是李书福概念营销的高明之处。

李书福善于制造新闻，他在制造新闻的同时，也将吉利车亲民的形象深深地植入到了消费者的心中——这就是被销售的精英极力推崇的概念营销，殊不知李书福从出道开始，便开始玩这种营销模式，他已经玩得炉火纯青。

他还不止一次地告诫营销人员，要善于"把每一个用户服务好，变成朋友，让这些朋友帮助宣传、推广吉利汽车的优点，形成良好的口碑链，制造良好的吉利汽车营销氛围，从而使更多的人选用吉利汽车，达到卖一辆带动十辆的营销水平"。

李书福的魄力，李书福的远见，李书福的身上有很多值得商界同仁学习的东西。并购沃尔沃成功后，他能给民族的汽车企业带来哪些惊喜值得期待。

第九章
风流人物：认识李书福

根基，睿智和魄力

> 小胜凭智，大胜靠德。
>
> ——牛根生

　　想要成为一个合格企业家，不仅要有智慧还要有魄力。智慧让思想插上翅膀，而魄力支撑着实干。李书福从来都不是一个空想家，更不是蛮干家，他是怎样敢想敢干，最后成就了吉利汽车呢？还是让我们走进李书福用睿智和魄力两根支柱支撑起的"汽车王国"去见识一番。

李书福长相敦实，微胖，笑眼，很质朴的脸上经常挂着友善的微笑。李书福工作起来，脸上的胡子茬儿经常忘记打理，就是这样一位台州籍的著名企业家，经常自诩是"青年农民"。

李书福"龆年稚子"的年龄时，并没有表现出多么睿智，曾几经辍学，因 15 分的差距没能考上大学。

李书福为了生活做出了一个选择，那就是走向社会，自己养活自己。学校只是让李书福成长，而社会给了李书福经营企业的睿智和魄力。

在钢筋水泥的丛林里，只有适者才能生存，但想要生活得好，那就只能变成强者。照相对于李书福来说，完全是一个陌生的行业，但李书福在"野照相"一年后，却开了一家照相馆。为了开这家照相馆，李书福竟然自己做了一台相机。

相机的原理不很复杂，可是要想造出一台能拍出顾客认可的照片的相机，那绝对不是一件容易的事儿，李书福很轻易地办到了，可见社会这个必须面对的大学确实教会了李书福很多生存的智慧。

李书福曾经在一次接受记者采访的时候说，他当时想将自己的照相馆开遍全中国，可是却没有那么大的本钱。

李书福并没有去购买什么废液提银的秘方，他凭着自己在高中所学竟将废液提银变成了现实，他凭着自己的聪明成为台州地区第一个做这种独门生意的人。可是这种生意由于门槛太低，只要拿钱，就可以买来废液提银的秘方，台州一时间出现了很多李书福的竞争对手。

李书福根本没有想着如何与这些"新入行"者进行竞争，一个冰箱上的异型零件所能带来的机会，让李书福牢牢抓住了。

李书福用他睿智的头脑做出了一个这样的决定，那就是开一个冰箱配件厂，即使蒸发器这样高难度的配件也被李书福给制作出来了。冰箱配件厂只是李书福经商路上的一个台阶。冰箱零件的供不应求自然代表着冰箱的热卖，与其制作冰箱配件，还不如自己制作冰箱。

李书福的睿智和魄力在这时候又一次爆发。李书福生产"北极花"冰箱，让他结结实实地赚到了一桶金，同时也赚取了经验。

没有经过失败的企业家，绝对不是一个好的企业家。李书福海南投资房地产失败，让其明白了一个道理，那就是：他只能搞实业。

中国的第一块镁铝曲板在李书福的手中出现，国内第一台豪华型踏板摩托车在李书福的手中诞生，第一个吃螃蟹的人是很令人佩服的。

李书福的睿智和魄力经过成功、失败、挫折和厄难的锻炼，变得真正成熟起来。他在 1997 年做出了一个决定，那就是要造汽车。

在当时国内既成的汽车格局中，不允许民企造汽车，民企即使造出汽车，国家也不会给"私生子"般的汽车发放准生证。可是李书福睿智的头脑告诉他，将来国内的汽车格局一定会变，国家绝对不会乐于看到合资汽车企业"一统天下"的局面。

不管面对多大的困难，李书福都如"老黄牛"一样，在汽车这块领地上努力地耕耘。果然，李书福成熟的睿智并没有欺骗他，就在中国加入 WTO 的前一天，他终于拿到了吉利汽车的准生证。这段非常的经历，曾经被人称作：先上船后买票。

虽然李书福有技术储备，有生产场地，有造汽车的技工，有所有造汽车的设备，但他却没有一头扎进利润丰厚的"高档"汽车的竞争行列。因为当时国内不缺高档和中档汽车，缺的是老百姓能买得起的低档汽车。

李书福的睿智告诉他，进军空白的低档汽车市场更容易让吉利成功。李书福的判断是正确的，吉利"造老百姓买得起的好车"的观念，让李书福迅速在汽车市场站稳了脚跟，吉利汽车低价的政策成了撬动国内汽车暴利的神奇"杠杆"。

随着国内其他厂家高中低档汽车的大降价，李书福却反其道而行之，他又适时改变了自己造车的战略，那就是要造"安全、健康、环保的好车"！

李书福用其睿智的头脑，适时提出这个观念绝非冲动更非冒进，因为李书福已经有了制造中高档轿车的技术积累。

早在 2002 年，李书福在临海开中层干部会议时，就曾经这样说："我们要去买沃尔沃，现在起就应该做准备！"

事情的发展证明李书福的判断是对的，当 2008 年到来之际，世界爆发了金融危机，虽然多国中央银行多次向金融市场注入巨额资金，却也无法阻止这场金融危机的爆发。2008 年 9 月，这场金融危机开始失控，并导致世界上相当多的大型金融机构倒闭或被政府接管，并引发了持续的经济衰退。

随着 2008 年全球金融危机的蔓延，沃尔沃轿车出现巨额亏损。美国的福特公司到 2008 年底为了避免进一步陷入困境，准备卖掉沃尔沃回笼资金，这也是福特汽车降低成本、减少债务、重新实现盈利的重大战略决策之一。

经过艰苦的谈判，李书福终于过关斩将，成了为数不多能够有资格购买沃尔沃的买家。沃尔沃有两万名工人，而代表这些工人的工会，却对"李书福并购沃尔沃后工人是否会被裁员，薪金待遇是否会降低"这几个问题心存疑虑。

李书福能否取得工会的支持，是他能否并购沃尔沃成功的最大考验。

福特公司宣布吉利成为沃尔沃轿车公司首选的竞购方之后，李书福率领吉利高管直飞瑞典，他要同福特公司的高管一起，与沃尔沃厂方的工会直接展开对话。

沃尔沃的工会成员给李书福出了一道难题：用三个词来说明吉利公司是最合适竞购沃尔沃的公司！

面对这道难题，吉利的高管们无法回答，关键时刻李书福讲出了"I love you"这三个带着温度、带着智慧的词语，立刻让沃尔沃工会的成员报以热烈的掌声。

李书福从 2002 年提出收购的愿望到 2010 年 3 月落槌敲定，可谓"八年抗战"。"沃尔沃"在拉丁文里是"滚滚向前"的意思，这家"滚滚向前"的公司，李书福只用了 4 个月就完成了对其的并购。

李书福的终极梦想：吉利将形成高、中、低三大品牌，并在将来有可能造全自动驾驶汽车、电动汽车。我们有理由相信，凭着李书福的睿智和魄力，一定会将这个理想变成活生生的现实！

诗歌，心灵的奏鸣

人们历来认为，诗歌有一种神奇的力量，因为它能振奋起人的精神。

——培根

李书福是有才华的，他不仅写过"中国车，飞多高，奋战十年变大雕"这样充满豪情、铿锵激昂的诗句，他还写过吉利大学的校歌，写过给国人许多鼓励和启迪的《人在旅途》这样的流行歌曲。走进李书福的诗歌世界，也许就能体验到一个高歌猛进的新时代！

世界第一部昆虫学专著《促织经》由宋朝人贾士道写成；世界第一部植物学辞典《全芳备祖》由宋朝人陈景沂写出；宋朝陈仁玉写了世界第一部食用菌专著《菌谱》；明朝的王士性是第一部经济地理书《五岳游草》的作者；冯洪钱花毕身心血著作了填补我国兽医科学空白的巨著《民间兽医本草》。这些作者均是浙江台州人，这些著作有一个共同的特点，那就是和老百姓的生活休戚相关。

从上可看出，台州人重实际，同时从另一个侧面也可以看出台州确实是人杰地灵、文人辈出的地方。

李书福高中毕业后，便开始了照相生涯，随着他不断的努力，事业也越做越大，他才发觉自己所学的知识越来越不够用。他就利用时间先到深圳去学习，接着又到哈尔滨理工大学深造，并先后取得了管理工程学学士、燕山大学机械工程硕士、哈尔滨工业大学博士的学位，以及经济师的职称。知识帮助李书福在商海中遨游，并随时指给他前进的方向。

李书福白手起家，创办吉利集团。1999 年底，吉利集团员工发展到近万人，总资产 20 多亿元，年销售收入 30 多亿元。李书福工作是勤奋的，他每日都工作到半夜，但他有一个可以抒发感情，鼓舞自己不断进取的"雅好"，那就是写诗。

在西子湖畔的杭州城滨江区江陵路 1760 号，耸立着吉利集团的总部大厦。大厦雄伟壮观，走进这座大厦，当你闭上眼睛抚摸着这座大厦，想象着与这座大厦融为一体的时候，你就能感觉到吉利"造老百姓买得起的车"转为"造老百姓买得起的好车"的精神理念。随着吉利的发展，这条理念已经变为"造更安全、更节能、更环保的车"，这是李书福造车理念的进阶和提高。

就在吉利集团董事长李书福办公室的墙壁上，悬挂着一首自由体诗作，再看地上，室内整块地毯也是这首诗作的织锦，新颖而壮观。全诗如下：

在离地球不远的上方，有一组看不懂的音符，几千年来一直在跳跃变动，就是没有声音。许多人为了感动她，耗尽青春，她依然没有歌唱。为了揭开这个秘密，一批又一批痴心人，天天向苍穹倾诉，夜夜与明月相约，年复一年，日复一日，人们终于发现这美丽的音符化为人间吉利！

吉利人有一句话经常挂在嘴边："送你一份吉利，无论你在哪里。"这句话就好像冬天里的炭火，传递着无尽的温暖。

2001 年 3 月 16 日，李书福收购了广州太阳神足球队，将其更名为吉利足球队，并宣称要"投资足球 30 年"；可在 2001 年 10 月 4 日，李书福就宣布退出国内球坛，吉利集团与广州足协为期 30 年的合同运行了 8 个月即宣告中止；12 月 13 日，吉利集团将中国足球协会告上法庭，而李书福本人成为中国足球界"揭黑"第一人，他甚至说："毙了我也要举证，中国足球太黑暗了！"

李书福的吉利集团只做了匆匆的几个月的足球投资，虽然时间太短，可是吉利足球经过奋勇拼搏，还是取得了"十轮不败"的佳绩，同时也体会到了"五轮不胜"的苦涩。

但吉利足球，还是令人遗憾地没有完成冲A的任务。

2001年8月18日，当时正值甲B联赛第17轮，广州吉利队主场1比0战胜江苏舜天队。球队获胜后，作为足球队的老板李书福心绪难平，他提起笔来写下了一首慷慨激昂的诗：

> 千年铁证越秀山，浑身正气天长眼。
>
> 口吹黑哨满天飞，吉利智破鬼门关。

品读这首诗，可以体会到李书福心中的愤懑和不平，而愠怒和激怨的心情更是跃然诗外。

北京吉利大学是一座正规的大学，李书福曾欣然作词，给该大学写了一首校歌，这首校歌由王佑贵作曲。王佑贵是国家一级作曲家，《春天的故事》就是他的作品。北京吉利大学的校歌名叫《我要自由飞翔》，歌词这样写道：我的梦想是为了自由飞翔，我的努力是把握自己的航向。站在长城下，遥望中华，银河星光把我的眼睛照亮。思念我的母亲啊，难忘我的故乡，校园内外留下了许多遐想。我要闯荡世界啊，我要自由飞翔！

《人在旅途》这首歌至今还在歌坛上传唱，这绝对是对词作者李书福创作才华的肯定。

> 谁知前方有多少条路
>
> 酸甜苦辣早已留着记忆深处

清晨日暮阳光星光为我引路

春夏秋冬希望就在不远处

呜……呜……

不低头

不认输

擦干泪坚持住

该受的苦我来受

该走的路我清楚

不低头

不认输

擦干泪 坚持住

该受的苦我来受

该走的路我清楚

我清楚

李书福写诗甚多，其中有抒发感慨，展示雄心的"昔日三大风光去，大众丰田一锅端"；有期盼台湾回归的"聚散离合都是情，握手一笑图大同"等等。

李书福诗词作品中《奋战十年变大雕》，被赞为成就最高的一首，这首诗表现了李书福不崇洋、不媚外、埋头苦干的精神，表达了要用吉利这个"本土品牌"战胜"洋品牌"的决心。

寒冬去，春天到，埋头苦干静悄悄。不要吵，不要闹，自主品牌撑大腰。欧美风，韩日潮，崇洋媚外何时了？中国车，飞多高，奋战十年变大雕！

浙江吉利控股集团始建于 1986 年，1997 年进入汽车行业，多年来专注实业，经过技术创新和人才培养取得了快速发展。现资产总值超过 1100 亿元，连续三年进入世界 500 强，连续十一年进入中国企业 500 强，连续九年进入中国汽车行业十强，是国家"创新型企业"和"国家汽车整车出口基地企业"。

销售，概念与作秀

世事洞明皆学问，人情练达即文章。

——曹雪芹

务实是一个企业家必备的素质，但作秀这个词用到李书福身上多少就有些不合适了。作秀一般是贬义词，但为什么会经常出现在关于李书福的报道里？

答案很简单，因为李书福在对吉利做概念销售的时候，经常被人误认为是"作秀"……

脱口秀来自西方，一般指观众聚集在一起，听嘉宾和主持人用幽默和睿智的语言，讨论话题的广播或电视节目。

吉利一开始的时候，根本没有多余的钱来给自己的汽车做广告，而李书福每一次的"脱口秀"都会被报纸炒作很长一段时间，随着吉利和李书福的名字频频见于报纸和荧屏，吉利汽车每年都可以省下了数以千万计的广告费。

李书福受邀去参加某省电视台举办的一档关于汽车访谈类节目，后来那位主持人曾经写过这样一篇文章《我很后悔曾经嘲笑过李书福》来回忆这件事情，这位主持人的文章基本复原了李书福讲出"造汽车有什么了不起，不就是四个轮子，两个沙发，再加一个铁壳子"的全部经过：

多年前我在湖南卫视做主持人的时候，曾经做过一期节目谈汽车业。电视节目嘛，就是要制造矛盾冲突，所以我们当时请来了一家红旗轿车的老总、一家宝马轿车的中国总代理，再一个就是刚刚生产出吉利轿车上市的李书福。和另外两位气宇轩昂的老总相比，李书福像一个刚进城的乡下人，穿着搭配不很得体的西装，看人的眼神总觉得像"横路敬二"一样直勾勾的。

回过头来看，李书福不是一个很出色的电视节目嘉宾，甚至是个拙于沟通的人，当几个人坐在一起的时候，即使把探照灯打到他身上，李书福也不会显得光彩四射，那天探讨到中国民营企业造车，其他的嘉宾自然强调各自品牌的积累和技术储备，言下之意，造汽车这个事情不是谁想玩就可以玩的，话到了李书福这边，他脖子一梗："造汽车么，我看也没什么了不起。"我问此话怎讲，他理直气壮地说，不就是四个轮子加个发动机么？我也不客气，说原来吉利前面看着像宝马，后面看着像奔驰的车就是这么造出来的。台下观众几乎是哄笑起来……

即使当了大老板也还是土里土气的李书福，在我眼中正代表着所谓中国经济奇迹背后的草根性，中国之所以和非洲不一样，和印度也不一样，稍微有一些宽松的环境经济就会很好地发展，就是因为有无数像李书福这样的拼搏者和梦想家。他们就像最低贱也最有生命力的野草，哪怕有一点露水的滋润也能发芽，哪怕是从砖缝之中也会奋力成长。

未来不见得李书福一定能成功，但我当年肯定是错了，如果有一天再见到他，我希望说一声："对不起，我很惭愧。"我所得到的人生收获是，在任何时候都不能讥讽别人的梦想。

2001 年，李书福在一次业内论坛上，他做了一个全场震惊的发言："通用、福特迟早要关门！"

通用中国的一位管理者当场就站了起来，说："我走了，要去找工作去了。"

李书福的话在当时真的没人信，他们表现出的多是不屑和嘲讽。2008 年，美国最大汽车生产商通用汽车公司在 6 月 1 日正式申请破产保护，新通用将获得美国政府 301 亿美元破产融资……尽管新通用 40 天后重生，但李书福当年的话一语成谶。

通用破产重组后，当年离开论坛会场去找工作的国内通用高管失业了，据说他曾到吉利应聘工作，最后还被吉利的人认了出来。虽然这个事儿难以被证实，但李书福的脱口秀也成了媒体记者最好的报道材料。

李书福曾向到吉利考察的国务院领导人请命：请允许民营企业大胆尝试，允许民营企业做轿车梦，几十亿的投资我们不要国家一分钱，不向银行贷一分钱，一切代价民营企业自负，不要国家承担风险，请国家给我们一次失败的机会吧！

跑马拉松参加的人太少，就跑不出好成绩。

我是在一个贫穷落后的山村长大的农民，不怕穷，不怕苦，就是想致富。

李书福还说过：只有消费中国国产车和其他国货的明星才是好明星。包括汽车在内的中国产品要想成为世界品牌，离不开中国明星群体的捧场。

为此，李书福还特意上演了一场"脱衣秀"。李书福面对记者脱衣，目的是为了展示一身国货，他脱掉外套，指着自己的鞋子和衬衣说："我觉得国产的东西也挺好，这双皮鞋是黄岩产的，衬衣是吉利的，就是生产员工服的地方生产的，也就 100 多块钱，我穿着也挺好啊。但换一个人可能就不愿意穿了，他会觉得国产的又不是名牌，嫌便宜。"

李书福笑了笑说："服装虽然和汽车不同，但其实世界上的汽车安全性差不多，名牌汽车的很多配件也都不是自己产的，很多车都是用一样的材料、一样的技术、一样的设备，连人员都是流动的。我每天都坐吉利的汽车，难道我的命就不值钱吗？"李书福说罢哈哈大笑。

李书福认为，让明星支持国货，民营企业家更应以身作则支持国产品牌。虽然支持国货之路有些遥远，但大家锲而不舍地做，总有一天会收到实际的效果。

吉利远景汽车推出上市之际，因为在汽车消费群体之间存有一个吉利汽车"低档低价"的陈旧观念，故此，这款应用了吉利最新技术、极具市场竞争力的轿车，一经上市虽被车评专家看好，可大多消费者还是处于观望状态。

为了打破僵局，李书福在济南上演了一出"签名秀"，即签名售车。随着李书福发出了"我承诺，我负责，我签名"的承诺，济南远景 4S 店的门口顾客云集。店内的两辆试驾车根本不够，前来找李书福签名购车的客户络绎不绝，吉利远景汽车一时间大卖。

法兰克福车展被誉为汽车界的奥运会，吉利集团是唯一受邀的国产汽车企业。吉利那次法兰克福车展带去了五款新车，更带去了中国的元素：牡丹花的 T 台，车模则是身穿中国国粹京剧戏装的四大美女、哪吒和美猴王。李书福这场汽车秀震惊了法兰克福车展。不仅大展了我国自主品牌的雄威，也显示了我国汽车制造业的成绩，吉利车在"汽车界的奥运会"上完美亮相，诠释了李书福"让中国汽车跑遍全世界，而不是全世界的汽车跑遍全中国"的理想雏形。

李书福不仅会写诗歌，他还曾经秀过一次古琴。有一次，李书福身穿中式古装，当着朋友的面，抹、挑、勾、剔、打、摘、擘、托地弹起了一首古琴曲《梁山伯与祝英台》。

李书福不仅会谈古琴，他还会自己配药。投身中国服装业的苗鸿冰曾经这样说："有一次，他听说一个朋友总是失眠，就不由分说地把他自己配置的药丸塞到朋友嘴里。此后，还常年给朋友邮寄。"苗鸿冰笑："他甚至也不问这种药适不适合，反正就照着自己的热心去做了。"

李书福还是一个篮球爱好者，有时候兴奋起来，他甚至会在凌晨三四点把部下拉起来，一起去打篮球。

当然有时候，他也会因为心情不好而发脾气。根据《中国企业家》杂志的报道，在一次参观吉利集团的活动上，当有记者对吉利的资金来源刨根问底的时候，李书福禁不住大发雷霆，他说："媒体没有权利调查我们。我为什么要跟你讲清楚？"

《华尔街日报》把李书福类比为亨利·福特，称"他们身上都有着一股天然的农民智慧，而且人格复杂"。李书福听到这个比喻，脸上的表情复杂，甚至看不出是悲是喜："我不像亨利·福特吧?"他不忘低声咕噜一下："我们都是孤独的。"

提案，创美好明天

见义不为，非勇也。

——《论语》

　　追求利益最大化的是商人，而一个合格的企业家却要承担相应的社会责任。

　　李书福当选第十届全国政协委员后，提出了很多关于汽车、关于国计民生的提案，这些林林总总的提案关乎我们的衣食住行……难道这些需要胆气、不怕得罪人的提案，不值得我们为其点个"赞"吗?

2003 年 3 月，浙江吉利控股集团有限公司成立，李书福的吉利汽车在中国汽车市场站稳了脚跟，并获得了政府的肯定。同年，李书福也当选为第十届全国政协委员。

全国政协常委、民进中央副主席朱永新曾经这样形容：如今流传着许多调侃代表委员的顺口溜，比如"人大举举手，政协拍拍手"。李书福可绝对不是举举手和拍拍手的委员，他天生认真，干什么都要干好，而且最令人可敬的是，他不怕得罪人。

李书福曾就我国报废车行业起点低、企业少、技术不足等境况，向两会做了《加强报废车回收再利用，促进循环经济发展》的提案。在提案中，李书福首先用德国举例，德国有报废汽车拆解企业 4000 多家，破碎企业 20 多家，金属分离企业 5 家；而反观国内，目前全国具备报废汽车回收拆解资格认定的企业有 100 多家，回收网点只有 1000 个左右，而且技术底下。蓄电池、废机油和化工产品等危险废物，如果不能做到妥善回收，势必会对环境造成极大的污染。

因为国内汽车增长迅猛，土地资源少，故此，国家应适当放宽政策，允许设立多家报废汽车回收企业，完善二手车市场及二手零部件的销售渠道，为拆解企业创造赢利空间，并注入必要的竞争机制，以利于报废汽车回收行业的发展和提高。

随着我国经济的迅猛持续发展，在一些人员密集的企业、商场等地，因为用电、设备老化以及人为不注意等因素，以至于易发火灾，消防做的是否到位，直接关系着我国家经济建设能否健康发展，以及人民生命财产是否真正安全。

李书福为此做了一个《关于推进消防事业改革的提案》。在提案中，李书福提出了这样几条合理化的建议，即想要推动我国的消防事业快速发展，应该首先解决消防人员编制不够的"瓶颈"问题。如果消防灭火救援人员编制数量不足，必将影响消防站的建设，一旦城市中出现多处火情，消防力量出现分散后，甚至会出现"车未到火已灭"的尴尬现象！

如何解决消防人员编制不够的问题，可从以下几个方面入手。1. 多管齐下增加消防编制，以缓解警力严重不足的问题；2. 建立职业消防体制；3. 改革现行消防事务管理模式，积极推进消防事务社会化。

2005 年党中央、国务院高瞻远瞩地提出了《关于推进社会主义新农村建设的若干意见》，并提出了建设"生产发展、生活宽裕、乡风文明、村容整洁、管理民主"的社会主义新农村的总体目标。

在 2009 年，李书福曾经向两会做了《加快规划建设我国乡村生态基础设施》的提案。

中国幅员辽阔，拥有超过 8 亿农村人口。据统计全国共有 3.6 万个乡镇，66 万多个行政村。虽经这些年的发展，农村的住房、道路、电力和卫生等方面都取得了一定的进步，可是一些偏远地区的生态基础建设还是相对的落后。污水、垃圾和不可降解等物质的回收、公共卫生状况亟待解决。

李书福在提案中给出了这样一些非常实用的建议：

1. 全面规划：对农村生活污水处理系统、垃圾收集处理系统为代表的农村生态基础设施方面，做一个全面的统筹与规划。

2. 试点专项投入：由国家安排专项资金，选择全国有代表性的乡村进行农村生态基础设施建设试点。

3. 效果评估与后续管理：应当在试点建设的基础上进行认真全面的评估，调查研究实施过程当中出现的问题，并且摸索总结建成设施最有效的后续管理模式。

4. 长期坚持：通过若干年坚持不懈的努力，逐步建设完善我国农村生态基础设施，真正实现全国人人享有体面卫生条件、处处感受现代文明生活。

李书福这些关系到国计民生的提案，有的正在实施，有的因为时机、资金等原因还未被实施，但他还是殚精竭虑地做一个政协委员应该做的事情。

2013 年 1 月 9 日，陕西榆林市子洲县一位政协主席在市政协闭幕会上酣睡的图片在网上流传，曾经一度引起网友关注。一现场媒体人士证实，会议开始后不到 20 分钟，这位主席就仰着头睡着了，会议期间基本一直保持睡姿，直到会议结束。有的网友发出了这样的疑问：难道政协开会真的只用带两手吗？

李书福参加政协会议，不仅带着两只手，而且带着一颗赤诚的心，还有一个睿智的大脑。

2013 年两会召开，李书福继续关注国计民生，并在两会上连提几个可谓掷地有声的提案。

第一个提案，是《上调个人所得税起征点并推进个人所得税改革的提案》。个人所得税是我国税收中的四大税种之一，也是我国现行税制中为数不多的调节居民收入分配差距的税种之一。虽然全国人大常委会于 2011 年 7 月 1 日通过了《全国人民代表大会常务委员会关于修改〈中华人民共和国个人所得税法〉的决定》，将个人所得税免税额提高为 3500 元，并于 2011 年 9 月 1 日开始实行。但随着我国经济的发展和人民生活水平的不断提高，尤其是党的十八大提出了居民收入倍增计划之后，现行个人所得税起征点仍需进一步大幅度提升。

第二个提案，是关于《大气质量立法的提案》。李书福曾经这样说过：几乎每年"两会"我都讲"三座大山"，一个是水污染，一个是土壤污染，一个是空气的污染。这"三座大山"压在我们每一个中国人身上，并且这三个污染中空气污染是最难解决的问题……我国大气污染防治的严峻形势已成为一个"无法回避的问题"。

为了规避城市水污染，可以买矿泉水；为了躲避土壤污染，可以买高价的进口粮食，可是任何一个人都不能不呼吸国内的空气。一个人一天要呼吸 2 万多次，计算在一起就是 1 万多升气体。我们吸收的这个空气品质不好，那就直接影响人的健康。有一个数据，北京市癌症发病率在 2001 年到 2010 年间增长了 56%。可见空气的质量绝对与人的健康密切相关。

李书福在提案中提出，全国各地大气质量监督部门，负起实时监控的责任，以及提高所有以含碳化石燃料为能源的机器设备、设施的排放标准，降低 PM2.5 总量的建议。

第三个提案，是《关于建立统一的出租车市场准入标准与制度提案》，此提案更是具有现实和深远的意义。

出租车是城市功能的有机组成部分，打车难，打车贵，以及出租车的安全性，这些不仅仅是民生问题，更是社会问题。

李书福经过实地调查，在调研中了解到，我国各大城市人均出租车拥有率严重不足，打车难成为普遍存在的一个问题，但另一方面黑车大量涌现。李书福建议，各地交通部门首先应打破现有出租车市场准入制度，逐步取消政府对出租车数量的管控权，根据市场需求来决定出租车资源配置。

李书福认为，现行的出租车市场管理体制的不合理，由此而产生管理部门、地方保护和运营老板三方的既得利益，严重侵害了消费者、广大出租车司机的利益，影响到城市治理与社会的稳定。

根据专家统计，北京黑车数量达到 10 万辆左右。也就是说，北京明着是 6 万辆出租车，实际上是 16 万辆出租车，说明需求量大。李书福建议打破现有出租车数量控制，让黑车司机有机会开正规出租。

李书福 2014 年两会提案题目是：《关于现行机动车年检制度改

革的提案》。提案的正文，这样写道：随着社会经济的迅速发展，汽车已经成为家庭普通的生活用品。基于交通安全考虑，2004 年政府出台了机动车年检制度，以确保上路车辆车况良好，减少交通事故的发生，从而保障道路畅通以及车主及行人的人身安全。机动车辆的年检有一定的必要性，如执行到位是保证车辆、人员安全的一套有效程序，并能够打击一些非法的汽车改装活动。但是，近年来由于执行层面问题凸显，机动车年检日渐流于形式。从实际效果来看，机动车年检并未有效降低尾气排放量、提高路面行车的完好率。一些地方甚至还催生了"年检代理""寻租"等违法现象，致使腐败滋生，不仅无法起到保障车辆车况的初衷，而且给车主造成了经济和时间上的额外负担。

李书福认为现行机动车年检制度需要展开阶段性、分步骤的改革，为车主提供更人性化的服务，促使用车环境的健康发展。并提出以下建议：

1. 完善现有机动车年检制度，取消小型、微型非营运乘用车及摩托车年检。

2. 打破车管所机动车年检垄断，由更多社会机构参与承担检车职责，推进机动车年检制度的市场化运营。

2014 年 9 月 1 日，公安部发布关于更改汽车年检制度的新规定。其中主要如下：自 9 月 1 日起，试行非营运轿车 6 年内免检；不得指定检验机构，推动机动车异地年检……

众多网友得知这一消息，他们纷纷在网上留言，其中网名叫youfon 的网友在帖子中这样写道：

老李太低调了，全国人民欢迎的同时，没几个人知道这个提案是老李提的。另外车内空气质量提案，啥时能落实。

网友高原红在回帖中"狠狠"夸了李书福一把：中国有良心有骨气的企业家老李算一位。

铁血巴特网友更是言简意赅：顶，业界良心。

sjt100 的网友的回帖，可能最让李书福感到高兴：冲老李这么为民谋福利，怎么着也要买一辆他的吉利车。

李书福的这些提案，绝对是需要一些胆气的，如果李书福明哲保身，他完全可以提一些不关痛痒的提案，然后拍巴掌举手，回来继续闷声在汽车制造业上发大财。

铁肩担道义。李书福凭着自身的硬气，提的提案每一个都掷地有声！

李书福现在也变了。白领时装公司董事长苗鸿冰曾经说过：（李书福）以前做西装，一做就是十件。而且十件衣服的颜色、款式一模一样，都是藏青的。"李书福这样解释："这样做，特省事。"

但是，现在李书福出场的时候，已经开始更换水蓝色的新款西装了。适者生存，应时而变，李书福为了吉利的形象，他做出了"牺牲"；吉利也为国民，赚取了实惠；它也为国家，赢取了光荣。吉利的发展，告诉我们一个道理——中国真的不一样了。

在一个"人生如歌"的博客，博主笋溪河畔曾经写下了这样一篇博文《儿子的偶像是李书福》。

博文中这样写道：前几天到宁波出差，偶然坐车经过吉利集团总部，不禁想起儿子很小的时候的一句话，当时没觉得什么，可如今却深觉震撼。儿子四岁多的时候，喜欢玩弄小汽车，也经常听我讲一些关于汽车人的故事，听完李书福的创业历程，儿子扬起稚气的脸说：爸爸，我长大也要造汽车，我的偶像是李书福！吉利也在不断地学习中长大，2010 年 3 月，宣布成功收购了沃尔沃，钦佩李书福的勇气和胆识，更钦佩他的智慧和谋略。儿子幼小的心灵也许体味不了李总的艰辛和付出，但我想作为家长的我们应该能够告知我们的下一代：理想固然重要，但没有艰辛的付出、没有不懈的努力，理想不过是空中楼阁。

联想的掌门人柳传志曾经这样说李书福：我和书福早就相识。最初给我印象深刻的是他的雄心，他的干劲；而深入接触后，则是他对大局的把握，他的谋略和执行能力等更全面的了解……中国民营企业家群体充满了向上的精神，立意高远，又全心付出，很多人把企业当成自己的命来做。这一点，在书福身上体现得非常鲜明。我认为，这股劲头是推动中国经济这些年取得较大发展的重要原因之一，也是未来中国经济持续发展的重要动力……

2012 年 7 月，美国《财富》杂志公布了世界 500 强企业最新的排名，中国共有 79 家公司上榜，仅次于排名第一拥有 132 家世界 500 强公司的美国。在 5 家中国民营企业中，浙江吉利控股集团成为首家闯进世界 500 强的民营汽车企业。

2014 年，《财富》杂志再一次发布了世界 500 强排行榜，浙江吉利控股集团以 257.675 亿美元营业收入排名第 466 位，较 2013 年的第 477 位上升 11 位。至此，吉利已连续三年入围世界 500 强。

亚当·斯密告诉我们，在竞争中，个人的野心会促进公众利益。目前，吉利汽车在中国拥有 9 大整车制造基地，在俄罗斯、白俄罗斯、乌克兰、乌拉圭、斯里兰卡、印度尼西亚、埃塞俄比亚以及埃及拥有 KD（散件组装）工厂；沃尔沃汽车在瑞典哥德堡、比利时根特、中国成都和大庆拥有四大整车制造基地；伦敦出租车则分别在英国考文垂及中国上海进行生产；吉利在中国上海、西班牙巴塞罗那、瑞典哥德堡以及美国加州拥有四大造型设计中心。吉利一个真正意义的跨国公司的雏形，正在凤凰涅槃，孕育而生！

他长相敦实，微胖，笑眼，很质朴的脸上经常挂着友善的微笑，让我告诉你，这个羞涩又有些倔脾气的中年人就是李书福。

参考书目

［1］吉利官网：http://www.geely.com/welcome/index.html

［2］李书福多篇讲话、诗词和提案等

［3］李书福. 做人之道. 中国经济出版社，2010.

［4］熊江. 拿下沃尔沃——李书福传奇. 石油工业出版社，2012.

［5］郑作时. 汽车"疯子"李书福. 中信出版社，2007.

［6］王秋凤. 又是李书福. 经济日报出版社，2010.

［7］赵文锴. 李书福经营真经. 中国经济出版社，2011.

［8］张明转. 李书福的偏执智慧. 浙江大学出版社，2011.

［9］王自亮. 风云纪吉利收购沃尔沃全记录. 红旗出版社，2011.

［10］唐炎钊. 中国企业跨国并购文化整合解决方案探究. 中国经济出版社，2012.

［12］林平. 汽车史话. 电子工业出版社，2005.

［13］（英）马特普林特. 发动机试验理论与实践. 宋进桂等译. 机械工业出版社，2009.

［14］汽车人方建国 fmonky 博客：http：//blog. sina. com. cn/fjg1020

［15］我开了两年吉利豪情，谈谈感受 http://bbs. tianya. cn/post-cars-3638-1. shtml

［16］浙江在线 http://zjnews. zjol. com. cn/05zjnews/system/2011/10/17/017918251. shtml

［17］笋溪河畔. 儿子的偶像是李书福 http://blog. sina. com. cn/u/1195413173

［18］中国台州网 http://www. taizhou. com. cn/zhuanti/2010-07/02/content_261441. htm